新时代公共图书馆
阅读推广发展研究

常春秀　著

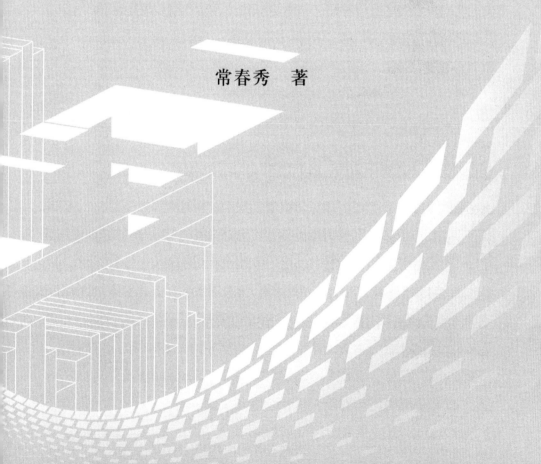

国际文化出版公司
·北京·

图书在版编目（CIP）数据

新时代公共图书馆阅读推广发展研究 / 常春秀著 . -- 北京：
国际文化出版公司，2023.12
ISBN 978-7-5125-1606-9

Ⅰ . ①新… Ⅱ . ①常… Ⅲ . ①公共图书馆－读书活动－研究
Ⅳ . ① G252.17

中国国家版本馆 CIP 数据核字 (2023) 第 249446 号

新时代公共图书馆阅读推广发展研究

作　　者	常春秀
责任编辑	侯娟雅
出版发行	国际文化出版公司
经　　销	全国新华书店
印　　刷	三河市华东印刷有限公司
开　　本	710 毫米 ×1000 毫米　　16 开
	17.75 印张　　　　　234 千字
版　　次	2023 年 12 月第 1 版
	2023 年 12 月第 1 次印刷
书　　号	ISBN 978-7-5125-1606-9
定　　价	68.00 元

国际文化出版公司
北京市朝阳区东土城路乙 9 号　　　邮编：100013
总编室：(010) 64270995　　　　　传真：(010) 64270995
销售热线：(010) 64271187
传真：(010) 64271187-800
E-mail：icpc@95777.sina.net

前　言

书籍是人类进步的阶梯。自古以来，中华民族就是一个热爱读书的民族，"耕读传家久，诗书继世长"的理念早已融化在国人的血脉中，凿壁偷光、囊萤映雪、悬梁刺股的故事激励着一代又一代的中国人孜孜不倦地捧卷阅读。教育家朱永新教授指出，一个人的精神发育史就是他的阅读史。通过阅读，我们不一定能延长我们生命的长度，但一定可以改变我们生命的宽度，增加我们生命的厚度，让我们的精神世界更加宽阔而充实。

阅读不仅是一种个人行为，阅读对于提高全民族的文化素养、增强全民族的文化自信、建设创新型国家和学习型社会，起到至关重要的作用。2012年，"开展全民阅读活动"作为扎实推进社会主义文化的重要举措写入党的十八大报告。2014年以来，"全民阅读"连续10次被写入《政府工作报告》。《第十四个五年规划和2035年远景目标纲要》明确提出："深入推进全民阅读，建设书香中国。"全民阅读的重视程度逐步加强，推动和促进全民阅读工作已然成为国家战略和重要的治国方略。

开展全民阅读是一项社会文化系统工程，需要集合全社会的共同力量。公共图书馆以其专业性、权威性和独有的丰富资源，在阅读推广上具有其他单位与组织无法比拟的优势，是倡导全民阅读、终身阅读等阅读基本理念的中坚，是联系群体阅读和个体阅读的桥梁，做好阅读推广是公共图书馆理所当然的工作和天然使命。当前，在以公共图书馆界为核心的全社会共同努力下，一个书香社会正在逐步形成。

书籍载体形式的每一次变化，都会极大地改变人们的阅读习惯。随着物联网、云计算、大数据、人工智能、区块链等新兴信息技术的快速发展，阅读设备、阅读方式、阅读内容都发生了天翻地覆的变化，改变着人们的思维方式和认知方式，对社会阅读产生了极其重要的影响。"图书馆是一个生长着的有机体"，在历史发展的长河中，图书馆总是借助不断发展的科学技术，抓住机遇，迎接挑战，在满足不断增长的读者需求的进程中，实现了可持续的跨越式发展。

固然阅读载体不断更新，但阅读是无处不在的，在阅读的过程中，人们同样面临着"读什么"和"怎样读"的问题，如何有效引导社会公众由被动的"阅读"转向主动的"悦读"，深入、全面而又有针对性地开展阅读推广活动，始终是公共图书馆努力实践的一项重要工作，这也正是笔者撰写本书的出发点和目的。

受水平所限，书中难免出现不足、错误或遗漏之处，敬请专家及读者给予批评指正。

阅读与阅读推广

开卷有益，书香致远。对个人而言，阅读是人生的一种历练方式，是培养科学精神和人文情怀的关键；对社会而言，阅读是社会涵养的源泉，是社会发展的支柱和前行的动力。中国古代虽没有"阅读推广"的说法，但无论是"如囊萤，如映雪，家虽贫，学不辍"的蒙童读本，还是"黄金屋""千钟粟"的帝王劝学诗句，抑或"行万里路，读万卷书"的家训理念，推广阅读的意图都是无处不在的。新世纪以来的时代，既是阅读的好时代，也是阅读面临危机的时代；阅读已然成为广受社会关注的话题，也得到了来自世界各国的大力提倡。阅读推广作为推进公众阅读的一种创新形式，也已成为推进国民阅读的主要动力。

第一节

阅读的含义与价值

人类的阅读行为是伴随文字的发明和文献的出现而产生的，在此之前，人类的经验、知识与智慧是通过口口相传来传承的。随着文字的出现，人们将在社会实践中产生和积累的经验与知识，利用文字系统地记录在龟甲、青铜、竹简、缣帛、纸张等载体上，形成了可以长期保存的文献资料。人们通过阅读文献资料，可以获取所需信息，借鉴和学习前人（他人）的经验与教训，认识周围的世界，人类的智慧和精神财富也得以传承和发展。中华民族历来就是一个非常重视阅读的民族，与苏轼齐名世称"苏黄"的北宋文学家黄庭坚的"一日不读书，尘生其中；两日不读书，言语乏味；三日不读书，面目可憎"，道出了阅读的重要性。南宋著名思想家朱熹的诗句"问渠那得清如许，为有源头活水来"，借用渠水因源头活水不断注入而保持清澈，来提醒我们认真读书、时时补充新知以达到心灵澄明。加拿大学者阿尔维托·曼古埃尔（Alberto Manguel）在《阅读史》一书中写道："阅读，就如同呼吸一般，是我们的基本功能。"[1]法国知名作家居斯塔夫·福楼拜（Gustave Flaubert）也曾说过"阅读是为了活着"这样的名言。作为人类特有的一种社会活动，阅读之于心灵不可或缺，它伴随着人类社会的发展，是人类认识自然、改造世界、传承文明的重要手段，古今中外历代贤哲对于阅读意义和价值的探讨一直都在延续，历久弥新。

一、阅读的含义

"阅读"这个词对于我们来说是再熟悉不过了。自从人类历史上出现了记录着信息的文献资料，人类的阅读行为就开始了。几乎每一个识文断字的人，都在成长的过程中发生过或多或少的阅读行为。那么，究竟什么是阅读呢？

1. 词典定义。国内有代表性的词典对"阅读"一词的释义列举如下：

《说文解字》："阅，具数于门中也。"其本意是在门内考察、计算事物；"读，诵书也。"[2] 其本意是朗诵诗书经文。后来人们把"阅"和"读"两个字结合在一起，作为一个复合词来使用。

《汉语大词典》："看（文字、图表等）。"[3]

《现代汉语词典》："看（书报等）并领会其内容。"[4]

《中国大百科全书》："阅读是一种从书面语言中获得意义的心理过程。阅读也是一种基本的智力技能，这种技能是取得学业成功的先决条件，它是由一系列的过程和行为构成的总和。"[5]

2. 学术定义。目前学术界对于"阅读"一词还没有一个普遍公认的定论，国内外学者有着不同的诠释。最初，西方学者将阅读界定为一种对文字的识读行为。随着教育学、语言学、心理学等学科研究的深入发展，阅读也不断被赋予新的含义。国内外学术界对"阅读"的定义比较认可的、有代表性的观点主要有：

阅读是个体从印刷文字、图画、图解、图表等书面材料中获取信息或意义的过程。个体在阅读时，通过把文字等符号的视觉信息与头脑中已有的知识经验不断进行比较、预测、判断、推理和整合，从而理解文字等符号所表

达的意义。[6]（杨治良）

阅读是指一个从书面语言和其他书面符号中获得意义的社会行为、实践活动和心理过程。阅读首先是作为一种特殊的交际方式而存在的社会现象，具有行为的社会性，它是以书面材料作为社会交际的中介。"作者——文本——读者"是构成一个完整的书面交际过程的三个基本要素。[7]（徐雁、王余光）

阅读是指从文字系统（包括具有一定意义的其他符号、图表等）中提取信息的过程。[8]（彭聃龄）

阅读是从信息符号中获取意义的一种复杂的智力活动。这种活动是人类所特有的，它不仅需要各种智力因素，如观察记忆、思维、想象等的积极参与，而且各种非智力因素，如动机、兴趣、意志、性格等，在阅读中也有着重要的作用。[9]（胡继武）

阅读乃是从文本中提取意义的过程。[10]（吉布森和利文）

阅读是理解图文、阐释意义、产生共鸣或启发思想的复杂的脑力活动。[11]（约翰·凯里）

阅读是对书写语言所传播内容的接收，是读者与书写语言之间的相互作用。[12]（古德曼）

阅读是一个积极的过程，阅读是读者与文章（或作者）的交流过程，成功的阅读是一个创造过程，读者和阅读材料相互交流创造意义。[13]（维德森）

从上述列举的种种定义可以看出，各类词典对于"阅读"基本定义主要指人们目阅、口读的简单行为，而在专家学者的学术视角看来，"阅读"不仅是辨识文字这么简单，还要能理解文字中所蕴含的意义，它是一个复杂的行为和心理认知过程，包括辨识、理解、吸收、应用等一系列环节，读者知识背景和经验在阅读过程中起到重要的作用。

综观上述种种定义可以发现，专家学者们对"阅读"的各种解读基本上都是以吉布森和利文的定义为基础，做进一步的引申发展而成的。吉布森和利文对阅读的定义言简意赅，被人们广为接受。

二、阅读的动机

心理学研究认为，人的各种行为都是由动机引发的，动机是激发和维持个体的行为，并将行为导向某一目标的内生动力或心理倾向。[14] 也就是说，动机可以激发个体发生某个行动，并且可以维持一定的时间，同时具有调节行为的方向和强度的功能。虽然说阅读是一种普遍存在的社会现象，但是具体阅读行为是否发生却是因人而异的。对某些人而言，阅读对他们是甘之如饴的，已将其视为生活中必不可少的组成部分；而对于有些人，阅读却是可有可无的东西，有的人甚至整日忙忙碌碌，生活中却完全没有阅读。阅读行为发生与否和阅读动机直接相关，阅读动机不足，人们就不会保持足够的热情去阅读，因此加强对阅读动机的理解与研究对于促进阅读至关重要。

1. 阅读动机的类型。阅读的动机可分为内在动机和外在动机两个方面。根据阅读的目的性，阅读动机可分为下述四种类型：

（1）求知型阅读。读者为了提升文化水平与学识修养、掌握关于个人生产和生活的基本知识与基本技能而产生的阅读动机，称之为"求知型阅读动机"，这是阅读动机中最具有普遍性的类型，其阅读心态可用一个"求"字概括。求知型阅读内容指向明确、目标具体，阅读欲望强烈，如饥似渴，他们对自己所要进行的阅读有一定的计划性，呈现阶段性、稳定性的特征，人们通常称这种阅读为"充电"。

（2）实用型阅读。读者为解决日常工作与生活中出现的疑问和问题而产生的阅读动机，称之为"实用型阅读动机"，其阅读心态可用一个"实"字概括。实用型阅读的对象大都与阅读个体在现实工作和生活中遇到的亟待解决的具体问题有关，阅读目标指向单一、明确，如为学习某个菜肴怎么做而查阅菜谱类文献资料，为新家装修而阅读有关室内装饰书刊，为撰写关于恐龙灭绝的文章而在网络上搜寻阅读相关资料，等等。这类阅读的过程就是寻找具体而明确的答案、解决眼前现实中遇到的实际问题的过程。

（3）消遣型阅读。读者为满足个体娱乐休闲的需要而产生的阅读动机，称之为"消遣型阅读动机"，这是阅读动机中广泛存在的一种类型，其阅读心态可用一个"随"字概括，通常是指人们在学习或工作之余的闲暇时间，随时、随地、随意地翻阅书刊。读者在进行消遣型阅读时具有很大的随意性和灵活性，往往凭自己的兴趣选择阅读材料，阅读的内容具有较强的可读性、新奇性、趣味性、娱乐性和通俗性，阅读的目的只是为了打发时间，满足娱乐享受，丰富和调节精神生活，并获得生活、自然、社会等多方面的知识。

（4）研究型阅读。读者为了开拓新领域、研究新问题、创造新成果而产生的阅读动机，称之为"研究型阅读动机"，其阅读心态可用一个"专"字概括。研究型阅读与读者探索的问题、项目和所从事的专业领域密切相关，阅读的内容具有"专、精、深、新"的特点，具有一定的学术前沿性，阅读过程中对新技术、新信息、新知识、新发现充满期待，希望通过阅读对自己的研究有所促进、有所启发，能够解答自己所关注的问题。

2.阅读动机的影响因素。阅读动机的产生，既是社会过程，也是心理过程，是社会环境因素和心理因素相互作用的结果，这两种因素相互作用，影响并决定着个体阅读动机的产生、加强、维持或中止。[15]

（1）心理因素。兴趣、好奇心，以及尊重和自我实现的需要是影响阅读动机的主要心理因素。兴趣是指一个人力求从事某项活动或认识某种事物的心理倾向，它表现为个体对于某项活动、某件事物的积极的情绪反应和选择性态度。心理学研究表明，兴趣能刺激大脑中枢神经，使人兴奋并产生愉快紧张的感觉，可以让人更加集中注意力。人类个体对什么样事情产生兴趣，就会激发出与此事相联系的动机。阅读兴趣是引发阅读行为的重要因素，只有让个体产生了阅读兴趣，才能让其对阅读行为保持积极的状态，从而体会到阅读的快乐。心理学理论认为，好奇心是个体处在新的外界条件或遇到新奇事物时所产生的注意、提问、操作等心理倾向。由好奇心产生的阅读动机可以说再普遍不过了，科普读物中各种引人注目的新奇现象、文艺作品中曲折离奇的故事情节、历史书籍中娓娓道来的事实真相，令读者爱不释手，欲一探究竟。美国心理学家亚伯拉罕·马斯洛（Abraham H. Maslow）的需要层次理论认为，每个人都有自尊和获得尊重的需要，以及自我实现的需要，渴望自己能胜任工作，有成就、有实力，拥有名誉和地位，就会产生相应的求知动机或研究动机，激发出求知型阅读和研究型阅读。[16] 每个社会个体之所以会产生这样的或那样的阅读动机，就是为了要满足个体不同的社会需要。

（2）环境因素。一个人的阅读动机还会不可避免地受到所处的社会环境的影响。政治、经济和文化环境是影响阅读动机的主要环境因素。开放、文明、自由的政治环境有利于阅读的兴盛，反之，封闭、专制的政治环境，例如"焚书坑儒""罢黜百家，独尊儒术""文字狱"的政治氛围，禁锢了人们的思想，使社会个体不再拥有自由阅读的权利，势必对阅读行为产生影响。经济环境对社会个体阅读行为的影响则更为直接，对衣食无忧的人而言，阅读可能是生活必需品，但对那些还在为下一餐在哪里而奔波的人来说却可能是奢侈品。正所谓："仓廪实而知礼节，衣食足而知荣辱。"只有当经济发展了，个体的日常生活得到有效保障，人们在不愁吃穿的前提下，阅读动机、阅读需求才会得到充分的释放和满足。文化环境对阅读动机的影响更多地表现为文化塑造。爱阅读的人群聚在一起，会建立起一个热爱阅读的文化氛围。热爱阅读的文化氛围不仅对爱阅读的人起到良好的促进作用，还会影响处在这个氛围中的所有人，能让一个平时不读书的人受到环境的影响而开始对阅读产生兴趣。未成年人更易受到环境的影响，浓郁的阅读氛围对于培养他们的阅读兴趣、养成的阅读习惯更为重要。

三、阅读的价值

"天下第一等好事就是读书"，"立身以立学为先，立学以读书为本"等脍炙人口的名言警句，凿壁偷光、韦编三绝、悬梁刺股等代代相传的典故，无不昭示阅读在人们成长过程中的重要性。教育家朱永新教授指出，一个人的精神发育史就是他的阅读史。他认为，阅读虽然不一定能延长我们生命的长度，但一定可以改变我们生命的宽度，增加我们生命的厚度，后天阅读可以让我们的精神世界更加宽阔而充实。[17]

1. 阅读的个人价值。阅读对个体的精神成长至关重要。人们可以通过阅读增长知识、探索未知、塑造自我。"腹有诗书气自华"，阅读可以提高品位、增强能力，使人获得精神上的陶冶与升华，让人拥有更充实、更高尚的生活。通过阅读，可以让人在有限的生命当中，体验精彩的人生，欣赏无限的美景。

（1）阅读具有获取信息、积累知识的功能。有研究表明，一个人在知识体系建构的过程中，源自个人社会实践中产生和积累的部分不足总量的20%，超过80%的知识都是通过阅读方式获取的。尽管阅读不是人类获取知识的唯一途径，但却是除自身实践和口耳相传外，人们获取知识的最主要途径。知识体系的构建是一个累积的过程，阅读的材料越多，获取的信息、积累的知识也就越丰富。苏联教育思想家瓦·阿·苏霍姆林斯基甚至认为，一个学校其他什么都可以没有，只要有了有助于学生和教师精神成长的书，那就是学校。只要有了书，学生们就有了阳光，就有了茁壮成长的空间。我国语文学家夏丏尊先生也有类似的表述："要求知识，最普通、最经济的方法还是读书。"[18] 阅读是一种不受时空限制的获取信息与知识的重要手段，通过阅读，我们可以更广泛地获取知识，开阔眼界，增长见识，增强适应自然、改造自然的本领。不论对儿童、青少年、中年人还是老年人，阅读都具有累积知识的效果，是一种终生的活动。

（2）阅读具有开发智力、锻炼思维的功能。儿童教育理论认为，0~6岁是人类智力发展的关键期，适当的视觉刺激对儿童的神经网络发育至关重要，良好的阅读有助于促进儿童大脑的发育和成熟。阅读，尤其是早期阅读，图文并茂的视觉材料给儿童提供了积极的视觉刺激，加快了儿童大脑神经中枢的发育与成熟，能够极大地开发儿童的智力。发展心理学研究发现，阅读具有锻炼思维的功能。在阅读的过程中，人们不断地进行思考、判断、推理、想象，既要认读文章中的字、词，又要理解语句的含义，还要思考、提炼文章的观点、结论，并将阅读中发现的新知识与大脑中存储的已有知识相综合，形成新的知识储备，阅读的过程就是进行这一系列的思维活动过程。频繁的阅读使人的大脑经常性地接受这样的锻炼，人的智力潜能就会被激发出来，对于阅读者个体的智力发展必然是大有裨益的。

（3）阅读具有培养品德、陶冶情操的功能。俄国教育家皮罗果夫（Pirogoff）说过："好书就是一个好的社会，它能够陶冶人的情操与气质，使人高尚。"[19]阅读滋养品性，修炼心灵，提供提升个人修养所需要的营养。一部优秀的文学经典总是让人经久不忘，书中描写刻画的人物形象，会影响一代又一代人的价值观的塑造，书中的好思想、好品质，经过阅读可以如清泉一般，汩汩流入读者的心田。英国女作家夏洛蒂·勃朗特的长篇小说《简·爱》成功塑造了一个敢于抗争、不甘受辱的女性形象，书中的女主人公简·爱相貌平凡，出身卑微，但她并不自卑，拥有自强自立的人格，不向命运低头，蔑视权贵，追求人间自由幸福，影响了一代又一代的女性。人生的高度得益于阅读的广度，阅读教会人们如何从现实生活中找到人生的坐标，获取心灵快乐。阿根廷诗人豪尔赫·路易斯·博尔赫斯写道："我心里一直都在暗暗设想，天堂应该是图书馆的模样。"[20]从王勃的《滕王阁序》到老舍的《济南的冬天》，从曹植的《洛神赋》到戴望舒的《雨巷》，无论时光如何流转，人们总是会被书中所描述的美深深地打动，沉醉其中。

2.阅读的社会价值。阅读不仅是一种个人行为，更是一种社会风尚。阅读对于提高全民族的文化素养、增强全民族的文化自信、建设创新型国家和学习型社会，起到至关重要的作用。从一定意义上讲，全体国民的整体阅读水平是衡量一个国家文明程度的重要标志。

（1）阅读有助于人类文明的传承。在人类文明的发展史上，曾出现过许多文化和精神的高峰。作为后来者，要达到或者超越历代先贤们创造的那些文化和精神丰碑，阅读和思考是唯一可能的途径。只有通过阅读的方式与老子、孔子、庄子、孟子等先贤达人对话，才能瞻仰他们的精神高度；只有通过阅读，才能和但丁、达·芬奇、薄伽丘、拉斐尔等大师们交流，才能理解文艺复兴时期的大师们的思想境界。"如果我能看得更远一点的话，是因为我站在巨人的肩膀上。"[21]人类的文明与精神之梯就这样随着一代又一代人的重复阅读而不断延伸向前。英国学者塞缪尔·斯迈尔斯（Samuel Smiles）说："神像巨塑、神庙终归要腐朽剥落，而书却与世长存。书籍是种活的声音，它是我们永远尊重的代表。我们至今仍受着古代先哲的影响。"[22]对于人类的思想进化而言，它是在前人智慧和精神的基础上逐步积累发展升级的过程，唯有通过每一代人的持续阅读，前人的智慧、古老的文明、光辉的历史、灿烂的文化才能一代一代地延续下去，人类才能不断超越历史、攀登新的文明高峰。

（2）阅读有助于和谐社会的构建。与所有快速发展的时代一样，我们当今所处的时代日新月异，在物质条件发生巨变的同时，也产生了许多社会问题，如道德的滑坡、共同信仰的缺失、共同愿景的混乱等。阅读以精神文化产品为载体，发挥着指引精神、抚慰心灵、凝聚共识的精神作用。[23]从倡导

"修身、齐家、治国、平天下"精神道统的儒家经典，到饱含忧民情怀"先天下之忧而忧，后天下之乐而乐"的唐宋文学名篇，再到体现共产主义道德特征"为人民服务"的当代著作，这些作品以"家国天下"为己任，渗透出浓浓的爱国情怀，蕴含着中华民族生生不息的精神编码和崇德向善的道德之美。在持续不断的阅读中，发挥优秀阅读产品化人、育人的精神作用，外化于行，内化于心，不断强化公民对社会、对国家、对他人的义务和责任意识，有助于引导公民在当下的充满诱惑、竞争激烈的环境中净化心灵，与人为善，追求美德，回归生命的本真，用社会主义核心价值观构建起自己的精神家园，过一种有品质的文化生活。

四、阅读的历史

阅读是伴随着文字发现而发生的一种特有的人类行为。以殷墟考古发掘中发现的甲骨文为有据可考的起始点，我国阅读活动的历史至少可以追溯到3500年前的殷商时期。通过对我国阅读发展历史的考察可以发现：每一次文献载体形态的变革与书写方式的改进，都会对阅读产生极其重要的影响，都会积极地促进一个时代阅读的转型。[24]

1.写本时代的阅读。从考古发现来看，受限于物质和技术条件，不论是作为文字书写方式的甲骨文、金文，还是作为文献载体的简牍、缯帛，普遍存在书写困难、制作成本高的缺点，书籍只是存在于上层社会的"奢侈品"，"唯官有书，而民无书"，阅读只是属于少数人的特权。直到"蔡侯纸"这种更加轻便、廉价的书写材料的出现，中国古代阅读终于掀开了新的篇章。

（1）书籍的数量激增。在东汉时期，社会上已经出现了书肆和以抄书为业的佣书人，追逐利润的书肆，更加容易接受"蔡侯纸"这种价廉物美的书写材料。这都使得大量典籍、文章得以迅速流传。

（2）文献的传播速度加快。在简帛时代，帛书造价高昂，竹简制作繁难，阅读只能是少数人的专利，师徒之间的口传心授是传播知识的主要方式。纸张的大规模使用，让优秀的作品通过传抄的形式很快在社会上流传开来。据《晋书·列传第六十二·文苑》记载，晋代文学家左思的名篇《三都赋》在当时形成了"豪贵之家竞相传写，洛阳为之纸贵"的场面。这在简帛时代是不可想象的。

（3）阅读规模进一步拓展。春秋以前是"学在官守"，春秋以后，虽然在孔子"有教无类"教育理念的影响下，接受教育的对象范围得到了一定程度的扩大，但主流的教育方式依然是师徒之间的口传心授，学生必须时刻追随老师，在老师的耳提面命下学习和阅读。进入写本时代之后，书籍变得易得易读，普通士子也可以通过自学的方式掌握知识。清朝学者皮锡瑞在《经学历史》中有精彩的阐释："汉人无无师之学，训诂句读皆由口授。非若后世之书，音训备具，可视简而诵也。书皆竹简，得之甚难，若不从师，无从写录。非若后世之书，购买极易，可兼两而载也。负笈云集，职此之由。"[25]纸张的广泛使用打破了原有的阅读壁垒，使得阅读变得普遍而平常。

（4）私人著述大量涌现。纸张具有价廉、便携、易书写等诸多特点，为个体创作奠定了基础，书籍可以通过抄写副本的形式广为传播、流传后世，提升了创作者的知名度和社会影响力，刺激了创作者的创作热情，各领域私人著述呈现出几何级数增长的局面。

2. 雕版印书时代的阅读。最迟在唐代初年，就出现了雕版印刷的方式，当时主要用来印刷历书、字书和佛经等。标志着雕版印书普及的大事件是始刻于唐文宗太和七年（公元 833 年）、完成于开成二年（公元 837 年）的《开成石经》的雕版刻印。《开成石经》是中国官府刻书之肇始，宋代承袭唐、五代时期雕版印书的传统，形成了官刻、坊刻、私刻互为补充的图书出版体系。雕版印书的兴盛，开启了中国古代阅读史上一个崭新的时期。

（1）书籍的大量刊行。理论上讲，雕版印书一次刻版成型，可以印刷无限次。传统的儒家经典得以大规模刊行，随着复本数量大增，书籍成本也随之降低。除了数量的增长，书籍的种类也变得更为丰富，除经史书籍以外，原先难以在大范围流传的个人文集，刻印数量也出现明显增长。即便是在写本时代不太容易见到的书籍、难觅难寻的珍本，也因雕版印书的大规模印制，而逐渐变成"家藏户有"之物。

（2）阅读的普及和泛化。雕版印书使得书籍成为很多家庭的必备之物，读书明理、耕读传家已经成为社会共识。宋代的教育体系十分发达，从中央官学的太学、国子监、辟雍、广文馆、四门学，到地方州、县普遍设置州学和县学，从大量从事童蒙教育的私塾到广泛存在的书院讲学，呈现全面发展的趋势。

（3）阅读的实用主义盛行。宋朝大规模开科取士，刺激着士子们完全按照科举制度的要求读书学习，开启了实用主义和功利主义的阅读模式。书籍装帧和编纂形式也出现了两种变化：

其一，书籍装帧形式由卷轴装（又称卷子装，是将每一页写好的纸或帛按顺序粘在长卷上）向册页装［将若干纸页（叶）装订成册。古代的包背装、蝴蝶装、线装都可归于这一类型］过渡。册页装便于读者将同类型问题"聚类观之"，实现跳跃性阅读，为读书快速查阅所需资料提供了一条捷径。

其二，互注本以及类书的编纂及刊印。此类书将相似或相同的词汇、语句或事件汇集在一起，读者在阅读时只需逐条记诵即可，不必再一一查核原文，阅读效率大为提高。

3. 机器印书时代的阅读。19 世纪末期，伴随着西方出版技术特别是铅字印刷技术的传入，图书的印刷与传播变得越发便利，同时西方的图书文化、西学思想也随着坚船利炮传入中国，在图书产业变革和社会思潮的双重影响下，新式教育得以普及，中国的阅读进入了一个崭新的历史时期。

（1）图书出版呈爆发式增长。在 20 世纪初，上海已经发展成为亚洲的出版中心，即使在世界范围内上海的出版规模也是首屈一指的。据《民国时期总书目》的统计数据，1911 年至 1949 年间，全国共出版了 12 万 4 千余种中文图书。[26] 与之相较，清乾隆年间编修的被称为中华传统文化最丰富最完备的集成之作的《四库全书》收录的文献数量为 3462 种 79338 卷（文津阁藏本），存目文献 6793 种 93551 卷。[27] 由此可见，从清朝晚期到新中国成立，不到百年的时间里所出版的书籍总量，已经远超以前历代文献存量的总和。这对于一个热爱阅读的人来说，实在是一场全新的阅读盛宴。

（2）报纸期刊的大量涌现。据《1833—1949 全国中文期刊联合目录》记载，1833 年至 1949 年我国出版报纸 1.3 万余种、期刊 2 万余种。[28] 与图书相比，报刊更具时效性，其阅读对象主要是普通的民众，因此较一般的图书在可读性和娱乐性方面有更高的要求。大量通俗杂志如《申报》《良友》等，主打生活、娱乐信息；有杂志则面向特定阅读群体，如《妇女杂志》等以女性为目标读者客户。新文化运动期间，《新青年》和《新潮》，《晨报》及其副刊，还有许多其他杂志、报纸，更是利用其巨大的社会影响力，引领和主导着社会思潮和阅读风尚。正是这些种类庞杂、内容丰富、兼具娱乐性和可读性的报纸杂志，顺应了人们通俗阅读的习惯，也加快了阅读从社会精英阶层走向普罗大众的步伐。[29]

（3）白话文的使用和大众教育的兴起。光绪三十一年（1905 年），清政府发布"上谕"，宣布自 1906 年正式废除已延续千余年的科举取士制度，宣布开办新式学堂，中国教育进入从精英到大众的全民教育时代。新式学校教育采用内容丰富、门类齐全的教材，对于构建大众知识体系、激发全民阅读热情起到了重要的推进作用，是培养阅读习惯的重要平台。与此同时，作为在中国传统士大夫中通行的书面语言——文言文，也因其脱离普通民众和社会生活，加之极难掌握，走到了历史的尽头，越来越多的著作和报纸杂志用白话文来创作和编印，各类学校也纷纷采用白话文编写教材。这些都极大地改善了人们的阅读环境，普通人也可以十分容易地参与到阅读当中来。白话文的使用和大众教育的兴起，促进了教育的普及和科学的发展，对阅读产生了十分深远的影响。

4. 新时代阅读的特征。随着时间的脚步迈入新的世纪，电子文本、网络文本异军突起，技术的进步和革新又一次带来了文本的变化，数字阅读作为一种全新的阅读方式，向传统的纸本阅读发起了猛烈的冲击和挑战，极其显著地影响着人们的阅读方式和阅读习惯，阅读进入了一个新的转型时期。

（1）图书出版实用化。不少出版社从满足读者的实际需求出发，出版了许多古典名著的注解本、白话本，通过注解古籍中晦涩难懂的词句，帮助读者排除古今语言差异，以及名物制度的改变所造成的阅读困难，加深读者对文本的理解，引导读者更好地把握作品，体会作品深层的含义。再者，有些出版社还会对一些长篇巨著的图书内容进行缩减，推出名著名篇的精简版，以便让读者更容易找到重点，节约读者的阅读时间，提高阅读效率。此外，缩小图书的开本，使之便于携带的"口袋本"图书，因为可以方便人们在快节奏的生活中利用碎片时间阅读，也成为出版社争相出版，广受读者欢迎的热销图书。

（2）图文类图书流行。当下不仅少儿类图书、卡通、漫画、画册出版数量越来越多，印刷得越来越精美，而且传统上以纯文字出版的学术类图书，也出现了图文版形式的版本，成为出版界引人注目的新气象。图文并茂的图书主要有两类：一类是传统意义上的图画书，以绘图或图片为主，辅以少量的文字，其代表形式有绘本、卡通读物、漫画。第二类是文字与图片互相阐释，两者所占版面比例大致相同，或者是以文字为主、图片为辅的图文结合体，即我们平时所称的插图书。

（3）超文本技术的应用。超文本是一种网络信息的组织方式，是指运用超链接的方法，将存在于各种不同空间的网络信息组织在一起形成的文本。超文本技术组织信息的方式和人类的联想式记忆有相似之处，它是一个非线性的网状结构，以结点为单位组织信息，以超链接的方式构成表达特定内容的信息网络。在阅读的过程中，读者可以根据个人意愿和实际需要，随时在文本的某个地方停下来，利用超文本的联想式查询能力，迅速找到自己感兴趣的另一个文本，实现阅读内容的跳转。超文本技术对阅读的影响最主要的表现形式是电子图书的发展。电子图书存储容量大、内容可检索、有多媒体功能、携带阅读方便、可随时下载更新，与传统的纸质图书相比性价比高，是文献载体的一次重大变革。电子图书所具备的与纸质图书不同的使用特质，正深深地影响着人们的阅读习惯和阅读方式。

（4）快餐式阅读。在快节奏的环境中，人们的生活、工作压力剧增，日常的阅读更多地集中在烹饪、化妆、养生、园艺、理财、励志等时尚生活类流行读物上。这使得流行阅读、时尚阅读大行其道，大多数人（特别是年轻人）浏览式阅读的倾向日益明显，即便是许多求知型的阅读，也只是利用阅读工具中的检索功能，快速地找到所需要的答案。传统的阅读对象主要是纸本书上的印刷型文字，如今在多媒体技术与数字技术的推动下，人们正试图将原有的印刷文本转换为视觉文本，文字正逐渐变为图像符号的注释和辅助。大量的视觉文本、休闲读物、通俗读物正在让人们进入追求视觉快感和心理愉悦的浅阅读模式，使人们的阅读习惯于浅尝辄止，思维趋于简单化。

（5）连接即阅读。随着科技的不断发展与技术创新，人们的阅读方式已经有了很大的不同。电子读物因其容量大、易更新、便于携带等优势，受到广大读者的追捧。数字阅读使得我们与书籍的距离变得越来越小，甚至唾手可得，它就存在于我们随身携带的 PAD、手机等电子产品中，存在于我们日常工作离不开的电脑中。传统阅读中的纸质书籍，携带不便且每本书的内容有限，而数字阅读用指甲大小的一个芯片，就可存储上万部的图书，互联网更是容纳着海量的信息，内容包罗万象，取用方便，只要有数字设备，只要有网络，连接即可阅读，随时随地皆可阅读。数字阅读突破了时空的限制，所以不管是排队、候车、等餐，抑或是乘坐公交、地铁，随处可见阅读者的身影。

第二节

阅读推广的定义和要素

阅读是个人精彩人生的开始，更是一个国家持续发展的不竭动力，对于提升国家的综合国力有着重要意义。为推进社会阅读，我国政府不仅相继出台了一系列文件和条例，"全民阅读"一词还被连续多次写入政府工作报告，这些都说明了国家层面对阅读的高度重视。随着书香社会建设的全面推进，培养阅读习惯、提高阅读质量，以求达成"多读书、读好书、好读书"的目标，使得社会各界开始日益重视阅读推广工作。

一、阅读推广的概念

"阅读推广"是一个由英文"Reading Promotion"翻译过来的词汇，也被译作"阅读促进"。"Reading Promotion"一词常见于国际图书馆协会联合会（International Federation of Library Associations and Institutions，IFLA，简称国际图联），联合国教育、科学及文化组织（United Nations Educational，Scientific and Cultural Organization，UNESCO，简称联合国教科文组织）等国际机构的网站和工作报告。自 1997 年以来，随着我国全民阅读的推进和发展，"阅读推广"已然成为新闻出版和图书馆行业的一个常用词、高频词。

关于阅读推广，国内外并没有特别明确的定义，下面列出国内图书馆界有代表性的几种说法：

胡庆连认为：阅读推广就是让每一个有阅读能力的人都加入阅读者的行列，让阅读成为个人日常生活和工作不可或缺的一部分，从而构建学习型的书香社会。[30]

万行明认为：阅读推广其实就是推广阅读，是指图书馆及其他社会相关机构为激发读者的阅读兴趣、培养读者的阅读习惯、提升读者的阅读水平，进而推进全社会阅读所开展的一切工作的总称。[31]

吕学才认为：阅读推广就是让本区域内每一位具备阅读能力的人都加入阅读者行列，让阅读成为人们日常工作和生活中不可或缺的一部分，同时它有助于培养社会公众的图书馆意识，促进全体国民综合素质的提高。[32]

张超认为：阅读推广是将阅读这种富含动态特征的思维活动作为一个作用目标，通过某种特定的方法或者渠道，改变阅读的影响范围及其作用区域，使它的受众对象更简单、容易地接受并参与的一种文化传播活动。[33]

王辛培认为：阅读推广是指政府及相关部门、图书馆、出版机构、网络、媒体等机构和部门为激发读者的阅读兴趣、培养读者的阅读习惯、提升读者的阅读水平、促进全民阅读所开展的有关活动和工作。[34] 此种定义方式与万行明的定义基本相同。

于群、李国新认为：阅读推广是指图书馆为普及民众的阅读知识和提高民众的阅读兴趣所开展的一系列阅读活动。[35] 此定义将阅读推广的主体限定为图书馆。

刘开琼参照美国传播学专家哈罗德·拉斯韦尔（HaroldLasswell）的传播学"5W模式"理论对阅读推广进行定义，认为：阅读推广是推广活动主体（Who）、阅读者（To whom）、阅读对象（Says What）及推广媒介（In Which Channel）等要素在一定时空范围内设计、组合、配置和组织，通过它们之间的相互作用，让阅读达到获得有用信息、实现知识分享、提升精神境界及愉悦身心等效果（With what effects）的一种渠道。[36]

王波认为：阅读推广就是为了推动人人阅读，是以提高人类文化素质、提升各民族综合软实力、加快民族振兴的进程、实现国家富强为战略目标，而由各个国家的机构和个人开展的旨在培养国民的阅读兴趣和阅读习惯，提高国民的阅读能力、阅读质量、阅读效果的活动。[37]

陈幼华认为：阅读推广是指在提升国民素质、传承民族文化的时代要求下，由社会组织或个人开展的，能起到培育社会民众对于有价值的多元媒介作品的阅读兴趣与习惯，提升社会民众阅读技能与效果，增进社会民众阅读数量与质量作用的阅读推广空间营造，阅读推广平台创建，多元阅读方式引导等实践活动。[38]

张怀涛在分析众多研究者的观点后，提出了自己对于阅读推广的定义："阅读推广"顾名思义就是推广阅读。简言之就是社会组织或个体为促进人们阅读而开展的相关活动，也就是将有益于个人和社会的阅读活动推而广之。详言之就是社会组织或个人，为促进阅读这一人类独有活动的展开，采用相应的途径和方式，扩展阅读的作用范围，增强阅读的影响力度，使人们更有意愿、更有条件参与阅读这一文化活动。[39]

综观上述各位专家学者的种种定义，笔者认为，张怀涛先生对于"阅读推广"的定义是在阅读导读、阅读宣传、阅读辅导、读书指导、阅读营销等概念的基础上发展而来的，他将"阅读推广"表述为所有社会机构或者个体为促进阅读而进行的一项工作和事业，具有更强的包容力。

二、阅读推广的主体

阅读推广的主体指的是阅读推广活动的发起者、策划者、组织者与实施者。提高全民的阅读率、建设书香社会，形成人人爱读书、人人推荐书的社会氛围，是一项系统性的文化工程，需要动员全社会各方面的力量。纵观全球各国的阅读推广工作，我们可以发现，各级政府、图书馆界、出版发行机构、非政府组织、大众媒体机构甚至民间团体和阅读者个人都参与其中，他们根据自身的职能和资源优势，或筹划建立阅读推广机构，或策划创意阅读推广项目，或定期不定期组织开展阅读推广活动，共同推动着全民阅读活动的开展。

1. 政府部门。阅读推广是一项全民性的系统工程，其推动和完善需要各级政府的大力倡导和支持。除了制订出台相关政策法规，予以配套的财政经费支持，各级政府及相关部门也会直接发起、组织全域性的阅读推广活动。如日本政府 2001 年颁布《日本儿童阅读推进法》，明确国家和地方政府及社会公共团体推进儿童阅读相关的责任；韩国政府于 2006 年实施的《阅读文化振兴法》要求作为国民阅读推广国家官方机构的文化体育观光部应该每5 年制订一份读书文化振兴基本规划，同时牵头成立读书振兴委员会以推动和指导国民阅读活动的开展；美国历届政府也都大力提倡阅读，先后推出过"卓越阅读方案"（Reading Excellence Program）"美国阅读挑战"（America Reads Challenge）等众多全国性的阅读推广项目。在我国，《全民阅读促进条例》《公共文化服务保障法》《公共图书馆法》也相继发布实施。政府部门因其巨大的号召力和广泛的影响力，牵头组织举办的阅读推广活动辐射面广、参与人数规模大，能够在辖区区域范围内营造良好的阅读氛围，带动形成喜爱阅读的社会风尚。如苏州市的苏州阅读节、深圳市的深圳读书月、广州市的南国书香节等，都是由地方政府牵头组织举办的推广活动，已持续举办多年，取得了良好的社会效果。

2. 图书馆界。图书馆作为国民教育和阅读的重要基地，在阅读推广体系中占据核心地位。在图书馆的社会职能中，促进阅读是其职能之一，保障国民的阅读权利，提高国民阅读能力，促进国民阅读兴趣，是图书馆业界不可推卸的职责。图书馆具有拥有丰富的文献资源、专门的馆舍建筑与设备、专业的馆员队伍、庞大的读者群体、良好的社会口碑等诸多优势，图书馆举办的阅读推广活动具有形式多样、内容丰富、分众实施的特点，因而堪称是倡导推进全民阅读最有力、最主要的机构和力量。这里所说的图书馆，不仅仅是各级公共图书馆，也包括高校图书馆、中小学图书馆、科学图书馆，以及社会企事业单位、社会团体的图书馆（室），民营图书馆，私人图书馆等。虽然不同类型的图书馆其立馆宗旨不同，服务内容、服务目标和服务对象存在差异，但是图书馆业界作为一个整体，推动全社会国民阅读能力和阅读意识的培养，顺应社会公众的阅读需求加强阅读引导，组织开展阅读推广活动激发公众的阅读兴趣，是图书馆业界的共同责任。

3. 大众传媒机构。传播学理论将人类信息的传播方式分为内向传播、人际传播、组织传播、大众传播四种。大众传媒机构是拥有某种大众传播媒介并专门从事大众信息传播服务的社会组织，在我国，主要指报社、电视台、广播电台和杂志社这四类机构单位。因其传播的主要业务内容以新闻报道为主，因此也被称为新闻机构。随着网络和通信技术的高速发展，互联网服务机构正在成为第五种大众传播媒介机构。大众传媒机构具有传播信息速度快、影响大、范围广的特点，一直以来都是作为阅读推广活动宣传最重要的渠道而存在着。近年来，随着阅读推广活动广受政府的重视，日渐成为社会关注的热点和风尚，一些大众传媒机构也纷纷下场，开始利用自身的社会影响力和受众优势，直接参与发起与组织阅读推广活动，成为阅读推广的又一个重要主体。比如香港凤凰卫视的《开卷八分钟》、河北卫视的《读书》、中央电视台科教频道的《子午书简》等电视读书栏目，《图书馆报》《文汇读书周报》《博览群书》《中国图书评论》《中国图书商报》等报纸杂志上开设的阅读专栏，等等。他们根据热点电影、热点事件、热点话题或重要节日、重要时间节点等推出系列访谈节目和专栏文章，或展示阅读心得，或推荐阅读读物，内容时尚新潮，形式轻松活泼，更加容易为观众所了解和接受，从不同方面助推了阅读的开展。

4.出版发行机构。出版发行机构是指从事出版和发行的企业和组织，主要包括出版社、报社、杂志社、各类书店等。作为以销售书籍、报刊等出版物为主要盈利手段的企业和组织，推动全民阅读的普及与发展，提高全体国民阅读的频度与参与度，形成全民热爱阅读的良好氛围，是与出版发行机构的经济利益与长期发展目标相一致的，因此它们会更有动力、更有意愿动用自身的人、财、物等各类资源发起和组织阅读推广活动。出版发行机构作为阅读产品的制造者和阅读产品的质量把关者，它们拥有充足的文献资源、作家资源，以及开展活动所需的人力资源，掌握着第一手的市场调研数据资源。此外，出版发行机构与宣传媒体、教育部门等联系紧密，可以从读者的阅读需求出发，以推荐书刊资料、激发读者的购买欲望为主要目的，举办新书发布会、邀请作家现场签名售书、开展专题讲座等阅读推广活动。这些活动不仅能让新出版的好书得到推荐，搭建作者与读者之间交流沟通的桥梁，也有利于创造出新的阅读热点，激发读者的阅读热情，传播新的阅读理念，引导新的阅读风尚，掀起新的阅读浪潮，使推广活动的影响效果显著化。发行机构开展的读者调查活动、发布的图书销售排行榜、策划组织的读书交流活动，不仅能够及时跟踪了解和掌握社会阅读现状，而且具有引导、激励、宣传和风向标的作用。

5.社会组织。社会组织是指由一定数量（至少两个或两个以上）的社会个体按照一定的原则、宗旨、制度、规范聚合在一起以有效达成特定目标的社会群体。在我国，社会组织主要包括社会团体、基金会和社会服务机构三种类型。在阅读推广活动领域，除了上文提到的政府部门、图书馆、大众传媒机构和出版发行机构外，还活跃着大量的其他社会组织，他们规模不一，形式多样，也是整个阅读推广体系中的重要力量。如源于英国、风靡世界的

"阅读起跑线"（Book Start）项目就是由英国图书信托基金（Book Trust）这个社会公益组织发起一项国际性的阅读活动，美国的"每方都是赢家"阅读推广项目则是由遍布十几个州的志愿阅读推广机构共同推进的。在我国，中国图书馆学会组织指导全国范围内的阅读推广活动的开展，其下设专门的阅读推广机构——阅读推广委员会，下辖秘书处和15个专业委员会，致力于动员图书馆界内外的力量进行阅读推广的组织与理论研究。近年来，民间阅读推广组织也在蓬勃发展，如北京的"公益小书房"、广州的"万木草堂读书会"、深圳的"深圳读书会"、上海的"新华知本读书会"等。民间阅读推广组织的阅读活动富有创意、充满个性化色彩，活动多是面向小范围的读者群体，注重双向互动，意在通过活动输出其特定的阅读理念，促成阅读行为和阅读意识的形成，建立相对有效的推广反馈体系，读者的参与度也相对较高。

三、阅读推广的对象

阅读推广的对象是指阅读推广活动的目标群体。从广义上说，开展阅读推广活动是为了推进全民阅读，因此社会中的每一位国民都应该是阅读推广的对象。但是，在开展实际的阅读推广活动过程时，由于国民个体在阅读能力、阅读动机、阅读兴趣、阅读时间等方面存在差异性，因此有必要对阅读推广活动的目标人群进行进一步的研究。在市场营销界有个法则叫作"找对人，说对话"，所谓"找对人"就是找到正确的广告受众，"说对话"就是广告表达的内容与广告受众所想听到的内容一致。对于阅读推广活动而言，就是把活动的内容传递给需要的人。许多单位和机构投入大量的人力、物力和财力去做阅读推广活动，却没有达到预期的效果，原因很可能就在于没有找对人、说对话。

1.阅读推广活动应细分受众群体。不同的人，阅读动机各不相同，或为求知，或为休闲。即使是同一个人，在人生的不同阶段，因职业、收入水平、教育程度的变化，对阅读的态度也会有所变化。要使阅读推广更具针对性，达成预期的效果，有必要对受众群体进行细分，制定差异化的推广策略。准确地定位目标人群，有助于提高阅读推广的效率。国外的阅读推广活动在这方面做得非常到位，值得我们借鉴。如英国的"英超俱乐部阅读之星"（Premier League Reading Stars）阅读推广活动项目主要面向小学五六年级中不爱阅读但喜欢足球的学生，尤其是男同学。新加坡的阅读推广活动"读吧！新加坡"（Read!Singapore）每年的主要推广群体都会不同，2005年活动的主题为"总结来时路，盼望新天地"，主要面向出租车司机；2012年活动的主题是"七彩长虹筑心桥"，以7~14岁的儿童为当年活动的主要推广对象。细分受众群体的标准很多，如可以将阅读推广的对象按年龄分为婴幼儿、儿童、青少年、中年、老年等不同年龄段的读者群体，按职业划分为学生、教师、科研人员、机关干部、产业工人、农民、驾驶员等若干类别，进而针对不同的读者群体，策划设计不同的推广内容。

2. 阅读推广活动应以儿童和青少年为重点推广群体。现在社会上有很多类似"21天习惯养成计划"之类的训练课程，说明习惯是可以通过后天训练养成的。刚出生的孩子就像是一张白纸，其人生究竟会有一幅怎样色彩的画卷，在很大程度上取决于后天的引导和培养。"习惯成自然"，孩童时代播下热爱阅读的种子，让孩子每天坚持阅读，从小在阅读的环境中长大，养成阅读的习惯，将终身受益，成年后将更容易将阅读持续下去，成为一个终生阅读者。有研究表明，如果在15岁之前一个人还没有养成热爱阅读的习惯，那么他可能一辈子都无法享受阅读的乐趣。因此，阅读推广重点关注儿童和青少年，使其养成良好的阅读习惯。从世界各国开展阅读推广活动的经验来看，儿童和青少年都是阅读推广的重点人群。以美国为例，克林顿政府旨在改善美国儿童阅读能力日益下降的境况，于1997年发起了"美国阅读挑战"运动；布什总统于 2002 年签署的《不让一个孩子掉队法案》（No Child Left Behind Act, NCLB）拨款 50 亿美元资金用于资助教育改革，以"阅读优先"为主导，推出面对学龄前儿童的早期阅读优先计划（Early Reading First）和学前班到小学三年级（K–3）儿童的阅读优先计划（Reading First）。在我国，如苏州图书馆的"悦读宝贝计划"中面向 0~3 岁婴幼儿的"阅读大礼包"，针对低龄儿童的"故事姐姐讲故事""快乐印章游戏""儿歌时间""凤凰课堂""开心果"亲子阅读，以及系列科普活动，都是紧紧围绕培育婴幼儿的早期阅读兴趣和阅读习惯而开展的。此类针对儿童和青少年开展阅读推广活动的优秀案例在国内还有很多，也都取得了不错的效果。

3. 阅读推广活动应关注弱势群体。弱势群体也叫作社会脆弱群体，它在形式上是一个虚拟群体，是指社会中那些能力不足、生活困难或者被边缘化、受到社会排斥的一类人的统称。从具体构成上来看，弱势群体主要包括儿童、老年人、残疾人、城市低收入群体、农民工、失业人员、外来务工人员、疾病患者、服刑人员等。弱势群体的产生既可能是客观原因造成的，如先天或后天的残疾、健康状况低下，也可能是社会层面的原因产生的，如因社会经济发展不平衡出现的空巢老人、留守儿童，因旧有观念导致的对女性的性别歧视等。面向弱势群体的阅读推广活动，应充分体现平等、无歧视的原则，最大限度地满足他们对阅读的需求。在国际图联和联合国教科文组织的《公共图书馆服务发展指南》中，"为特殊群体服务"一章专门强调了为特殊群体服务的重要性及相关措施。在针对弱势群体开展阅读推广服务方面，国外在策划阅读推广项目中加入关注弱势群体的元素，有很多成功的案例，如英国的"夏季阅读挑战"项目专门增加了面向视力障碍儿童的内容，是为让有视力障碍的孩子也能参与其中；美国的"触手可读"阅读推广项目针对听觉或视觉障碍儿童、智力低下儿童、孤独症（俗称自闭症）儿童等不同群体分别提供阅读指导，包括给出有针对性的阅读建议、根据不同患儿的病症状况提供阅读书目等。

四、阅读推广的作用

现代社会中，快节奏的生活、日益增多的信息渠道，使得许多人不再重视阅读，甚至放弃阅读。开展阅读推广活动的目的就在于在全社会营造浓郁的阅读氛围，帮助人们重新关注阅读、提高对阅读重要性的认识、提升阅读能力与阅读素养，激发阅读兴趣，吸引更多的人加入阅读的行列中来。

1. 推荐阅读材料。人类积累下来的文献浩如烟海。现代社会更是一个信息爆炸的时代，出版统计数据显示，仅我国每年出版新书就接近 20 万种，如果加上网络上的数字资源，出版数量更称得上是个天文数字。但伴随出版市场繁荣的，是出版物的内容交叉重复、时效性增强，质量良莠不齐，娱乐化、游戏化的倾向明显，有思想、有深度的作品匮乏。读物鱼目混珠、庞杂难辨，选择就变得十分重要，读者将不得不花费大量的精力和时间用于甄别读物的优劣。面对这种状况，我们更需要加强阅读推广工作，有计划、有目的地推荐书籍，不仅要保证阅读的数量，还要重视阅读的质量，提高阅读鉴赏能力，使阅读者能够感受到阅读之美，确保达成"开卷有益"的目标。从外国的经验与做法来看，推荐的读物不仅限于图书、期刊等传统的出版物，音乐、电影、网站也都在推荐范畴之列。如英国阅读社"图书推荐数据库"所推荐的读物，不仅包括传统意义上的纸质图书、纸质报刊，还包括大量的视频、音频资料，以及电子图书、阅读网站等信息。

2. 提升阅读能力。一个人的阅读行为是否能够顺利、有效地开展，需要具备相应的阅读能力。阅读能力包括获取、认读、理解、评价、鉴赏、运用能力等多个维度，每个维度又可分为不同的层级，这些维度和层级共同决定了一个人的阅读能力。阅读能力的高低对一个人的阅读效率有决定作用，因此提高阅读者的阅读能力尤其重要。在阅读推广的目标人群中存在着这样的群体，如成人中的文盲、半文盲，以及因跟不上数字时代步伐的所谓"新文盲"，他们确信知识可以改变命运的道理，也知道阅读能够增长知识，渴望通过阅读为自己创造更多的机会，改变自己的人生，但由于自身的文化程度低，或其他经济的、社会的、环境的因素影响，使得他们阅读能力缺失，有阅读的意愿却不知道如何阅读。他们或因不掌握合适的阅读技能与方法，或因无法获取适合自己的读物，从而与阅读无缘或失之交臂。又比如低幼年龄的儿童，他们通常不识字或认字不多，无法阅读纯文字的读物。还有一类人，他们既具备一定的文化水平，又有途径获得阅读材料，有时间开展阅读，但由于阅读不得法，常常是"入宝山而空手回"。对于上述人群，阅读推广可以起到通过活动提升他们的阅读能力、让他们学会阅读的作用。

3. 培养阅读兴趣。兴趣是人们对事项表示关切或者喜好的一种情绪，是人们力求从事某项活动和认识某件事物的意识倾向。在人类的社会实践中，兴趣具有重要意义。凡是能够引发兴趣的事项，必然会引起人们对它的关注。早期的阅读推广活动侧重于对读者阅读能力的培养，有研究发现，一个人即便拥有阅读能力，但如果缺少阅读的意愿，他也会少阅读或不阅读，阅读能力就会随之下降。阅读推广所要培养的兴趣，是阅读文献资料的兴趣，它包含两方面的含义：广义的阅读兴趣是指读者对阅读这项社会活动的喜爱和关注，狭义的阅读兴趣是指读者对某一特定的阅读材料或某些学科类别的文献内容表现出自觉选择的倾向。阅读兴趣形成于阅读过程，是阅读动机的重要表现形式，并将在阅读过程中发生增强或减弱、保持或转移等的变化。浓厚的阅读兴趣会激发出自觉自愿、舒适自在地学习和阅读的内在动力，使阅读过程始终处于平和有序的状态，从而产生积极的阅读效果。因此，在阅读推广过程中，除了注重提升阅读能力外，还要注重提高国民的自觉阅读的意愿，培养他们的阅读兴趣，通过阅读推广活动的广泛开展，引导他们捧起书本开始阅读，进而爱上阅读，甚至迷上阅读，实现全社会"多读书、读好书、好读书"的目标。

4. 养成阅读习惯。心理学理论认为，人类的行为方式可以分为三个层面：第一个层面是外在压力驱动下的被动反应，它需要有强烈的意志努力来控制才会发生的行为；第二个层面是有意识的主动反应，它的发起和维持同样离不开意志努力；第三个层面是无意识的自动反应，不需要个人的意志努力，甚至是无知觉无意识、自然而然地触发和维持。习惯是属于第三个层面的行为方式，它是无须意志执行的、无意识的自动反应行为，而且还会在相同的情境中反复出现，保持相对稳定的状态。习惯往往是后天塑造和训练的结果，是社会个体为了寻求奖励（积极刺激），或者逃避惩罚（消极刺激），或者学习模仿他人（特别是崇拜、学习的对象）的行为模式，进而逐渐形成的。当然，一个人的习惯也不是一成不变的，既然能在某些情况下养成好的习惯，也可以通过有意识的锻炼去改变不良的习惯。对于全民阅读推广而言，培养社会公众的阅读习惯十分重要。美国图书馆学家皮尔斯·巴特勒（Pierce Butler）认为："如果一个人已经养成了阅读的习惯，他就比那些没有阅读习惯的人更容易去阅读。"[40] 从发展的角度看，开展阅读推广以促进国民阅读习惯的养成，是一条较为漫长的道路。

5. 创设阅读氛围。社会环境对于个体发展成长的巨大影响是毋庸置疑、不言自明的，良好行为习惯的养成离不开环境潜移默化的熏陶。"昔孟母，择邻处""近朱者赤，近墨者黑""蓬生麻中，不扶自直"，这些流传千年的古语无不昭示着环境对于人的重要影响。美国哲学家约翰·杜威（John Dewey）在《民主主义与教育》一书中指出："我们从来不是直接地进行教育，而是间接地通过环境进行教育。"[41] 对于这一点，东西方的观点不谋而合。在西方的文学和影视作品中常常会描绘这样的场景：在一个静静的夜晚或一个休息日的下午，孩子们围坐在壁炉旁，听父母或家中的其他人阅读或讲故事。在没有电视更没有网络的年代，家庭阅读是西方社会家庭最重要的娱乐方式，一代又一代的西方儿童在这样的环境中完成了阅读的启蒙。我们生活在一个喧嚣、浮躁的社会，很多人，尤其是年轻人，在享受美好生活的同时，也无时无刻不面临着形形色色的诱惑。阅读推广正是要通过创造一个崇尚读书、享受读书的良好氛围，进而影响在这个氛围中的所有人，让一个平时不读书的人受到环境的影响而开始对阅读产生兴趣。在全民阅读热情有所减退的当下，阅读氛围的营造对于掀起新一轮的读书热潮十分必要。

第三节

阅读推广活动的常用模式

模式是指可供人们依照学习的标准样式，是对生产和生活中所产生的经验做法进行总结、提炼、升华后形成的核心知识体系。近年来，随着全民阅读热潮的兴起，以图书馆为代表的各类社会机构广泛开展形式多样、内容丰富的阅读推广活动，取得了相当多的实践经验，形成了一系列行之有效的阅读推广模式。

一、图书推介活动

所谓推介，就是推广介绍的意思，是指把通常是被认为好的人或事物向组织或他人介绍，希望被采用或者接受。图书推介就是向读者推荐图书文献，通过对其特色、内容等方面的介绍，让读者快速了解图书的基本概况，以达到让读者接受并阅读图书的一种阅读推广活动方式。图书推介一般针对细分读者群体的阅读需求，围绕某一主题组织系列图书，或者是介绍最新出版的图书，从而使读者能够快速准确地定位自己的阅读选择。图书推介是最直接、最简单、最有效的一种阅读推广方式，主要包括以下几种形式：

1. 推荐书目。推荐书目有"必读书目""导读书目""选读书目""劝学书目"或"举要书目"等多种类型，是针对某一特定的读者对象或针对某一专门的学科或问题，经过精心选择和组织文献后而编成的书目，用于供读者了解某一事件的本末始终或学习某项专业知识。为配合学生或研究人员进行专业学习和研究而编辑的专业阅读书目，也可以归入书目推荐的范畴。我国现存可考的最早的推荐书目，是在敦煌发现的《杂钞》中记录的被后世称为"唐末士子读书目"的书目清单，该书目以问答的形式，为士子们开列出了必读的 25 种文献清单。一份好的推荐书目，不仅要告诉读者应该读哪些书，还要向读者说明阅读的先后顺序及如何阅读。如元代程端礼的《程氏家塾读书分年日程》，规定了读经、学史学文的程序，对于读者应该先读什么书，后读哪些书，该用什么方法读书，都有详细的说明，书后附有表格，注明每日功课的纲要。此书被明代诸儒奉为读书准绳，清代书院把它当作课程表来使用。明末清初陆世仪的《思辨录》为青少年开列出了十年诵读、十年讲贯、十年涉猎的书单。清代张之洞的《书目答问》、梁启超的《西学书目表》等，也都是著名的推荐书目，到现在依然为学者名家所推崇。推荐书目在推荐优秀作品、宣传图书、辅导阅读、配合读书活动、普及科学文化知识等方面，发挥着积极的作用。

推荐书目的选题要符合现实社会文化和教育的需要，其深浅程度要与目标读者的文化水平和阅读能力相匹配，要有明确的读者群和特定的用途，所收录的文献要经过认真选择，书目的编排应体现逻辑顺序，便于读者循序渐进，按次序阅读和学习。书目条目的编撰要有精炼的提要，应包括每本图书的入选理由、内容特点、社会影响等，以便于读者迅速地把握图书内容，激发阅读兴趣。进入 21 世纪，政府部门、图书馆、出版社、专家学者、社会团体、网站都纷纷推出了名目众多的推荐书目。但推荐书目数量的激增和泛滥，也会导致推荐书目鱼目混珠、良莠不齐。

2.新书推介。新书推介就是将最新出版的图书有选择地向读者进行通报，让新书尽快为读者所知，激发读者购买、阅读的欲望，实现图书出版的价值。新书推介活动要取得成功，要诀在于"新、快、明"。一是图书要"新"。首先从时间上来说，图书要是新近出版的，出版时间越近越好，一般不能超过半年。其次图书的内容要新，应该是作者最新的研究成果或者最新创作的文艺作品，是人类智慧的最新结晶。"新"是最能吸引读者眼球的亮点。二是推介要"快"。新书推介需要建立畅通的信息渠道，能够最短时间内捕捉到准确的出版信息，筛选出适合目标读者群的新书，第一时间予以发布。三是介绍要"明"。读者是通过对新书的介绍来认识并接受新书，因此介绍新书的文字必须简明扼要，既要抓住重点，重点揭示新书的主旨内容、特色之处，又要留有悬念，让读者欲罢不能，产生阅读的冲动。介绍要结合受众的特点，必要的时候可以打作者牌、背景牌，以增强吸引力。新书推介的形式有新书通报、新书介绍、新书评论、新书文摘、新书展览及新书报告会等。

3. 样书展示。样书展示是一种常用的阅读推广方式。每个出版社都会在社内醒目位置设立样本书展示厅，将本社最近几年甚至建社以来所有出版的图书做集中展示陈列。样书展示既是出版社实力、工作成绩和荣誉的体现，也方便图书采购商浏览挑选。此外，在大型图书展销会、馆藏会或其他与阅读有关的活动现场，出版社也会设立展台，陈列新书、特色图书或专业图书的样书，向图书馆、书店等采购人员和入场参观的社会大众进行现场推介。书店里图书品种众多，复本量也很大，绝大部分图书都是书脊朝外陈列在书架上，但书店为了推荐一些重点图书，会在入口或显要位置设置单独的展台，展示新出版图书、畅销图书或特色图书。图书馆为了推动阅读活动的开展，也一改传统的按分类号排架的方式，按主题将馆藏中的图书选取出一个样本，在专门的展示架上陈列，或放在专题书架、书柜上。样书展示具有直观性和形象性的特点，它能在第一时间对读者产生视觉冲击，让读者产生阅读或购买的冲动，这是效果比较显著的阅读推广方式，书店、图书馆的陈列展示柜台前常常人头攒动即是明证。

4.图书评论。图书评论简称书评，是图书宣传的一种高级形式。图书评论着重于图书的议论和评价，是对图书的学术价值、思想倾向、艺术水平进行评价和分析的文章。按不同的写作方式，常见的书评有以下几种类型：一是介绍型书评。书评内容着力于介绍全书的基本内容，评论较少，篇幅较短。二是论述型书评。书评中除了介绍图书的主要内容，还对图书的风格特点、主要成就及不足加以评论，具有导读的性质，是最常见的书评类型。三是专业型书评。书评作者从专业的角度来对图书的内容进行分析、挖掘和评论，尤其注重该书理论上的得失，具有一定的学术性。四是阐发型书评，即读后感。书评作者受书中内容启发引起的思考和联想，或者是阅读过程中对图书内容的领悟而阐发出来的道理与思想。五是书话型书评。这类书评不仅能提供有关书的知识，还包括了版本、流布和递传状况、掌故，具有较高的文学价值。图书评论反映的是作者对某一图书的主观见解和价值判断，应力求客观公正，实事求是，恰如其分，不作溢美之词，也不随意贬斥。一篇优秀的图书评论文章有助于读者正确理解图书的内容，提高读者的鉴赏能力，对于宣传图书、引导读者有积极的促进作用。

图书评论工作一直受到社会各界的重视，自有图书问世以来，图书评论即相伴而生。史学名著《史记》的《太史公自序》及其后续出版的各种版本出现的诸多序、跋，即包含图书评论的元素。《中国图书评论》《博览群书》《文汇读书周报》《读书》《书林》等都是国内知名的书评专刊，在为读者推荐好书、推进社会阅读方面发挥了重要的促进作用。随着网络的普及与发展，大众书评网、豆瓣读书等书评网站纷纷出现，新浪、网易、搜狐、百度等国内几大门户网站不仅设有读书频道，读者还可以自由地在线发布图书评论。网络书评以交流方便、贴近读者、互动性强的特点，成为图书评论工作的新亮点。

　　5. 签名售书。在出版界，有一些网络写手、知名作家和社会名人，都有很大的"粉丝"群体。"粉丝"们敬重名人，甚至将其当作偶像崇拜。签名售书就是利用部分人仰慕、崇拜名人的心理，让名人与图书"合体"，这样的活动当然会受到粉丝们的追捧。签名售书关键在"名"，参与签名活动的必须是知名人士，他们在社会上享有较高的知名度，或是科技界的发明家、科学家，或是教育界的教授、学者，或是影视界的明星、"大腕"，或是体育界的冠军、名将，或是文学界的著名作家、诗人，或是医学界的名医、新闻界的名记者，这些人在所从事的领域做出过杰出的贡献。名人亲笔签名的图书不但具有阅读价值，更具有一定的纪念意义。对于参加签名活动的爱书人而言，这种形式不仅能让他们在活动现场和心目中的偶像近距离接触和互动，拉近与作者之间的距离，而且签名本上还浸润着签名者的手泽，让他们能够长时间地感受到签名者的气息，内心保持着一份激动和回忆。

　　签名售书不仅可以提高图书的销售量，也提升了图书的收藏价值。读者得以收藏被名家题签的图书，可以激发收藏者的阅读兴趣，对读者、对作者、对商家而言都是一个双赢乃至多赢的好事。要使签名售书活动取得成功，一是确保签名者的名气和图书作品的质量；二是要做好前期的运作宣传，让读者对作品和作者有一定的认知；三是要按作品读者群来划分，有针对性地让作者与读者进行面对面的交流。

二、读书活动

　　读书活动是以阅读书籍为主要内容，并巧妙地融入思想政治教育等其他教育主题的一项群众性阅读推广活动。读书活动通过围绕某一主题，或设定读书范围，或指定阅读材料，有针对性地进行阅读指导，通过组织阅读交流、读书征文、知识竞赛等方式，对有关书籍进行评论，将活动引向深入。

读书活动是通过有组织地发动和开展，号召集体（团队）共同参与，在相互促进、相互鼓励的过程中让读者走近图书，加入阅读者的行列中来。阅读推广活动的目标是让更多的人爱上读书，读书活动直接将书籍推送到读者面前并完成阅读的过程，从这个角度上讲，读书活动应该是最直接、最有效的一种阅读推广方式，具体主要有以下几种类型：

1. 读书节。读书节（或读书月、读书周）一般由政府或机关、单位发起，选择一年中特定的时间段或者日期，围绕某一个阅读主题开展一系列的阅读推广活动。读书节的时间一经确定，往往会保持相对的稳定性，每年的同一时间都会开展活动。读书节以促进阅读为主要目的，具有广泛性、持续性、系列性的特点，是一个内容丰富、主题明确、在区域范围内产生较大影响的阅读推广活动。如创立于 2006 年的"苏州阅读节"，在每年的 4 月 23 日全民读书日启动，时间一直延续到 10 月份，是一项"政府倡导、专家指导、社会支持、群众参与"的全市性大型综合性阅读文化活动。内容包括百万职工读书活动、青年阅读知识竞赛、儿童美文诵读、中华经典诵读大赛、名家大讲堂、晒书会等多项活动，每年吸引数以百万计的新、老苏州人参加，品牌效应日益显现，在江苏省乃至全国都有很大的知名度。

2. 读书沙龙。"沙龙"一词源于法语"Salon"的音译，原义指客厅。从17 世纪末开始，法国一些志趣相投的戏剧家、诗人、画家、哲学家、政治家等社会名人常聚集在贵族家的豪华客厅里，一边喝着饮料、听着音乐，一边就共同感兴趣的话题交谈讨论。后来人们把这种志趣相投的人定期在某一固定场所的聚会交流活动称作"沙龙"。推而广之，读书沙龙就是由一批阅读爱好者定期聚集在一起，以分享阅读成果、交流阅读经验为目的而开展的阅读交流活动。读书沙龙的活动形式轻松活泼，书友们可以分角色朗读书中男女主人公的对白，或一起诵读书中经典段落，或对书的社会热点进行讨论，交流读后感想。沙龙的举办时间一般相对固定，参加的人员数量不多，是个相对固定的小圈子，会有一个名义上的召集人（牵头人）。在每次活动之前，召集人都会提前做好相关协调工作，引导大家共同阅读某一本书或某一作者、某一主题的图书。每次活动都会有一个主持人或主题讲演者来简要介绍某本书或某位作家的概况，引出话题，组织大家发言并讨论。读书沙龙有利于强化阅读效果，提高阅读兴趣，深化阅读深度，扩大阅读范围。

3.读书征文。读书征文是文化教育机构或其他社会团体发动和组织读者阅读指定的某一本或某一主题的图书，之后写下自己的感想与收获，并提交给该机构或团体进行评选的一种阅读交流方式。征文活动通常都有主题明确（某一本书或某一特定主题）、参加对象广泛、评选过程公开透明、获奖者会有证书和奖品等特点。它不仅可以激发人们的阅读热情，扩大知识面，提高阅读能力、写作技能和表达能力，同时也为组织者提供了宣传和品牌推广的机会。一篇好的读书征文不仅是要写得好，更关键的是要读得好，只有深入细致地阅读书籍，征文才会写得真切感人，因此征文活动本质上是一项阅读推广活动。读书征文活动的参加者是来自各行各业的普通民众，他们的阅读能力和阅读水平参差不齐，对活动宗旨的把握和书籍内容的理解也不尽相同，要让征文活动成功举办并符合预期效果，需要在活动过程中加强引导和指导。活动主办方可以通过读书报告会，组织专题讨论、读书分享会，推出活动专栏，编写活动背景资料等形式，指导征文活动参加者正确地理解图书的内容，撰写出符合要求的征文，这其实也是一个普及性的提高读者阅读能力的过程。

三、名家讲座

名家讲座是由阅读推广机构邀请知名人士主讲的阅读讲座。所谓名家，是指在某一行业或某一领域内取得显著成绩、获得社会关注和肯定的人士。讲座应当具有主题明确、信息密集、知识丰富的特点。名家讲座凝聚着主讲人的学识、智慧和人格，主讲人从演讲主题出发，辐射许多知识层面，涉及信息面广、知识广泛，是某一知识领域的提升、凝练。随着现代社会生活节奏加快，人们普遍感到工作和生活压力加大，整日匆匆忙忙，迫切需要用最短的时间快速地获取尽可能多的信息和知识。通过聆听名家讲座及与名家的交流，可以在短时间内了解某一学科领域的最新研究成果，达到解惑答疑的目的。

名家讲座从社会热点、大众兴趣点、学术知识点出发确定讲座主题，使得讲座既能把握时代脉搏，切入读者需求，有极强的时效性、针对性，也能借此搭建起专家学者与读者之间的交流平台，通过提问、互问甚至辩论，读者眼界得以开阔、知识得以升华、思想得以交流、智慧得以碰撞、思维得以拓展、精神得以熏陶，因此称得上是一种更高形式的大众阅读活动。特别是关于阅读主题的讲座，所邀请的主讲嘉宾或是图书馆学专家，或是阅读领域的成功人士、知名作家学者，通过名人效应和科学指导，他们对于阅读方法与阅读经验的介绍可以促成更多的读者爱读书、善读书，帮助他们提高阅读效率，形成良好的阅读习惯。

四、阅读交流

人们阅读需要交流、分享，共同进步。阅读交流是指读者与读者之间交流阅读思想、阅读方法、阅读收获及交换阅读书籍等方面的活动。读者通过把自己的阅读收获与他人分享，把自己的阅读方法供他人借鉴，把自己所读的好书向他人推荐，集思广益，见贤思齐，每个读者的阅读成果和进步就会更大更快，阅读水平才能得到迅速提高。

1. 读者论坛。论坛是指公众发表议论的场所或媒体。读者论坛是由阅读推广机构或者读者个人提供的，用于读者发布和交流与阅读有关的信息、观点的场所。论坛的重点在于一个"论"字，凡是与阅读有关的观点，如图书的主题、思想、艺术价值、目的、意义等，都可以发表。观点来自感悟，论据源于体验，凡是读书人都可以主讲，个人的思考、启发、收益、讨论，都可以讲。读者论坛通过发布社会名人或普通大众对阅读相关现象和观点的思考，引导广大读者对某种图书、思潮进行反思、讨论乃至争论，进而形成相对趋于一致的观点和认识。相较于名家讲座，参与的行为也是自发自主发生的，所有的参与者是完全平等的个体，没有主讲人的优势地位，也没有名家权威。读者论坛的目的在于集思广益，凝聚共识，分享阅读方法和阅读收获，提升思想境界，更有利于理性地发散阅读思维，科学地开展阅读推广活动。一般而言，阅读推广机构不宜直接介入读者论坛，但如果要使论坛能够常态化、有效果、理性发展，也需要科学的指导和引导。

2. 亲子阅读。亲子阅读又称为亲子共读，是指家长和孩子一起共同阅读一本书的过程。美国阅读研究专家吉姆·崔利斯（Jim Trelease）在《朗读手册》一书中提出，孩子并不是先天就和书相互吸引的，在阅读行为刚开始的时候，必须通过父母、老师、邻居、亲戚、图书馆员等媒介，将书带到孩子的世界。[42] 研究表明，如果孩子的父母能够积极主动参与孩子的阅读活动，并在阅读过程中与孩子一起交流、分享阅读的感受，孩子就会对阅读行为更加感兴趣。在阅读活动中，家长和孩子围绕书籍的愉快互动，会激发孩子的阅读热情和对阅读的喜爱，不断产生新的阅读需求。芬兰的一项研究发现：父母指导孩子阅读活动的频率次数与孩子的阅读水平能力正相关，孩子在阅读过程中得到父母的指导越多，他们在字、词等方面的理解与掌握就越好，对文章的阅读与理解能力越强，学习的成绩也就更胜一筹。

亲子阅读的理念最早出现在 20 世纪 60 年代的新西兰，当时在幼儿教育领域起到了良好的效果。随着新的育儿理念的传播和普及，现在国内很多家庭，年轻父母们陪孩子读书学习已经成为一种常态和习惯。需要强调的是，亲子阅读不是仅仅与孩子一起读书那么简单，更重要的是在阅读过程中注意观察孩子的阅读兴趣，与孩子交流读书的感想和收获，培养孩子养成良好的阅读习惯，教会孩子掌握科学的阅读方法，引导孩子在阅读的道路上健康成长。

3. 图书漂流。图书漂流起源于 20 世纪六七十年代的欧洲，并在新加坡发扬光大。读者在自己已阅读完毕的图书上粘贴表示"漂流"的特定标签，摆放在诸如车站候车厅、客运列车、公园、咖啡馆等人流密集的公共场所，捡到这本书的路人可以带走这本书，阅读后再将其放回公共场所，等待其与下一位有缘爱书人邂逅，继续奇妙的漂流旅程。图书漂流是一种共享图书的行为，本身带着某种浪漫、神秘的气息，其魅力在于随机性和不确定性，人们在把书放漂的那一刻，永远不会知道这本书会漂到什么人手里，但总有一份寄托和憧憬存于心间，会好奇是什么样的人捡到这本书，捡到书的那个人是否从这本书中获得和自己一样的收获和感悟，憧憬那个人也会因喜爱这本书而成为不曾谋面的知音。与在图书馆借阅图书不同，图书漂流不需要办理任何借阅手续，也没有阅读的期限要求，这种通过图书的免费赠阅与他人共享阅读的模式，使得图书可以更便捷地在更多的读者手中传递，让"知识因传播而美丽"。人们捡到图书就仿佛在海边捡到漂流瓶那样充满偶然和幸运，这会增加和激发阅读的冲动，从而提高社会公众的阅读率。

4. 图书交换。图书交换就是用自己已经看完、不再保留的图书去换回别人手中的图书。在图书资源稀缺的年代，相互换书、挑灯夜读，是老一辈爱书人都曾经历过的场景。一本书存在的最大价值就在于被阅读，躺在书架上或闲置在角落里不被阅读，是对图书资源的极大浪费。现实的状况是，一方面大量的图书在购买阅读后被搁置在读者家中书柜里、地板上数年，甚至再也不会被再次打开，另一方面是图书价格的不断上涨，导致读书成本提高，让爱书人觉得读不起书了。这使得图书交换因其符合绿色、环保、节约的理念而再度风行。图书交换活动既有各地图书馆牵头组织的，也有学校及读书组织自发的行动，都受到了市民的肯定和欢迎。参与换书活动绝大部分是真正爱书的读书人，通过换书，不但提升了图书的利用率、降低了读书成本、节约了社会资源，而且对于引导更多的人热爱读书、提高国民图书阅读率，也是大有裨益的。

5. 影视观评。影视观评就是阅读机构或社会团体组织读者观看某部影视作品，并围绕该影视作品进行交流评论的活动。活动推荐观看的影视作品一般以文学艺术性影视片为主，主办方推荐观看一些颇具艺术特色和水平的影视作品，并组织专题评论，有助于提高读者的审美情趣和审美水平。文艺片的拍摄蓝本或原著本身就是文学作品，通过对改编和拍摄后的作品进行观看研讨，不仅能给读者赏心悦目之感，可以让读者对原著更感兴趣，深化读者对作品的理解和认识，还可能让读者扩大阅读范围，阅读更多类似主题或同类作者的书籍，以达到阅读推广的目的。

五、图书馆利用教育

图书馆利用教育又被称为图书馆利用指导，是图书馆为了帮助读者了解图书馆的馆藏资源、利用图书馆提供的各种服务项目，以及学会使用图书馆的设施设备而开展的推广活动。其目的是让读者掌握图书馆的利用方法，了解图书馆功能，引导读者学会积极主动地利用图书馆的各项功能。图书馆利用教育并不过多直接涉及图书阅读及阅读指导的技能、技巧，但它有助于社会公众加强对图书馆职能的了解，促进读者和图书馆之间的沟通，激发更多的潜在读者成为现实读者，提高读者利用图书馆的各种资源的能力，最终的目的仍然是推动阅读，让更多的社会大众好读书、会读书。

1. 入馆教育。入馆教育主要面向图书馆新读者，让读者了解图书馆的社会职能，知晓图书馆免费开放的相关政策，掌握图书馆的功能布局、馆藏文献的总体情况、开放时间、借阅规则及管理要求等，是图书馆的一项常态化工作内容。场馆参观是入馆教育最直观的形式，也最能激发读者特别是新发展读者的兴趣。在读者场馆参观的过程中，最好能结合现场讲解和现场演示。

2. 图书馆利用方法教育。图书馆利用方法教育旨在通过举办一系列的教育活动，帮助读者更好地了解图书馆的运行体系、图书馆业务工作开展情况。其主要内容包括：文献分类基本常识、图书馆目录的使用方法、图书排架的方式方法、各种现代化设备使用方法等。此外，关于阅读方法的教育也应纳入利用方法教育的内容，包括如何选择适合自己的图书、怎样高效地阅读一本书等。这些都可以帮助读者掌握科学的阅读方法，提高阅读效率和优化阅读效果。

3. 文献信息检索课程。文献信息检索课程的主要价值，在于教会读者如何根据自己工作和学习的需要获取相应文献。文献信息检索课程主要在高校面向在校大学生开展，作为一门必修课纳入教学大纲。公共图书馆和专业型图书馆则会针对特定读者文献信息检索需求，不定期开设专题性讲座和利用操作技能培训。

参考文献

[1] 阿尔维托·曼古埃尔. 阅读史 [M]. 吴昌杰, 译. 北京：商务印书馆, 2002.

[2] 许慎. 说文解字 [M]. 徐铉, 校. 北京：中华书局, 2013.

[3]《汉语大词典》编纂处. 汉语大词典 [M]. 上海：上海辞书出版社, 2011.

[4] 中国社会科学院语言研究所编辑室. 现代汉语词典 [M]. 北京：商务印书馆, 2016.

[5] 中国大百科全书编辑委员会. 中国大百科全书·教育卷 [M]. 北京：中国大百科全书出版社, 2009.

[6] 杨治良 . 简明心理学辞典 [M]. 上海 : 上海辞书出版社 , 2007.

[7] 徐雁 , 王余光 . 中国读书大辞典 [M]. 南京 : 南京大学出版社 , 1993.

[8] 彭聃龄 . 语言心理学 [M]. 北京 : 北京师范大学出版社 , 1991.

[9] 胡继武 . 现代阅读学 [M]. 广州 : 中山大学出版社 , 1991.

[10, 12-13] 卢锋 . 阅读本质的再思考 [J]. 山东图书馆学刊 , 2010(04): 34-37+50.

[11] 何宗亮 , 王圣戎 , 凌瑛 , 邓丽 . 高职院校图书馆阅读推广模式探析 [J]. 教育教学论坛 , 2017(21): 24-26.

[14] 林崇德等 . 心理学大辞典 [M]. 上海 : 上海教育出版社 , 2003.

[15] 黄跃 . 论阅读动机产生的心理因素和社会因素 [J]. 图书馆学研究 , 1989(05): 57-59.

[16] 马斯洛 . 动机与人格 [M]. 许金声等 , 译 . 北京 : 中国人民大学出版社 , 2013.

[17] 朱永新 . 一个民族的精神境界取决于 "阅读水平" [J]. 内蒙古教育 , 2012(07): 16-19.

[18] 本刊编辑部 . 以阅读推进教育公平 [J]. 四川教育 , 2022(07): 1.

[19] 徐汉华 .《 中外谚语分类词典 》[M]. 西安 : 陕西人民教育出版社 , 1987.

[20] 望南 . 中国最美书店 钟书阁 [M]. 上海 : 上海交通大学出版社 , 2017.

[21] 刘文田 . 学海导航 [M]. 赤峰 : 内蒙古科学技术出版社 , 2007.

[22] 张怀涛 . 阅读的多重价值 [J]. 华北水利水电学院学报 (社科版), 2013, 29(03): 99-103.

[23] 操菊华 , 康存辉 . 全民阅读对社会主义核心价值观培育的作用探析 [J]. 出版发行研究 , 2014(08): 86-88.

[24] 王余光 , 熊静 . 纸简替代与阅读转型 [J]. 图书馆 , 2014(03): 47-51.

[25] 皮锡瑞 , 周予同 . 经学历史 [M]. 北京 : 中华书局 , 1959.

[26] 北京图书馆 . 民国时期总书目 全 21 册 [M]. 北京 : 国家图书馆出版社 , 2007.

[27] 董占军 . 中国艺术文献学 [M]. 济南 : 山东教育出版社 ,2018.

[28] 全国图书联合目录编辑组 . 1833-1949 全国中文期刊联合目录 [M]. 北京 : 书目文

献出版社, 1981.

[29] 熊静. 机器印刷术的传入与阅读转型 [J]. 高校图书馆工作, 2015, 35(02): 14-18.

[30] 胡庆连. 公共图书馆致力"社会阅读"推广的逻辑起点 [J]. 河南图书馆学刊, 2009, 29(02): 83-84.

[31] 万行明. 阅读推广——助推图书馆腾飞的另一只翅膀 [J]. 当代图书馆, 2011(01): 7-11.

[32] 吕学才. 图书馆的阅读推广活动研究 [D]. 长春: 吉林大学, 2011.

[33] 张超. 基于创新推广理论的青少年阅读网络资源建设 [D]. 济南: 山东师范大学, 2012.

[34] 王辛培. 阅读推广活动机制创新研究 [J]. 图书馆界, 2013(01): 80-82.

[35] 于群, 李国新. 公共图书馆业务培训指导纲要 [M]. 北京: 北京师范大学出版社, 2012.

[36] 刘开琼. 高校图书馆阅读推广模式探究 [J]. 图书馆研究, 2013, 43(02): 64-67.

[37] 王波. 阅读推广、图书馆阅读推广的定义——兼论如何认识和学习图书馆时尚阅读推广案例 [J]. 图书馆论坛, 2015, 35(10): 1-7.

[38] 陈幼华. 论阅读推广的概念类型与范畴界定 [J]. 图书馆杂志, 2017, 36(04): 19-24+18.

[39] 张怀涛. 阅读推广的概念与实施 [J]. 河南图书馆学刊, 2015, 35(01): 2-5.

[40] 王余光. "家中藏书不必多, 而选择必精"——当代"书香之家"的构建与图书馆阅读 [J]. 图书馆杂志, 2013, 32(04): 12-15+27.

[41] 约翰·杜威. 民主主义与教育 [M]. 陶志琼, 译. 北京: 中国轻工业出版社, 2015.

[42] 吉姆·崔利斯. 朗读手册 [M]. 陈冰, 译. 北京: 新星出版社, 2016.

第二章

阅读推广概况

　　阅读开启精彩人生。全民阅读对于提高国民素质、传承先进文化乃至增强国家的综合竞争力都具有十分重要的意义。近年来，全民阅读受到我国政府和社会的高度重视。2022 年 10 月 16 日，习近平总书记在党的二十大报告第八部分"推进文化自信自强，铸就社会主义文化新辉煌"中提出，要"深化全民阅读活动"。这是继 2012 年党的十八大报告中历史性地提出"开展全民阅读活动"之后，"全民阅读"又一次在党的全国代表大会报告中被提及。当下，推进全民阅读也已在世界上越来越多的国家之间形成共识，全球各地都在持续不断地开展各种形式的读书活动，将阅读推广作为引导民众广泛阅读的抓手。

第一节

国外阅读推广发展历程

阅读推广发端于西方，欧美等经济与文化发达的国家在阅读推广方面，已然形成了相对完善的服务模式和推进体系。美国、英国、法国、德国、俄国，以及亚洲的日本、新加坡等国家，在制定、推进有关阅读推广的法律法规，设立以政府为主导的全国性或区域性的读书节，鼓励各类社会组织机构独立或联合开展阅读推广活动等方面，都有着许多成功的经验和做法，值得我们学习和借鉴。

一、概述

西方图书馆的阅读推广工作起始于 19 世纪下半叶至 20 世纪早期，当时图书馆业务工作的重点是藏书建设与管理，读书会、公益讲座等阅读促进活动被认为是图书馆的"扩展活动"。这一时期，阅读动机、阅读能力，以及阅读兴趣、阅读习惯的培育等与民众阅读相关的研究逐渐得到了图书馆员的关注。1945 年，第二次世界大战结束后，以国际图书馆协会联合会、联合国教科文组织、国际阅读协会（International Reading Association，IRA）等为代表的国际性组织相继倡导全球性的阅读活动，国际社会对阅读问题关注度的日益提升，以公共图书馆为代表的各级各类图书馆，以及社会性阅读推广组织逐渐成为阅读推广的重要力量。

世界范围内全民阅读的兴起肇始于 20 世纪 90 年代的中后期，其标志性事件是"世界读书与版权日"（World Book and Copyright Day）的确立。美、英、法、日等国家以及全球众多的城市和地区都会在这一天或这一天前后的一个星期、一个月，开展丰富多彩的阅读推广活动。经过 20 余年的发展，阅读推广不仅在美国、英国、日本等"老牌"阅读大国日渐兴盛，新加坡、韩国等众多后起国家也都大有作为。各国政府不但相继制定颁布了相关法案与政策性文件，以国家之力助力阅读推广在全国范围内实施，还联合出版界、图书馆界、教育机构、传媒机构通力合作，推出覆盖全国的品牌化阅读推广项目，使得阅读推广体系日益成熟和系统化。[1]

二、国际组织的阅读推广

20 世纪以来，随着阅读活动越来越受到全社会的重视，世界各个国家纷纷成立有关文化、教育、图书馆、阅读学会、阅读基金会等阅读促进组织机构，在国际层面上也成立了国际图书馆协会联合会、联合国教科文组织、国际阅读协会、国际儿童读物联盟（The International Boardon Books for Young People，IBBY）、国际出版商协会（International Publishers Association，IPA）等多个有关阅读的国际性行业组织，它们充分发挥自身优势，相互协作，致力于推动全球阅读推广事业，在引领全球阅读风尚、开启民众阅读意识方面发挥了重要作用。[2]

1. 联合国教育、科学及文化组织。联合国教育、科学及文化组织总部设在法国巴黎，于 1946 年 11 月正式成立，简称联合国教科文组织。联合国教科文组织在阅读推广活动方面的贡献，主要是向成员国发起号召，提出阅读的理念与计划，并提供支持和帮助，活动的具体组织和实施由各个国家和地区的政府部门及相关非政府组织负责。

（1）国际图书十年（1970—1980：International Book Decade）和国际图书年（International Book Year，1972）。20世纪70年代，联合国教科文组织真正意义上的围绕阅读推广开展的工作，是以"国际图书十年"之名所开展的一系列研究。活动通过对世界各国家和地区特别是南美洲、非洲、东南亚国家，以及拉丁语、阿拉伯语地区的阅读及出版状况进行大范围的调查研究，为后续的阅读推广活动做好准备工作，调查报告发布在联合国教科文组织的英文网站上。在此期间所倡导的众多阅读推广活动中，最为著名的是联合国教科文组织第16届大会上，将1972年定为"国际图书年"。图书年活动以"书为人人"（Books for All）为口号，召唤社会公众人人读书，让图书成为每个人的生活必需品，吸引了半数以上的联合国成员国和超过400个非政府组织的积极参与。因"国际图书年"的推动和引领，许多国家和地区也开始组织策划与实施自己的阅读推广计划。

（2）走向阅读社会：80年代的目标（Towards a Reading Society：Targets for the 1980s）。联合国教科文组织在总结过去十年阅读推广行动效果的基础上，于1982年在伦敦召开的世界图书大会上以实现"阅读社会"为新目标，提出"走向阅读社会：80年代的目标"的活动项目，并认为该项目"可视为联合国教科文组织阅读推广活动的第二阶段"。项目将识字教育和出版视为阅读推广的优先基础方向，内容包括：在社会中创造各种阅读环境，正确认识图书（出版）产业的重要性，帮助各国制定具有前瞻性的图书发展战略计划，加强图书进出口的双向流动，鼓励国际合作以增强图书出版能力，等等。与此同时，联合国教科文组织始终把公共图书馆视作推进全民阅读的重要平台，以保障贫困人口和特殊群体等社会弱势人群能够享受均衡、平等的阅读权利。

（3）全民阅读（Reading for All）。1997年7月，第一届国际"全民阅读"

专门委员会会议在埃及阿斯旺举行，联合国教科文组织在会议上建议各国政府，以及非政府组织在充分评估阅读推广活动实施状况的基础上，推动发起新的全民阅读项目。新项目的实施经费由各国自己筹措解决，全民阅读专门委员会负责协调各个国家和地区的阅读推广计划，为活动提供持续支持。会议向国际社会发出的进一步努力开展阅读推广活动的信号，得到了世界各地的积极响应，众多欧洲、美洲国家，以及澳大利亚和非洲国家等纷纷举办了内容丰富的活动。[3] 自此以后，全民阅读的理念逐步深入人心，传播范围也不断扩大，越来越多的国家和地区开始重视国民阅读，纷纷采取措施、制定政策予以推动和促进，并相继策划开发出各种类型的阅读活动，如英国的"阅读起跑线"计划、加拿大的"全民阅读峰会"、美国的"世界读书夜"、澳大利亚的"阅读闪电战"、新加坡的"读吧！新加坡"，等等。

（4）世界读书日。世界读书日的全称为世界图书与版权日，又被称为世界图书日，其最初的创意源自于国际出版商协会。1995 年，第 25 届国际出版商协会大会提出设立"世界图书日"的设想，该提案由西班牙政府提交给联合国教科文组织。后来，俄罗斯代表建议"世界图书日"增加版权的概念。最终，联合国教科文组织第 28 次大会正式通过决议，宣布每年的 4 月 23 日为"世界图书与版权日"，致力于向全世界推广出版、阅读和对知识产权的保护。

（5）"世界图书之都"（World Book Capital）计划。鉴于世界读书日的成功经验，2001 年，联合国教科文组织联合国际图书馆协会联合会等其他重要的国际组织发起"世界图书之都"计划，每年共同推选一座城市作为"世界图书之都"，以表彰其在推广阅读上所做的贡献。当选城市的任期始于当年的 4 月 23 日，终于下一年的 4 月 22 日，期间要实施特别制定的阅读推广计划。亚洲的多个城市，如印度的新德里、黎巴嫩的贝鲁特、泰国的曼谷、韩国的仁川都先后入选"世界图书之都"（见表 2.1）。

表 2.1　历年当选"世界图书之都"的城市

年份	当选城市	国家
2001	马德里	西班牙
2002	亚历山大	埃及
2003	新德里	印度
2004	安特卫普	比利时
2005	蒙特利尔	加拿大
2006	都灵	意大利
2007	波哥大	哥伦比亚
2008	阿姆斯特丹	荷兰
2009	贝鲁特	黎巴嫩
2010	卢布尔雅那	斯洛文尼亚
2011	布宜诺斯艾利斯	阿根廷
2012	埃里温	亚美尼亚
2013	曼谷	泰国
2014	哈考特港	尼日利亚
2015	仁川	韩国
2016	弗罗茨瓦夫	波兰
2017	科纳克里	几内亚
2018	雅典	希腊
2019	沙迦	阿联酋
2020	吉隆坡	马来西亚
2021	第比利斯	格鲁吉亚
2022	瓜达拉哈拉	墨西哥
2023	阿克拉	加纳
2024	斯特拉斯堡	法国

2.国际阅读协会。国际阅读协会于 1956 年成立，常设机构在美国特拉华州纽瓦克（Newark），是一个为提高学校阅读教学质量、促进人们终身学习而设立的非营利性国际组织。组织成员来自社会各个阶层各行各业，如阅读专家、高校教师、图书馆员、心理学家、教育决策者、学生、家长、新闻媒体、企业团体等，通过不同领域、不同专业人士的参与，阅读推广得以更为普及和有效。协会宗旨是：加强阅读指导，促进阅读研究，改进各级学校的阅读教学质量，提高人们的阅读水平和深化对阅读影响的认识，促进终身阅读习惯的形成。主要通过开展阅读研究、出版学术刊物、促进交流活动、组织评奖表彰等方式促进全民阅读，鼓励阅读者达到最佳阅读水平。

（1）从事阅读研究。国际阅读协会设立了 40 多个专业委员会，包括儿童文学和阅读、书目疗法和阅读、中等学校的阅读、阅读史、阅读困难的读者、听力障碍的读者、拼读法等各类专业分委员会，针对本领域进行系统、深入的研究。2012 年，国际阅读协会针对《扫盲共同核心国家有关标准实施指南》（以下简称《指南》）制订建议，对《指南》中涉及的 7 个问题提供了详细的指导。国际阅读协会还制定颁布《阅读教育工作者的职业标准》《阅读和识字教练员招聘要求和职责》《学生阅读和英语语言艺术学习的标准》《阅读和写作的评估标准》等多项标准，为进一步提高阅读能力的质量提供保障。

（2）开展交流活动。国际阅读协会世界大会每两年举办一次，各专业委员会年会每年召开一次，此外还有各种区域性年会和中小型专题会议，为会员提供交流的机会，围绕阅读相关主题进行深入广泛的研讨。在 1974 年举行的年会上，国际阅读协会提出"迈向阅读新境界"的口号，主张"一切人享有阅读权利"。

（3）出版学术刊物。国际阅读协会为提升人们的阅读能力和阅读质量，积极整合学术资源，出版了多种多样的书籍、报纸、期刊、电子书等学术著作、刊物。其中比较重要的期刊有：以学前及小学教育相关议题为主的《阅读老师》（The Reading Teacher），以中学生、大学生及成人教育者为主要读者群的《青少年及成人读写期刊》（Journal of Adolescent &Adult Literacy），以阅读理论及研究为主的学术期刊《阅读研究季刊》（Reading Research Quarterly），面向各层级阅读启蒙教育者的电子期刊《阅读在线》（Reading Online），报道阅读界的最新讯息、会议信息及出版品的双月刊会讯《今日阅读》（Reading Today）。另外，国际阅读学会也为儿童家长编辑出版了大量书刊资料。

（4）组织各类评奖。国际阅读协会为表彰在扫盲和推进阅读方面做出巨大贡献的个人和组织机构，设立了近40个奖项。其中1979年设立国际阅读协会扫盲奖（International Reading Association Literacy Award），专门用于表彰和鼓励为扫盲做出贡献的机构，奖金为1.5万美元。我国的广西壮族自治区龙胜各族自治县于2007年获得该奖项。

（5）推荐阅读资源。为提高学生的阅读能力，国际阅读协会针对不同年龄段的学生制订了相应的课程计划，为不同年级的教师配套提供了相应的课程计划和课堂教学资源。在协会的官方网站上，提供了适合儿童、年轻人和教师阅读的电子书刊服务；为孩子的父母推荐了适合孩子阅读的畅销书籍，并提供阅读指导建议和意见。

3. 国际图书馆协会联合会。国际图书馆协会联合会简称国际图联，1927年9月，中国和英、美等14国图书馆协会的代表联合倡议，正式成立国际图联，现协会总部设在荷兰海牙的皇家图书馆内。国际图联是由各个国家的图书馆协会、学会共同组成的一个机构，是世界图书馆界最具影响力和权威性、专业性的非政府国际组织，长期致力于培养和提高民众阅读能力和阅读兴趣，通过设立专门机构、发布相关宣言、开展阅读研究等形式，指导和推动全球各国阅读事业发展。

（1）设立专门机构。1989 年，在法国巴黎召开的国际图联大会暨理事会将"公共图书馆与素养问题"作为大会的主题，自此以后，提高民众素养成为历届国际图联大会的重要议题。1996 年，国际图联正式设立"阅读分委员会"（2007 年改名为"素养和阅读分委员会"），其任务是协助国际图联提高民众素养、促进阅读和终身学习。自素养和阅读分委员会成立后，国际图联有关阅读推广方面的活动都由其推动和开展。

（2）发布相关宣言。2011 年，素养和阅读分委员会发布《突尼斯宣言——图书馆、阅读和代际对话：建立社会凝聚力的策略》，强调阅读对代际沟通的重要作用，提出图书馆应当利用自身丰富的基础设施，组织开展面向年轻人和老年人的代际阅读活动项目，为减少年龄隔离、促进代际对话和代际学习提供空间和机会，建立具有凝聚力的社区。《公共图书馆宣言》于 1949 年首次提出，随着公共图书馆社会角色的演变而不断修改更新。2022 年，国际图联在爱尔兰都柏林召开的第 87 届世界图书馆与信息大会（WLIC）上发布更新版的《公共图书馆宣言》（IFLA–UNESCO Public Library Manifesto 2022），公共图书馆宣传推广工作迎来了新篇章。宣言认为："公共图书馆是各地通向知识之门，为个人和社会群体的终身学习、独立决策和文化发展提供了基本的条件。""公共图书馆是知识社会的重要组成部分，不断适应新的传播手段，以履行其帮助所有人普遍获取信息和有效使用信息的职能。"关于公共图书馆服务的核心内容，宣言列出了 10 项主要任务，其中包括："培养和加强儿童从出生到成年的阅读习惯""发起、支持和参与扫盲活动与计划，以培养各年龄段所有人的阅读和写作技能，同时促进其媒介信息素养与数字素养技能的发展"，要求公共图书馆"为了帮助用户使用图书馆的各种资料，必须开展馆外服务和举办用户学习班"。[4]

（3）组织阅读研究。素养与阅读分委员会牵头制定各种阅读指南。其中，《基于图书馆素养项目指南：实践建议》（*Guidelines for Library Based Literacy*

Programs——Some Practical Suggestions）列出了衡量阅读推广是否成功的 8
个指标。《易读读物指南》（*Guidelines for easy-to-read materials*）对易读读物的
需求与特征、出版物主要针对的目标群体进行详细描述，向出版商和为存在
阅读障碍者提供阅读服务的机构和组织提供了出版和读物选择方面的建议。

4. 国际儿童读物联盟。国际儿童读物联盟（International Board On Books
For Young People，IBBY）于 1953 年成立于瑞士苏黎世，是一家非营利性的
国际机构，总部设在瑞士巴塞尔，是基于对"二战"反思的基础上建立的，
其宗旨是通过高品质儿童读物促进国际理解，维护世界和平。联盟拥有 81
个国家分会，会员包括作家、大学教授、评论家、画家、出版人等致力于推
动儿童教育和阅读发展的专业人士，支持和鼓励出版发行高品质儿童读物，
帮助全球儿童尽可能多地接触高水准的文学艺术读物，在国际儿童读物出版
和研究领域拥有权威地位。[5]

（1）设立阅读奖项。联盟下设国际安徒生奖、荣誉榜单、朝日阅读促进
奖、优秀残障青少年图书奖等奖项。1956 年，为了鼓励创作高品质的儿童读
物，国际儿童读物联盟创立了以童话大师安徒生的名字命名的国际安徒生奖
（Hans Christian Andersen Award），该奖每两年评选一次，由丹麦女王玛格丽
特二世提供赞助，授予世界范围内优秀的儿童图书作家和插图画家，以表彰
该作家一生的建树和文学造诣，被誉为"儿童文学的诺贝尔奖"。一个人一
生只能获得一次国际安徒生奖，获奖者将被授予一张奖状和一枚金质奖章。
1986 年，在日本《朝日新闻》报社赞助下，国际儿童读物联盟创立"朝日
阅读促进奖"，奖励为促进青少年阅读工作做出杰出贡献的机构或团体和成
就突出的阅读推广项目。国际儿童读物联盟荣誉榜单每年评选一次，每个国
家只有一名作家、一名插画家、一名译者可以入选，代表该国一流水平，极
具分量。"优秀残障青少年图书奖"于 1985 年设立，旨在鼓励为残障儿童及
青少年创作残障主题相关的少儿图书，评选活动每两年举办一次，由国际儿

童读物联盟各国家分会推荐，每届评选出全球 40 部优秀少儿图书作品，汇编成"优秀图书目录"，作品将被永久收藏，并在 IBBY 世界大会、博洛尼亚国际书展，以及相关国际巡展上展出。

（2）设立"国际儿童图书日"（International Children's Book Day）。4 月 2 日是丹麦童话大师安徒生的出生日。1967 年，国际儿童读物联盟把这一天定为"国际儿童图书日"，以唤起人们对儿童图书的关注和对读书的热爱。[6] 国际儿童读物联盟每年会选定一个国家作为"国际儿童图书日"的主办国，由其确定活动主题、撰写推广短文、设计宣传海报。如 1967 年的主办国是瑞士，活动主题是"儿童书籍之常青树"；1968 年的主办国为南斯拉夫，主题为"传递给全世界儿童的爱的信息"。2023 年，主办国希腊以"我是书，等你读"为宣传语，向全世界的孩子推广阅读。

（3）实施儿童阅读关爱项目和研讨活动。为了帮助儿童接触世界文化，增进国际互知，支持和平，国际儿童读物联盟开展 YAMADA（日本一个基金会的名称，或可译成"山田"）项目，要求加入联盟的国家分会为发展当地儿童图书文化提供支持。在联合国教科文组织的支持下，国际儿童读物联盟每年召开专题讨论会和专家研讨会，针对特定地区或特定问题组织研讨，出版儿童文学季刊《书鸟》，有力地推动了世界各地儿童阅读活动的开展和儿童文学的发展。国际儿童读物联盟还设立残疾青少年图书文献中心，为残疾儿童提供阅读场所。[7]

此外，成立于 1896 年的国际出版商协会，秘书处设在瑞士日内瓦，其成员来自全球 60 多个国家的近 80 个出版商协会，是图书和期刊出版的国际性行业联盟组织。作为文献的生产者，该协会积极参加扫盲的运动，促进出版和阅读自由，为国际版权保护和智力产品的交流做了大量工作。[8] 其他许多国际性或区域性的阅读组织，如欧洲阅读促进组织（EU Read）等也很活跃，共同为倡导和推进社会阅读做出了积极探索和重要贡献。

三、欧美等西方国家的阅读推广

1. 英国的阅读推广。英国是一个拥有优良阅读传统的国家，图书馆事业的发展位于世界前列，世界第一部全国性的公共图书馆法就诞生在 1850 年的英国。在历经百余年的发展后，英国全国目前建有 3500 座公共图书馆，平均每 1.2 万人就拥有一座公共图书馆，发达的公共图书馆系统为全民阅读提供了良好的基础。[9] 英国的阅读推广活动肇始于 20 世纪 80 年代末 90 年代初，进入新世纪后，英国阅读推广活动逐步走向兴盛和繁荣，有着较为成熟的实践和先进的理念。

20 世纪 80 年代末期，在公共图书馆发展激励计划基金的支持下，英国一些公共图书馆开始举办诸如现代诗歌阅读、文学作品欣赏、儿童图书节等文学阅读推广活动。1992 年，英国召开了主题为"阅读未来：公共图书馆中的文学场所"的学术会议，与会专家学者重点围绕图书馆的角色、阅读推广、合作伙伴的工作进行研讨。为抵消电子媒体对图书馆阵地的侵蚀，会议决定设立一个 10 万英镑的基金，用于支持图书馆阅读推广。在该基金的支持下，英国各地相继开展了"心灵之眼"（Mind's Eye）、"心灵之眼聚焦"（Mind's Eye Focus）等推广活动项目。以此次会议为转折，在政府的支持下，英国图书馆积极承担起了阅读推广的社会责任，阅读推广工作也由此步入肇始阶段。

1995 年，开卷公司（Opening the book）的创始人锐秋·婉·里尔（Rachel Van Riel）首创提出"读者发展"理念，一改传统的不介入、干涉读者阅读过程的原则，主张对阅读主动介入和积极引导，扩展读者的阅读选择，为读者分享阅读体验创造机会，以提升读者的阅读愉悦感，增强阅读信心，实现读者能力发展和提升。"读者发展"的理念产生了极大的社会影响，自此英国的全民阅读推广活动以提高读者的阅读能力为重点，改变过去只注重作家、作品的做法，注重培养和扩展读者的品鉴能力和阅读视野，阅读推广活动的效果迈入新阶段。[10]

英国政府十分重视阅读活动的开展。1998 年，为重振阅读风气，打造全民阅读国家，英国在全球范围内首次提出了"全国阅读年"（The National Year of Reading）的概念，将读书周、读书月延长为阅读年，提出"打造一个举国皆是读书人的国度"的口号，额外拨款 1.15 亿英镑作为购书经费，平均每个学校图书馆都能获得 4000 英镑，用于购置图书。为了更好地推动英国阅读推广的发展，2003 年英国政府颁布了公共图书馆发展十年愿景——《未来的框架》（Framework for the Future），也可将其看作是英国未来阅读推广的行动指南。《未来的框架》提出，"阅读是所有文化和社会活动的首要任务"，要求各级公共图书馆应把促进阅读作为今后的中心工作内容。为改善公共图书馆的服务条件，加大阅读推广的力度，英国政府划拨 400 万英镑设立阅读挑战基金，用于"读者发展"项目。在政府政策的指导和引领下，英国图书馆学会、各级各类图书馆、文化慈善机构，以及出版商、电台等社会各界共同参与，阅读推广活动高潮迭起，呈现出参与者多、覆盖面广的局面。

各类公益性基金和慈善组织在推动阅读推广方面起到了重要作用，这里需要特别提到的是英国图书信托基金会。作为英国最大的文化艺术类公益机构，它是由英格兰艺术委员会资助的独立慈善组织，致力于帮助人们从小建立与图书的联系，通过阅读树立起家长为孩子朗读的信心，改进人们的读写能力和社交能力，培养各年龄段社会公众的阅读兴趣。图书信托基金会为图书馆、学校、家庭提供各种信息资源，开展面向儿童的免费图书赠阅项目，策划组织以儿童为重点的阅读推广活动。[11] 其组织开展的阅读推广活动按年龄段分为以下三部分：一是早期儿童，针对 0~3 岁的婴幼儿，阅读推广项目有睡前阅读（Bedtime Reading）、阅读起跑线等；二是小学阶段，主要面向 4~10 岁的儿童，阅读推广项目有图书时间（Book Time）、为我的学校而读（Read for My School）、信箱俱乐部（Letterbox Club）、蚂蚁俱乐部（Ant Club）等；三是中学阶段，阅读推广项目有学校图书馆包裹（School Library Pack）、书声（Bookbuzz）等。此外，还有专门针对特殊儿童群体的阅读推广项目，如为听力有障碍的婴幼儿提供可以发声的图书，为弱视的婴儿和盲童提供的可触摸图书，为移民儿童提供双语教材。

在英国的全民阅读推广实践中，开卷公司和阅读社（The Reading Agency）两大独立机构的作用不可忽视。这两个机构经过多年的运作，打造出了多个面向各个年龄段的阅读推广品牌，极大地提升了英国阅读推广工作的声誉和质量。开卷公司成立于 1991 年，开展的全国性的服务项目有图书馆员培训计划、书目推荐计划、威尔士的读者发展项目、英格兰读者发展网络、希望之书等。阅读社于 2002 年成立，以鼓励更多的人读更多的书为使命，组织的阅读推广项目有国家阅读年、夏季阅读挑战（Summer Reading Challenge）、六本书挑战计划（Six Book Challenge）、图书絮语（Chatter Books）、快阅读（Quick Reads）、头脑空间（Head Space）等。

2. 美国的阅读推广。美国是全球较早关注国民阅读的国家，其国民阅读的总体水平处于世界的前列。长期以来，政府和国会通过制定完备的法律法规并出台配套的政策措施，指导和引领图书馆及各类社会机构开展符合美国民众特点的阅读活动，形成了丰富的经验。

美国图书馆协会（American Library Association，ALA）自 1876 年成立之日起，就将倡导民众阅读作为基本职责和主要工作，是美国阅读推广活动的主要推动力量。协会先后设计主办了"阅读宣传周""儿童阅读日""青年阅读周""图书馆周""暑期阅读计划"等活动项目，引导民众参与读书活动激发民众的读书热情。[12] 为了培养儿童和青少年的阅读习惯，美国图书馆协会又在 20 世纪初分别成立"美国儿童图书馆服务协会"（Association for

Library Service to Children，ALSC）和"美国青少年图书馆服务协会"（Young Adult Library Services Association，YALSA），为 0~6 岁的儿童和 6~16 岁的青少年提供服务和指导。[13] 从 20 世纪 20 年代开始，美国高校图书馆面向在校大学生陆续组织系列课外阅读活动，并开展大学生课外阅读与课内学习的相互影响等问题的专题调查研究。[14]

20 世纪 70 年代，美国国会图书馆图书中心（The Center for the Book in the Library of Congress）成立。作为美国国家层面的全民阅读推广机构，中心依托国会图书馆在民众中的崇高声望和丰富的馆藏资源，以推介阅读为使命，培育国民的阅读意识，激发民众的阅读兴趣和阅读热情，中心先后策划组织"国家图书节"（Nation Book Festival）、"词汇之河"（River of Words）、"一城一书"（One City，One Book）等一系列全国性的阅读推广主题活动，取得了显著成效，产生了广泛的国际影响。[15]

为了创设良好的国民阅读推广活动社会环境，美国政府先后制定出台了《图书馆权利法案》（Library Bills of Rights）、《阅读自由宣言》（The Freedom to Read Statement）、《图书馆服务法》（Library Service Act）、《教育改革法案》（Education Reform Act）、《图书馆服务与建设法》（Library Service and Construction Act）等多项法律法规和政策。随着全球科技与经济竞争的日益激烈，教育问题逐渐成为关系国家发展的首要问题，阅读能力作为个人的基本素质被纳入政府制定的教育法律和政策当中，国民阅读被提升到关系国家发展的战略高度。1994 年，克林顿政府对《中小学教育法》（Elementary and Secondary Education Act）进行修订，并颁布《目标 2000 年：美国教育法》（Goals 2000：Educate America Act）、《改革美国学校法案》（Improving America's School Act）等重要法案，将读写能力要求融入政策目标之中。[16] 进入 21 世纪，美国政府又相继出台了《不让一个孩子掉队法案》《政府复苏与再投资法案》（American Recovery and Reinvestment Act）、《让每一个孩子都成功法案》（Every Student Succeeds Act），以及"全面阅读计划""美国读书运动"等法律法规和政策措施。[17] 除此之外，70多年来美国政府还制定了大量有关推动国民阅读活动的法律法规及政策措施，详情可见表2.2：

表2.2　美国有关推动国民阅读活动的法律法规及政策措施

法律与政策名称	制定时间	主要特点
《图书馆权利法案》	1948 年	保障图书馆的权利，确定了图书馆在全民阅读推广活动中的职责。
《阅读自由宣言》	1953 年	规定民众自由阅读的权利。
《图书馆服务法》	1956 年	提出发展农村图书馆的要求，保障残障人士和低收入家庭获得图书馆服务的权利。
《图书馆服务与建设法》	1964 年	加强图书馆建设，增加馆藏图书和阅览室面积，实现公共图书馆全国覆盖。
美国读书年（Year of Read）	1988 年	由里根总统提出，重点培养中学生的阅读习惯与阅读能力。
《图书馆服务与技术法》（Library Service and Technique Act）	1996 年	为适应时代发展，对《图书馆服务与建设法》重新修订后改名为《图书馆服务与技术法》，提出增加图书馆信息技术服务设备。
《美国阅读挑战计划》（America Reads Challenge）	1996 年	克林顿总统发起，目标是建立一支由百万公民自愿组织起来的辅导队伍，帮助儿童在三年级结束前达到独立、有效阅读。
《卓越阅读法案》（Reading Excellence Act）	1998 年	培养儿童的阅读习惯，阅读从儿童抓起。
《不让一个孩子掉队法案》	2002 年	由布什总统签署的教育改革法案，专门就阅读问题制定两项方案，一是针对从学前班到小学三年级（K-3）儿童的"阅读优先"（Reading First）计划，二是针对学前儿童的"早期阅读优先"（Early Reading First）计划。
《美国复苏与再投资法案》	2009 年	由奥巴马总统签署，提出在小学阶段开展更广泛的阅读活动，实施新的阅读课程，以及对教师进行阅读培训等。
《让每一个孩子都成功法案》	2015 年	由奥巴马总统签署，要求实施全面识字教育计划，实施和维持高质量的读写教育资助项目。

美国的阅读推广活动主要是由美国图书馆协会、国会图书馆图书中心和各地的公共图书馆组织开展的。社区图书馆和学校图书馆则主要面向社区居民和在校学生开展阅读活动。总统、州长、社会名人，以及出版协会、书店、博物馆、基金会等社会机构都纷纷加入，共同促进与倡导阅读。美国比较知名的大型阅读推广活动主要有：读遍美国（Read Across America）、一书一城（One City，One Book Project）、国家图书节、美国国家艺术基金会大阅读计划（NEA Big Read）等。

3. 法国的阅读推广。法国民众素有阅读的传统和习惯。得益于政府的政策支持、完善的图书馆系统，以及形式多样的阅读推广活动，整个法国社会的阅读氛围较为浓厚。根据法国国家图书中心（Centre National du Livre）2019 年发布的两年一度《法国人与阅读》调查报告，88% 的受访人员会毫不犹豫地表示自己是个阅读的人，超过 92% 的法国人在过去的一年中至少读了一本书，人均年阅读量为 21 本。由此可见，读书已经成为法国人日常生活的组成部分。[18]

法国的图书馆系统完善多元，为普通民众的阅读提供了便捷的条件。法国文化部 2019 年的统计数据显示，法国拥有一个由 8100 多个图书馆和 8400 多个图书访问点所组成的公共图书馆网络，此外还有数量众多的学校图书馆、社区图书馆，超过 90% 的法国人在所居住的社区都能找到图书角或图书借阅处等阅读空间。[19] 2010 年，法国文化部开始推行以《区域阅读协议》（Contrats Territoire-lecture，CTL）为框架的国家分众阅读推广工程，联合国家和地方的力量共同促进阅读推广，阅读推广协会和地方公共图书馆是主要受益者和参与者。相较于 1998 年推出的《城市阅读协议》（Contrats Ville-lecture，CVL），《区域阅读协议》更关注偏远的乡村地区和弱势群体，把儿童和青少年、弱势群体、残障人士作为推广活动的目标群体，极大地拓展了阅读推广的覆盖人群和区域。[20] 2021 年，法国政府启动图书馆扩大计划，提出"重振年轻一代与阅读的关系",要"将阅读重新置于所有法国人民生活的核心",为全民阅读"提供全新动力"。按照计划,政府将在2021—2022年拨款4000万欧元用于支持市政图书馆的建设,其中1000万欧元用于购买新书,3000万欧元用于支持馆舍翻新、建设新的图书馆,以及延长图书馆的服务时间。[21]后续还将继续增加对公共文化的投入,更新现代化阅读设备,采取措施汇集更多的阅读资源,让民众可以更便捷地参与阅读。

随着全民阅读作为"国家伟大事业"被提上日程,法国一系列跨部门协作、媒体宣传和资金支持都纷纷跟进。创立于2015年的"向图书出发"活动,由法国文化部和教育部共同发起。该活动一般在夏季举办,持续10天左右,活动的地点除了图书馆和书店,还有博物馆、剧院、体育场馆等。考虑到许多法国人在夏天会选择去海滨度假,活动主办方将度假与读书创意结合,推出了"沙滩读书"计划,在沙滩上设立书亭,鼓励人们一边度假一边读书。"读书之夜"活动是法国文化部发起的另一个品牌活动,意在吸引公众回归阅读。活动地点一般设在图书馆、图书站或书店,这些场所延长夜晚的开放时间,并举办睡衣阅读、在音乐和黑暗中阅读、文学游戏、寻宝游戏、作者见面会等一系列活动,让民众分享阅读乐趣,实现快乐阅读。如今,"读书之夜"已成为法国文化活动的一大品牌,并被推广至欧洲30余个国家。针对儿童和青少年读者,法国国家图书中心推出了"书海遨游"[22]活动。活动地点的选择比较多元,除了图书馆、书店、体育文化中心、博物馆等传统的场所,甚至还会在剧院、花园或海滩举办。活动的形式也十分多样,其中包括在剧院朗诵经典剧目台词,在博物馆里读绘本故事,在丛林中寻宝,在公园草地上交流读书心得,等等,活动官网还开辟了"在夏天阅读"专栏,供家长访问网页为孩子制定夏季阅读清单。别出心裁的活动模式吸引着孩子和家长的积极参与,在提升阅读兴趣的同时,孩子们也得以度过一个有趣充实的暑假。

法国还有规模不同的图书展览、图书节等活动，架起了读者同作者近距离接触和交流的桥梁。例如每年 3 月举行的巴黎国际图书展中，有数千名作者来到现场同读者进行交流，每次活动都会吸引近 20 万读者前来参加。法国还拥有龚古尔文学奖、雷诺多文学奖、费米娜文学奖等众多文学奖，每年的评选活动都会吸引读者热情关注，在奖项宣布后也会形成一阵购书热潮。每年 9 月评选开始到 11 月奖项揭晓这段时间，也被称为法国的"文学回归季"。[23]

此外，法国还充分利用本国悠久的文学历史和丰富的文学资源，将其打造成为阅读推广的活动名片。例如，在法国古典文学的代表作家拉·封丹，意识流文学的先驱、法国 20 世纪最伟大的小说家之一马塞尔·普鲁斯特等著名作家诞辰之际，全国上下会举办一系列庆祝活动，向法国民众尤其是年轻一代宣传法国的文学大国形象，激发他们的民族自豪感和对阅读的热爱。

4. 日本的阅读推广。日本政府历来重视民众的教育与阅读，并且发展迅速。日本的阅读推广活动最早可以追溯到 1924 年，日本图书馆协会以关东大地震灾后重建为契机，发起的大规模读书活动。[24]二战后，日本社会进行民主改造，公共图书馆作为"民主主义的基础"得到重视，由其倡导的阅读推广活动，也开始向着"读书普及运动"发展起来。1947 年，日本图书馆界、出版界和文化界共同组成"读书周"执行委员会，恢复因战争废止的"读书周"活动，每日新闻社为配合读书周活动，开展"读书舆论调查""每日出版文化奖"等读书促进活动，活动形式由传统的读书指导向多样化发展。1959 年，日本全国读书推进运动协议会成立，负责全面规划和整合阅读设施和资源，充分利用社会力量来推动阅读的普及。协议会的成立标志着阅读推广有了完善的计划和方案，向着组织化、体系化和社会化发展，并更趋成熟。该机构举办的阅读推广活动分为四类：一是"读书周"活动，二是"儿童读书周"活动，三是面向刚刚毕业踏上社会的年轻人的"向年轻人赠书"

活动，四是面向中老年人的"敬老日读书"活动。[25]

文部省是日本负责统筹教育、文化及体育、学术、科学技术等事务的中央政府行政机关，是阅读推广的重要生力军。为了鼓励阅读，日本政府推出《国民读书年行动计划》，在家庭、学校、职场中力争提高国民阅读总量。在立法方面，《国立国会图书馆法》（1948 年）、《图书馆法》（1950 年）和《学校图书馆法》（1953 年）的相继颁布，构成了日本图书馆法律体系的三大支柱，从国家层面保障了国民阅读活动的进行。

日本政府认为，阅读对儿童学习语言、提高表现力、丰富创造力、培养审美和拓展人生感受所起的作用不可或缺，并为此颁布《推进儿童读书活动基本计划》，计划每 5 年修订一次，真正从国家战略的高度抓好儿童阅读。在儿童的阅读推广活动方面，日本政府也相继出台了一系列推动、保障政策。1959 年，日本政府将每年的 5 月 1 日到 14 日的两周时间定为"儿童读书周"（2000 年后改为 4 月 23 日至 5 月 12 日）。1979 年，新修订的《学校图书馆法》规定只要学校的规模超过 12 个班，就必须配备专业的图书馆员，以确保学生的读书活动得到高水平的服务和指导。[26]1999 年，日本国会颁布《国立青少年教育振兴机构法》，将阅读认定为振兴青少年教育的重要途径，并将 2000 年确定为"儿童读书年"。2001 年，日本文部科学省出台《儿童阅读促进法》，强调各级政府有义务和责任为儿童创造自主阅读的环境，明确规定 0~18 岁不同年龄段儿童所应达到的阅读理解水平；同年 11 月，《关于推进中小学生读书活动的法律》颁布实施，明确了读书活动的理念及国家、地区和公共团体在中小学生读书活动中的责任，日本文部科学省为此配套制定了"日本中小学生读书活动计划"，全方位指导读书活动的开展。2002 年，日本内阁通过《儿童阅读推广基本计划》，要求从都、道到镇、村的各级政府部门要立足本地儿童阅读推广的现状，制定相应的阅读推广计划。2007 年，新修订的《学校教育法》加入"亲近阅读"等内容。2013 年，日本政府发布《第三次儿童读书活动推进计划》，督促地方政府做好移动图书馆推广利用工作，培养儿童的阅读兴趣，增加儿童的阅读量。

在重视儿童阅读的同时，日本政府也没有忽视普通国民的阅读推广工作。2005 年，日本颁布《文字、活字和文化振兴法》，提出要支持公共图书馆、学校图书馆的建设，推进国语教育，推广阅读。为重塑"阅读大国"形象，日本国会参众两院于 2008 年通过《关于国民读书年的决议》，将 2010 年确定为"国民读书年"，并组建由建筑大师安藤忠雄领衔的"国民读书年"推进会，筹备策划丰富的活动。[27] 2010 年，日本政府召开"推进国民阅读合作者会议"，由图书馆、学校、新闻、出版、书商等社会各界组成的专门机构，通力协作，开展各项活动，为国民的阅读活动创设更好的社会环境，形成以政府为主、民间为辅的格局，推动日本全国阅读事业的发展。

5. 新加坡的阅读推广。新加坡是一个崇尚阅读的国家，政府非常重视通过阅读提升国民素质。新加坡的阅读推广工作主要由国家图书馆管理局（The National Library Board，NLB）、新加坡图书传播机构（Book Cross Singapore）和新加坡国家书籍发展理事会（National Book Development Council of Singapore，NBDCS）等三个机构承担。为了吸引民众积极参与阅读、养成终身学习和阅读的习惯，新加坡常年举办富于创新的全民阅读推广活动，并取得了显著的效果。

新加坡是一个城市国家，面积 733 平方公里，全国人口只有 500 多万。与世界其他国家一样，图书馆也是新加坡进行阅读推广的主阵地。新加坡拥有世界一流的图书馆体系，其公共图书馆系统由一个国家图书馆和 26 个公共图书馆（其中 3 个为大型区域图书馆、23 个为社区图书馆）组成，由国家图书馆管理局负责管理和监督。[28] 为了吸引不同年龄、阶层、背景的民众参加阅读活动，图书馆非常注重阅读活动形式和内容的多样化，针对学生、上班族、社区民众、残障人士等不同群体设立专门的阅读推广计划，如针对儿童有讲故事、看漫画、游戏、手工、艺术欣赏等活动，面向老人开展教拼音、学电脑、烹饪、读报、健身讲座等活动。每年一届的"读吧！新加坡"是由国家图书馆管理局主办的全国性阅读推广活动，该活动始于2005年。为了使民众长久地保持对阅读的热情，主办方每年都会选择一个不同的社会群体作为活动的主要对象，并据此确定不同的活动主题，调动一切资源来宣传造势，邀请总理、部长、议员、歌手、主持人等担任阅读大使。活动于每年的5月底至8月进行，流程包括图书甄选、广泛宣传、导读讨论三个阶段，每年的阅读讨论与阅读分享活动达200多场，几乎每天都有两三场活动。从2013年开始，"读吧！新加坡"阅读推广计划扩展成全年计划，极大地激发了新加坡人参与阅读的兴趣和热情。此外，新加坡国家图书馆管理局还会不定期举办各种阅读嘉年华活动，地点不仅可以是图书馆、学校、书店，也有购物中心、社区中心、地铁车厢等人流密集场所。面向4~8岁儿童开展的"儿童启蒙阅读"（Kids Read）计划和面向0~3岁婴幼儿开展的"天生读书种，读书天伦乐"（Born to Read, Read to Bone）计划也都取得了很好的社会效果。

成立于1969年的新加坡国家书籍发展理事会是一个非营利性团体，通过展览、评奖、研讨及讨论等活动，让图书出版行业与文化艺术界建立起了紧密的联系，为推进阅读营造了良好的氛围。其主要活动包括：新加坡书展（Singapore Book Fair）、新加坡文学奖（Singapore Literature Prize）评选、亚洲儿童作家及插画会议（Asian Children's Writers and Illustrators Conference）、新加坡国际讲故事节（Singapore International Story Telling Festival）等。"图书漂流计划"（Bookcrossing in Singapore）则是新加坡图书传播机构举办的最著名的阅读推广项目。

第二节

国外阅读推广活动的特点

欧美等西方国家阅读推广活动起步早，绵延 100 多年从未间断，创建了多个颇具规模和影响力的阅读推广品牌。长期的探索与实践，使得他们积累了丰富的经验，值得我们学习和借鉴。

一、国外阅读推广活动的特点

西方国家开展的阅读推广活动项目，存在下述特点：

1. 政府主导。推动全民阅读是一项功在当代、利在千秋的德政工作，关系到个人的素质提升和国家的综合竞争力。政府高度重视阅读推广工作并将其提升到国家发展战略的层面，利用其强大的权威性和影响力，推动相关法律法规的制定与实施，从而保障国民的阅读权利、有效满足国民的阅读需求，这是美英等西方众多国家的通行做法。

在立法保障方面，美国在 1998 年颁布《卓越阅读法案》的同时，也对《中小学教育法》进行同步修订，通过教师的阅读教学改革，提高中小学生的阅读能力，确保三年级的小学生实现自主阅读。后续历届美国政府还相继出台了《不让一个孩子掉队法案》《让每一个孩子都成功法案》《政府复苏与再投资法案》等法案，以及推出了"全面阅读计划""美国读书运动"等相关措施，都在国家和政府层面上为阅读推广提供了有力保障。此外，还有许多国家根据自身情况，制定了各式各样的阅读推广政策法规。西班牙的《阅读、图书和图书馆法》对图书的创作、出版与发行传播，图书馆所该遵守的规则，以及推广阅读进行了规范，以保障民众平等享有文化知识和阅读的权利。日本国会 2001 年通过的《促进儿童阅读活动法》强调要为儿童创造自主阅读的环境，将 0~18 岁儿童按不同年龄段设立应达到的阅读理解水平要求，并把每年的 4 月 23 日定为儿童阅读日。韩国 2006 年颁布的《阅读文化振兴法》把阅读上升到了文化的高度，旨在将阅读渗透进人们的日常生活，国民阅读的重要性进一步凸显。[29] 为应对出现的民众阅读危机，俄罗斯出台《国家支持与发展阅读纲要》，肯定阅读对个人与社会发展所具有的积极作用，提出国家支持与发展阅读的基本原则，并做出有现实针对性的具体规定。[30] 此外，巴西的《国家图书和阅读计划》（2011 年颁布）、墨西哥的《促进阅读和图书法》（2008 年颁布），等等，也都是国家层面上关于阅读推广的专门立法。

出台关于阅读的立法不仅对全民阅读有保障和指导作用，还有助于将阅读融入现有的教育体系，推动阅读教育成为一种国民的基本素养教育。美国的《不让一个孩子掉队》法案提出了针对学前班到小学三年级儿童的"阅读优先"计划和面向学前儿童的"早期阅读优先"计划。《美国复苏与再投资法案》则包含了为在小学阶段广泛开展阅读活动，而强化教师培训和实施新阅读课程的规定。上述法案都对学校阅读教育提出了新的要求和挑战。

除专门立法之外，有些国家则是制定阅读政策以推广阅读。英国政府出台了战略性文件《未来的框架》作为阅读推广的行动指南，先后成立阅读社和开卷公司两个独立机构指导和开展全民阅读工作，并以组织"国家阅读年"的方式推动全国性全民阅读运动，同时政府还在资金上给予大力支持，划拨 400 万英镑成立挑战基金。政府对于阅读推广活动所给予长期政策引导与资金支持，造就了英国阅读推广活动参与者多、覆盖面广、品牌效应突出的良好局面。印度政府颁布的《全国图书推广政策》，则是在总结多年来印度在推广阅读经验做法的基础上，对如何进一步加强图书的创作、出版与传播，举办阅读推广活动，推动新技术的应用等提出了细致明确的要求，以达成"生活在全国各处，包括最遥远角落的人们都有书可读"的目标。巴西政府的《国家图书和阅读计划》则是从制度建设上提升阅读的社会地位，强化阅读的象征意义。

国家层面出台阅读推广法律法规与政策措施，为全民阅读推广提供了重要保障和方向指引。能够引起全社会对阅读活动的重视，全民阅读推广活动所需要的配套措施、经费支持和社会资源配置才能得到有效落实，促进图书馆、出版界及其他社会机构加入阅读推广的行列。在政府的主导下，有了政府的立法支持和政策保障，全民阅读活动可以获得长期而稳定的推动力。

2. 品牌化运作。品牌是一个商业用语，所承载的是消费者对组织机构和企业所提供的产品及服务的认可。品牌的创建过程就是将产品的名称、内容、功能、特点等植根消费者心中，建立起消费者对产品与服务的忠诚度，让消费者牢记该品牌。阅读推广是一项长期的活动过程，欧美等国家在组织开展阅读推广活动时，多是将经济领域中品牌化运作的理念融入阅读推广工作当中，对活动名称的选取、活动标识的设计、活动目标人群的定位、活动内容的策划，以及活动的宣传推广、组织运作等全过程进行品牌化运作，利用品牌的知名度增强阅读推广项目对人们的吸引力，提升活动的效果。经过常年的实践，各国也积累了许多好的经验做法。如英国的"夏季阅读挑战"、美国的"读遍美国"、德国的"全民朗读"、新加坡的"读吧！新加坡"等大家耳熟能详的阅读推广活动，都是品牌化运作的成功案例。

由美国教育协会（National Education Association）组织策划与运作的"读

遍美国"活动，在启动之初对活动 LOGO 进行创作设计时，选用了美国教育学家、儿童文学家苏斯博士（Dr. Seuss）的作品《戴帽子的猫》中的经典卡通形象——戴红白相间帽子的猫作为标识，所有的宣传材料与活动装饰品上都会印上这个形象。在品牌宣传推广方面，活动有统一的主题曲、主题歌、获奖证书，还会制作统一格式的宣传海报，在网站主页上也会提供 Twitter（推特）、Facebook（脸书）、YouTube（油管）等网络媒体交互平台的链接，以促进与参加者之间的交流和沟通。在品牌定位上，活动主要指向提高青少年的阅读能力，使每一位青少年都成为优秀的阅读者。为达成此目标，活动的组织者会鼓励和指导全美各类阅读机构开展丰富多彩的阅读活动，邀请区域内不同行业、不同社会背景的知名人士推荐自己曾经最热爱的书籍，分享自己对阅读的理解，为青少年讲故事。发展至今，"读遍美国"活动连同它的标识一起深入人心，堪称全美最具影响力的阅读推广活动。一提起"读遍美国"，人们会立即想起戴着红白相间帽子的猫、想起孩子们戴着同样的帽子围坐在一起听故事的场景。[31]

德国的"全民朗读"活动也是一个同样的优秀案例，在社会各界的支持下，德国阅读基金会通过开展包括亲子朗读、志愿者朗读、明星朗读、朗读比赛等活动来宣传与推广朗读。其中的明星朗读邀请体育明星、电影明星、节目主持人，以及政治家、知名学者去给孩子朗读，以明星、名人的光环效应吸引青少年的注意，提高他们的阅读兴趣；志愿者朗读是一种个性化的阅读活动，在对全国范围内征集到的志愿者进行专业培训成为阅读导师或学习导航员后，由他们为一个或少数几个孩子提供义务朗读服务，这种方式有利于建立朗读志愿者与孩子间的信任关系，营造轻松愉快的阅读环境，让孩子快乐地与志愿者一起享受阅读。朗读比赛则是层层比赛筛选评出优秀的朗诵者，对于经"海选"评出的最佳朗诵者，可获得与德国总统一起在电视镜头前朗读图书的特殊荣誉。

国外取得成功的阅读推广活动案例，都有着强烈的品牌意识。而品牌化运作则可以为阅读推广活动带来诸多好处：在品牌管理上，组织者通过建立蕴含的独特文化功能和意蕴的活动标识，传达活动理念，以引起民众共鸣，可以给人留下深刻的印象。在品牌宣传和传播方面，整合广播、电视、报纸、海报等传统媒体、媒介以及移动终端、社交媒体等新媒体同步宣传报道，可以提高阅读推广项目的知晓度。在品牌影响力上，邀请不同领域社会名人作为阅读推广代言人，能够提高活动项目的号召力，带动更多民众参与其中。

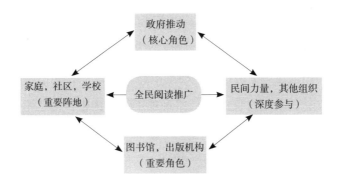

图 2.1　全民阅读推广体系架构

3.体系完善。综观欧美等西方国家的全民阅读推广实践，除了政府重视，并予以立法保障外，建立主体多元、全社会联动的全民阅读推广体系，也是国外阅读推广的一个明显特征。全民阅读作为国家发展战略，在政府的全力推动和引导下，图书馆、学校、大众传媒和出版机构、基金会、社区、家庭、民间团体、社会组织、阅读志愿者等多方通力合作，发挥各自优势，整合各方资源，围绕"推广全民阅读"的中心任务，合力组织和策划各项阅读活动，可以共同构建起成果显著、运转顺畅的全民阅读推广服务体系。

通常而言，基于自身职能和任务，图书馆是阅读推广活动的重要参与者，从国外多个国家开展的阅读推广活动来看，在很多时候，图书馆已然成为全民阅读活动最有力，也是最主要的推动者、组织者和实施者，在全民阅读推广中的作用至关重要，甚至可以说是无可替代的。但阅读推广活动的参与者并不局限于此。以美国为例，几乎没有一项阅读推广活动是以"单兵作战"的形式完成的，各类各级图书馆、基金会、政府、学校等公共组织，私营企业和慈善团体等其他组织机构多方携手合作与有效参与，共同推动阅读推广活动的开展。美国国家艺术基金会大阅读计划由美国国家艺术基金会（the National Endowment for the Arts）联合美国博物馆和图书馆服务协会（Institute of Museum and Library Services）、美国中西部艺术基金会（Arts Midwest）共同发起，三者分别代表政府部门、图书馆界和民间阅读推广机构，具有广泛的代表性和号召力。国家艺术基金会负责活动的策划与推动，美国博物馆和图书馆服务协会组织动员博物馆、图书馆参与活动，并提供部分活动经费支持，活动过程中的具体管理工作则由中西部艺术基金会负责。除了上述三家发起单位外，活动还包括众多的合作伙伴和赞助商，如福特汽车公司、波音公司、诗歌基金会、保罗·艾伦家庭基金会、凯洛格基金会、美国社区基金会等，都会给予一定的物资与经费支持。正是在社会各界的通力合作与支持下，大阅读活动成为一次全国性的阅读盛宴，遍及全美城市、乡村的众多社区都参与其中。[32] 又如美国的"触手可读"（Reach Out and Read）项目与覆盖全美 50 个州近 5000 家医疗机构达成了合作，为低收入家庭的 6 个月婴儿至 5 岁的儿童来医院体检和治疗时发放图书及提供阅读建议。再说德国，德国国内有许多的非政府组织和基金会直接从事阅读推广活动，1988 年成立的美因茨阅读基金是德国最大的非政府组织，其运行资金的 90% 是社会各方赞助而来的，众多的图书馆、中小学校、出版社、报刊社、工会团体等协助制定阅读推广方案并组织实施，每年都有超过 6000 名的志愿者参与美因茨阅读基金开发的阅读推广活动。英国的"英超俱乐部阅读之星"通过与英超各个足球俱乐部合作，通过体育明星的力量来推动阅读。澳大利亚则在国家阅读年活动期间，与企鹅图书出版公司（Penguin Books）和新光食品（Sunbeam Foods）合作，只要孩子购买了3袋新光公司的零食，就可以获得企鹅公司免费赠送的一本图书，以此来促进儿童的阅读。

4. 重视公共图书馆地位和作用。各国政府都十分重视公共图书馆在阅读推广中的地位和作用，也都建立有非常完善的公共图书馆服务体系。英国政府发布的《未来的框架》将公共图书馆定义为实现公共服务目标和保障社会公平的重要载体，认为"图书馆是一个建立在共享理念上的非常重要的公共机构"。在推动全民阅读方面，公共图书馆与其他类型的阅读推广机构相比有着独特的优势和条件。一是馆藏资源丰富且普适性较强，适合不同文化层次、不同年龄段的群体阅读，为开展阅读活动提供了强有力的文献保障；二是建筑与设备是基于普通民众的阅读需求而建设与配备的，内部环境也是围绕阅读活动这一核心设计和布置的，营造出的是一种安静、舒适的阅读氛围，读者身处其中，阅读欲望更容易被激发；三是工作人员长年坚守读者服务第一线，既掌握丰富的图书馆业务知识和与读者交流互动的经验，又熟悉和了解读者的阅读需求，能够更好地结合本馆的资源条件策划、设计出适用于本馆乃至本地区读者的阅读推广活动。

通过观察国外多个国家成功开展的大型阅读推广项目，我们可以发现，在欧美国家全民阅读推广实践过程中，公共图书馆是阅读推广活动的重要主体，始终扮演着十分重要的角色，是全民阅读推广的主要组织者、倡导者和实施者。如美国国会图书馆图书中心根据相关法律框架要求，承担起了全国阅读推广指导者的角色：一是设计开发国家层面的全民阅读推广项目，拟定阅读推广活动主题；二是完善阅读推广合作机制，寻求建立更多的阅读推广伙伴；三是领导全国阅读推广机构的日常工作，拟定详细的阅读推广方案；四是组织开展全国及国际性的阅读推广交流研讨活动。美国的"一城一书"活动的创意源自于1998年华盛顿州图书中心主任南希·玻尔（Nancy Pearl）

推动的"假如西雅图民众共读同一本书"（If All of Seattle Read the Same Book）活动，后经美国图书馆协会的倡导后，国会图书馆图书中心，以及各州的公共图书馆成为活动的主要举办者，全美共有 50 个州均举办过"一城一书"活动，活动最终取得了巨大的社会反响。[33] 再如由英国阅读协会发起的"夏季阅读挑战"项目，鼓励儿童在每个暑假阅读 6 本书，活动每年都会有不同的主题，全英国 97% 的公共图书馆都参与了此项活动，现已成为英国目前最大的儿童类阅读推广活动。[34]

高等院校图书馆等其他类型图书馆除了做好本单位服务范围内的文献借阅等服务之外，也在积极参与全民阅读推广活动。如新加坡南洋理工大学图书馆在 2008 年启动了学科图书馆博客服务，提供包括新书推荐、书评、最新活动、数据库更新、视频列表和本地展会等多项与阅读相关的引导服务；哈佛大学图书馆基于数字化馆藏开放的理念而推出的在线阅读计划，内容包括由 25 万个网页构成的 1200 本图书和珍贵手稿，遍布全球各地的读者都可以通过网络进行在线阅读。[35]

5. 未成年人是阅读推广的主要对象。从国外开展的阅读推广活动来看，各国都比较重视儿童阅读，将儿童作为阅读推广的重点人群，建立系统的面向儿童的阅读体制。以儿童阅读带动全民阅读的开展，是欧美等西方国家全民阅读推广活动的显著特点。

美国政府推出的阅读推广政策，主要目标对象是儿童。1994 年出台的《早期提早开始学习计划》和 1995 年颁布的《即时读写计划》，都是试图发动全社会的力量，帮助提升儿童阅读能力。1997 年，针对因阅读方面的困难而影响儿童学业成功的问题，克林顿政府发布的《迈向 21 世纪美国教育行动策略》，以及推动开展"美国阅读挑战"运动，其目标均是让所有儿童在小学三年级结束之前具备独立进行有效阅读的水平。1998 年，美国国会通过《阅读卓越法》及对《中小学教育法》进行的修订，则是为了将儿童阅读教育纳入法制化的轨道。此后的 2002 年，布什总统签发了《不让一个孩子掉队》法案，以"阅读优先"为宗旨，针对学前儿童和学前班至小学三年级儿童两个年龄段的儿童分别制定计划方案，希望通过执行一系列计划和项目强化儿童的基本阅读能力，提升儿童的阅读水平。奥巴马政府推出的《登顶计划》《美国复苏和再投资法案》及《让每个孩子取得成功法案》，也都对开展阅读活动、提高儿童的读写能力提出了具体要求，以促进和提高儿童阅读和学习能力。

英国的"阅读起跑线"计划，是世界上第一个针对学龄前儿童提供阅读指导服务的计划。该计划通过向婴幼儿家庭免费发放阅读大礼包，让每一个孩子都能在早期教育阶段接触到阅读，并享受阅读，培养孩子对阅读的爱好和习惯。[36]日本为培养儿童的阅读习惯，将 2000 年确定为儿童阅读年，并在阅读年活动中移植英国"阅读起跑线"计划的经验做法，以鼓励和促进新生代的父母给襁褓中的婴幼儿讲故事。在荷兰，父母给新生婴儿在图书馆进行信息登记后，会收到一个图书馆赠送的小箱子，里面装有"新生儿阅读指南"和新生儿父母为孩子阅读的书籍。奥地利首都维也纳的很多公园里都设立为儿童服务的露天图书馆，儿童在这里可以阅读、绘画、借阅书籍。此外，法国、瑞典、芬兰、挪威、丹麦、加拿大、新加坡等国家，也都致力于推广儿童阅读，并取得了显著的效果。

在重视儿童阅读的同时，各国政府针对不同年龄阶段的民众，都制定有成熟、全面的阅读推广政策，针对低收入家庭、残疾人和老年人等特殊社会群体，也有专门的阅读推广计划。这些都使得在全社会的层面构建起了一个完整、绵密的阅读推广体系。

6. 注重阅读推广活动评估。进行评估的目的在于通过对阅读活动开展过程中各种信息的系统性收集，准确掌握从创意策划到宣传发动、组织实施全过程的绩效情况，为活动项目的运营和发展提供可靠依据。评估既是展示活动项目成效和运营价值的重要依据，也是促进和改进工作的重要手段，更是提高资源有效利用的重要途径。

欧美等西方国家普遍重视对所开展的阅读推广项目的研究和评估工作，将评估与活动策划同步考虑、全程实施。例如英国"阅读起跑线"项目专门设有项目评估与研究部，负责具体项目评估和研究，定期将评估调研报告提供给项目主办方及项目参与者。为保证评估的客观公正性，项目主办方还聘请伯明翰大学等多所高校的专业科研团队，借助第三方的力量对项目实施外部监督和评估，并向社会发布项目活动进展与评估报告。评估团队通过深度访谈、数据收集、资料查阅等方式，持续性地长时间跟踪参与活动家庭和未参与活动家庭的儿童在购买书籍、热爱阅读、通篇阅读、活动参与、内容讨论、鼓励联想等六个方面的差异，定期发布研究成果，揭示项目的社会价值和投资回报。[37] 同样，美国的图书馆员和专家学者通过对广泛开展"故事时间"项目的活动实施长期的跟踪评估，提出了一套系统测量图书馆讲故事活动的指标体系，包括投入（活动的经费与资源）、行动（开展的活动的数量或频次）、产出（参与活动的人数等）、结果（活动所产生的效果）、影响（对儿童、图书馆、社区、社会的贡献）等方面内容，以便于图书馆优化活动项目，提升服务能力。[38] 再比如美国"一城一书"项目，在活动指南中就将评估工作列为活动的最后一个环节。英国的"六本书挑战计划"则是将评估工作纳入活动的全过程，在读者参与挑战之前，要求其填写个人阅读倾向调查问卷，包括喜欢读哪些类型的图书、对阅读的看法等内容。活动结束后，主办方同样还会要求读者填写一份问卷，内容包括对自己阅读能力变化情况的评价、对阅读认识态度的变化情况、未来的阅读计划，等等。[39]

评估活动及时收集与掌握阅读推广活动的第一手资料，能够让活动主办方详尽、全面地掌握活动开展情况和读者的意见反馈及阅读需求，对于推动阅读推广项目的持续完善与品牌化建设，能够起到重要的作用。

二、国外阅读推广活动经典项目举隅

1.英国的"阅读起跑线"计划。[40]该计划于1992年正式启动，由英国图书信托基金会发起，基层医护服务信托基金会和伯明翰图书馆共同参与，最初只是一个小范围试验项目，针对的是国内贫困地区的儿童。1999—2000年，服务范围扩大至英国全境，2004年，"阅读起跑线"计划开始走向世界，目前已在美国、南非、意大利、澳大利亚、墨西哥、日本、泰国等25个国家和地区设立分支机构，成为全球最具有影响力的婴幼儿阅读推广计划，我国的苏州图书馆于2011年启动"悦读宝贝计划"，成为"阅读起跑线"计划在中国大陆的首家成员单位。"阅读起跑线"计划的具体发展历程可见表2.3：

表2.3 英国"阅读起跑线"计划发展历程简表

时间	主要资金来源	服务范围	参与机构	合作伙伴	成果
1992—1998年	慈善基金	针对国内部分贫困地区	英国图书信托基金会等3个部门	无	超过60项试验项目
1999—2000年	获得森宝利公司（J.Sainsbury）的赞助	全英国	92%的地方政府与公共图书馆	无	成为第一个全国性的婴幼儿阅读指导推广计划
2000—2004年	获得文化部和教育部的专项基金支持	全英国	地方政府、图书馆、其他部门	儿童图书出版商	阅读包的成本大大降低
2004年以后	获得国家财政拨款	全世界	吸引全球更多的国家和地区以加盟的形式加入	儿童图书出版商、图书发行部门	全世界的0~4岁儿童都可获得相应年龄段的阅读包

　　"阅读起跑线"计划的核心内容是通过当地公共图书馆及医疗、教育等机构向婴幼儿免费发放价值 60 英镑的阅读资料的阅读包。根据儿童所处的成长阶段及成长状况，共有 6 种类型的阅读包，其具体适用对象和获取方式可见表 2.4：

表 2.4　阅读包适用对象和获取方式一览表

名称	适用对象	内容	获得方式	供应范围
婴儿包（Bookstart Baby Pack）	0~12 个月的婴儿	紫色手提袋内装有硬纸板书 2 册、童谣书 1 册、认识形状的书 1 册，还有 1 册父母阅读指南	由健康访视员在婴儿 7~9 个月时带给婴儿父母，或从当地图书馆索取	全世界
高级包（Bookstart Pack）	学步儿童	书包内装有图书 2 册、彩色蜡笔 1 套、数字卡片 1 套、笔记本 1 个、另有书目指南和关于分享图书的建议	政府设立的 Bookstart 辅导中心	英国
百宝箱（Bookstart Treasure Pack）	3~4 岁学前儿童	红色书包内装有图画书 2 册、彩色铅笔 1 盒、书签 1 套、读书指南 1 册	幼儿园或其他早教机构、图书馆	全世界
发光包（Bookshine Pack）	0~2 岁和 2~4 岁聋哑儿童	书包内装有硬纸板书 2 册、印有手语儿歌的餐垫 1 个、介绍如何与聋儿分享发光图书的手册 1 册，介绍更多发光图书的书目及资源的指南 1 册	健康机构、健康访视员、图书馆、早教机构	全世界
触摸包（Booktouch Pack）	0~2 岁和 2~4 岁盲童	书包内装有触摸书 2 册、儿歌 CD 唱片 1 张、介绍如何与盲童分享触摸图书的手册 1 册，介绍更多触摸图书的书目及资源的指南 1 册	健康机构、健康访视员、图书馆、早教机构	全世界
双语资料（DualLanguage Books）	母语非英语的儿童	双语对照读物，英语与阿拉伯语、中文、波斯语、法语等其他语种的对照或翻译读物	图书馆	全世界

"阅读起跑线"计划中，除了向婴幼儿家庭发放免费阅读包以外，还包括了在当地的图书馆、幼儿园、儿童活动中心等场所举办的各类亲子阅读活动，指导家长学会如何与孩子分享图书，如何与孩子一起唱儿歌做游戏，并引导他们走进图书馆、使用图书馆。活动时间表可以从当地图书馆或Bookstart网站获取。这些阅读活动主要有以下几类：

（1）儿歌时间（Rhyme times）。活动的目标对象是婴儿、牙牙学语的幼儿及孩子家长。活动内容包括儿歌、律动、童谣、故事、游戏和玩具分享。孩子可以在活动中模仿动作和声音，练习发声，体会节奏的概念，理解字、词的含义，并通过交流增进与父母之间的感情。

（2）故事时间（Story times）。活动适用于不同年龄段的幼儿，根据年龄情况设置不同的活动环节。活动内容包括经典童话、故事分享。活动中，儿童通过听与分享，可以提升自身的专注力、理解力，以及沟通想象能力，同时也增加了对图书的理解，培养起与图书的感情。

（3）蓝熊俱乐部（Bookstart Bear Club）。这是一个网络阅读活动项目，家长注册登录并完善相关信息后，网络可以自动匹配推送个性化的推荐书目，以及所在地区近期举办的适合孩子参加的推广活动信息，也可以与孩子一起建立网络心愿书单，参与在线小游戏。系统还会根据孩子参与活动的信息记录，兑换相应电子证书，以鼓励孩子更多地参与俱乐部举办的阅读活动和游戏。

（4）全国活动周（National Bookstart Week）。每年的6月份，"阅读起跑线"计划会在英国举办全国活动周。活动围绕一个主题，期间将举办超过5000个家庭活动。儿童及家长可在图书馆、儿童活动中心、幼儿园、书店或其他地方参与故事分享、图书阅读和儿歌等活动。

"阅读起跑线"一直致力于创新活动内容和形式，除上述几项活动之外，还举办过活动角、睡前阅读、儿歌挑战等多种活动，以鼓励儿童参与阅读和游戏，丰富和活跃儿童的文化生活。

对"阅读起跑线"项目的社会投资回报分析表明，该计划是一项低成本高回报的早期学习干预项目，国家对该项目每投入 1 英镑的资金，就能得到价值 25 英镑的社会回报。有专家专项研究发现，参与"阅读起跑线"计划的儿童在小学读写及算术考试中，平均成绩比其他儿童高出 1%~5%。

2. 英国的"世界读书夜（World Book Night）"活动。[41]"世界读书夜"活动由英国坎农格特出版社（Canongate Books）创办人杰米·拜恩（Jamie Byng）倡议发起，目的在于鼓励更多的成年人加入阅读者行列。第一届"世界读书夜"活动于 2011 年 3 月 5 日在英国和爱尔兰举办，从 2012 年改在每年的 4 月 23 日举行，白天是世界读书日儿童庆祝活动，晚上则是成年人的阅读之夜。

"世界读书夜"现由英国阅读协会（The Reading Agency）负责运营和管理，合作伙伴包括出版商、经销商、印刷商、书店、图书馆和基金会。每年9 月，由图书馆员、图书行业专业人员、志愿者等组成活动执行委员会召开会议，根据出版商提交的推荐图书清单和志愿者调查统计整理形成的阅读清单，从这两份书目清单中选择简单的、可读性强、令人愉快的书，作为活动推荐图书。曾经推荐过书单中的图书类型多样，既有狄更斯的《双城记》、简·奥斯汀的《傲慢与偏见》等经典名著，也有斯蒂芬·金的《头号书迷》、索菲·金塞拉的《购物狂的异想世界》等当代畅销小说，还有安德烈娅·利维的《小岛》和艾玛·多诺霍的《房间》等新世纪以来较有思想深度的文学作品。除了小说，活动也会推荐诗歌、传记、旅行札记等其他类型的图书。选定好的图书由出版社授权印刷后，活动志愿者负责免费派送。除了在活动现场和人流密集的公共场所外，志愿者还会将图书派送到图书馆、学校、社区、医院、避难所、监狱等场所，至今已赠送达数百万册。

为了让更多的人投身于阅读，主办方十分重视宣传推广工作，其手段包括建立活动官网发布活动预告、推荐书目、新闻报道、问卷调查、评估报告、志愿者加入及申请赠书渠道等信息，制作统一的宣传模板，利用脸书、推特等新媒体做同步宣传、交流互动，等等。

如今的"世界图书夜"活动方式已不仅仅限于赠送图书，各地的图书馆、学校等机构还会举办形式多种多样的相关活动，如读书会、知识竞赛、与作家面对面、朗读比赛、诗歌之旅等。比如 2016 年恰逢莎士比亚逝世 400 周年，大英图书馆在"世界图书夜"活动中，邀请马特·海格（Matt Haig）、凯西·伦岑布林克（Cathy Rentzenbrink）等知名畅销书作家亲临活动现场，朗读他们的最新作品，讲述书籍在他们生命中的位置。名人的光环提升了活动的号召力，吸引了大量的年轻人参与到活动中来。

"世界读书夜"同样十分重视对活动的评估与信息反馈。活动主办方鼓励接受赠书的人参与问卷调查，调查内容包括个人基本信息、收到的捐赠图书书名、是否喜欢收到的赠书、是否阅读了赠书、是否愿意成为志愿者、对本项活动的建议和意见，等等。为了调动大家参与的积极性，活动还专门设立有抽奖环节，读者可以赢取购物券等奖品。

随着"世界读书夜"在英国取得巨大的成功，美国、德国、克罗地亚等国家也相继推出了类似活动。

3. 美国芝加哥的"一书一芝加哥"（One Book, One Chicago）活动。[42] 1998 年，任职于西雅图公共图书馆的南希·珀尔（Nancy Pearl）和克里斯·东（Chris Higashi）提出了"假如西雅图民众共读一本书"的创意活动理念，即选择一本书，发动整个城市中的每个人都参与阅读和讨论。该活动理念迅速传播，引发全美及世界各地众多城市和地区的纷纷仿效，衍生为"一城一书"这一个新颖别致的阅读推广项目，其中以芝加哥的活动最为成功。芝加哥市凭借其精心设计和卓越运营，和西雅图市一起被誉为该活动的开拓者，相关经验也被收入美国图书馆协会编写的《一书一城阅读活动指南》，成为全美各地开展类似活动的参考。

芝加哥的"一书一城"活动创始于 2001 年，由芝加哥市图书馆和市长办公室共同举办，命名为"一本书，一座芝加哥城"。时任市长理查德·戴利（Richard M. Daley）十分重视此项活动，不仅担任了活动的代言人，亲自参加活动宣传，接受媒体访问，还经常分享读书心得，以表达对活动的支持。"一书一城"活动的核心是选书。芝加哥举办首次活动时，选择的是哈珀·李（Harper Lee）曾获普利兹奖的著作《杀死一只反舌鸟》（*To Kill a Mockingbird*，亦译作《杀死一只知更鸟》《梅冈城故事》）。值得一提的是，这本书是当时俄克拉何马州的学区所列的禁书之一。大胆的选择带来了人们希望看到的反应，主办方抓住这个新闻点大加宣传，全美的媒体纷纷报道，大大提高了活动声势，公众在惊讶之余，纷纷表达希望参与的意愿。为增加活动的吸引力，主办单位还策划设计了一系列活动，例如邀请著名评论家克劳迪娅·德斯特·约翰逊（Claudia Durst Johnson）对作品进行深度解读；在各个公共图书馆举办十多场的专题研讨交流活动；与星巴克公司（Starbucks）合作，在其旗下的咖啡店举办了多场小型讨论会；缝纫俱乐部等许多私人组织也纷纷蹭热点，组织了多场讨论会。最吸人眼球的是，主办方在活动期间派发了 2.5 万个刻着"在看《杀死一只反舌鸟》吗？"的胸章，佩戴胸章的人构筑起一道新的城市景观，可随时随地找到志同道合的人进行交流，阅读的气氛笼罩着整个城市。在主办方的精心策划下，首届"一本书，一座芝加哥城"活动花费不到 4 万美元，却获得了强烈的社会反响，《洛杉矶时报》称赞"令人激动"（electric）。活动期间，《杀死一只反舌鸟》一书在芝加哥公共图书馆被借阅 6500 多次，在各大书店和亚马逊网络书店的销量也是直线上升。

自 2001 年首次活动大获成功后，"一本书，一座芝加哥城"之后从未间断，2001—2012 年每年两次，分别在 4 月和 10 月，每次为期一个月，2013

年起改为每年一次，时间从当年 10 月持续到第二年 5 月。每次活动选择一部作品，公共图书馆、出版机构、书店及其他社会组织会以讲座、读书会、展览、书谈、电影放映等不同方式对其进行探讨。

作为"一书一城"活动的模板，"一本书，一座芝加哥城"被推广至全美乃至全球，随着时间的推移，主办方积累了许多值得借鉴的经验、做法。首先是设计印制专业、美观的活动手册。手册既能让人一目了然地知晓活动项目，还能涵盖与作品相关的其他阅读资源，并附有一些具有趣味性知识信息，这种做法被其他城市竞相模仿。其次是评价模式清晰简洁。评价指标只有 4 个：你是如何知晓这项活动的、你是否曾经参加该项活动、如果以前未曾参加说明现在参加的原因、你是以何种方式参加的活动。这一评价体系也被美国图书馆协会推荐成为"一书一城"活动的评价标准之一。

"一书一城"活动能在全美乃至全球范围内广泛推广，不仅在于有好的阅读推广理念，更是因为其活动的模式易于复制。而对于活动模式的形成，芝加哥市的成功实践功不可没。

第三节

全民阅读推广在中国的发展

中华民族素有"耕读传家"的传统，在中国阅读史上，留下了许多皇家帝王和名家大儒"劝学"的名篇名句，荀子《劝学篇》开篇即提出"学不可以已"，可谓儒家学派"劝学"的代表作；宋真宗赵恒《劝学诗》中"书中自有黄金屋""书中自有千钟粟"的描述，"男儿欲遂平生志，六经勤向窗前读"的劝告，则代表了当时的统治者对阅读的期许和鼓励。但从整个社会来说，阅读长期只是少部分人的事情，并没有遍及普罗大众，直到辛亥革命和"五四"新文化运动之后，随着社会各界积极倡导和推动国民阅读，阅读才进入了一个全新的时代。1933 年 9 月 28 日《大公报·图书副刊》设立"新书介绍""书评""出版界信息"等栏目，收录中外图书介绍、评论及学术界消息，其创刊号"卷头语"提出"我们想用一部分的力量，作中外新旧书籍的介绍与批评，给予一般人一种书籍选择的标准和学识，并注意要有系统介绍与批评，使读者能触类旁通"。可以看作是我国近代阅读推广活动的开端和宣言。新中国成立后，广大民众学习热情空前高涨，读书的风气日益浓厚，特别是改革开放以后，我国的阅读推广进入一个全盛时期，全民阅读推广活动逐步推开。

一、我国阅读推广活动的发展历程

1. 上海市"振兴中华"读书活动的举办首开全民阅读推广之风。1982年，由上海市总工会、共青团上海市委、解放日报社、上海市出版局等单位发起成立上海市"振兴中华"读书指导委员会，策划组织面向全上海的工人读者群体的"振兴中华"读书活动，被业界称为我国第一个真正意义上的全民阅读推广活动，是我国现代意义上推广全民阅读的开始。翌年，中华全国总工会向全国各地推广上海"振兴中华"读书活动的经验，掀起了时间长达5年的以"振兴中华"为主题的全国性群众读书活动热潮。

"振兴中华"读书活动覆盖面广，1983年活动一经推广即有29个省、市、自治区响应，有大约1000万名职工参加到活动中来，1984年活动规模更加宏大，参加人数达到3000万人。活动的形式也是丰富多彩，包括演讲比赛、读书征文、读书笔会、知识竞答、读书联谊会、专题讨论等。随着活动逐步深入开展，1985年以后，阅读的内容除了文学作品外，还包含社会科学、管理学、自然科学等其他学科领域，呈现出多元化的发展趋势；还提出了读书活动的"四自"原则，即自愿报名、自觉为主、自由组合、自选书目。之后，各地陆续推出推荐书目，成立读书小组及读书会，群众性的读书氛围浓厚。

2. "图书馆服务宣传周"与"知识工程"的开展，标志着公共图书馆在全民阅读推广活动中主导地位的确立。从2009年开始，国家文化部（2018年改为文化和旅游部）将每年5月的最后一周（2023年时间调整为每年4月23—29日，即以世界读书日为起始日的一周）确定为公共图书馆的"图书馆服务宣传周"，组织全国的公共图书馆界在同一时间段开展集中性的宣传推广活动，其目的是向社会宣传图书馆，推广公共图书馆的服务，引导民众了解图书馆的职能作用、服务内容和使用方式，从而吸引更多的人走进图书馆、利用图书馆，享受图书馆的各项服务。每年的"图书馆服务宣传周"

都会确定不同的主题，全国各地的公共图书馆会在"宣传周"期间围绕活动主题开展好书推荐、公益讲座、读者调查、专题展览、业务咨询、送书活动，以及征文、演讲、比赛等多样化的读者活动，将图书馆的资源和服务送到城乡各地。截至2023年，"图书馆服务宣传周"已经举办了35次，连续性的活动有力地提升了公共图书馆的社会知晓度，展现了图书馆在全民阅读中的中坚力量，促进了公共图书馆在全民阅读推广中主导作用与核心地位的形成。

1994年，广西壮族自治区为繁荣城乡特别是农村的文化建设、推动社会文明与进步，组织实施了名为"知识工程"的文化系统工程。"知识工程"以倡导读书、传播知识、推动社会进步为目的，以发展图书馆事业为手段，通过加强各级公共图书馆尤其是乡镇图书馆的发展，在全区掀起了全民读书、全民藏书的热潮，取得了显著成效。鉴于广西取得的成果和经验，1997年，中共中央宣传部会同文化部、国家教育委员会、新闻出版总署、广播电影电视部、国家科学技术委员会、全国总工会、全国妇联、共青团中央共同发布了《关于在全国组织实施"知识工程"的通知》（以下简称《通知》），将"知识工程"的经验做法拓展到全国范围内。《通知》提出，全国"知识工程"未来4年（1997—2000年）将要实现的四大总体目标：一是在全社会形成爱书、读书、利用图书馆的良好风尚，提高全民族的思想道德和科学文化素质；二是完善公共图书馆布局和硬件建设，使公共图书馆的服务网点遍布城乡各地；三是提高广大农民素质，把知识送到农村，为科教兴农贡献力量；四是提高各级各类图书馆的服务能力与服务质量，发挥图书馆在"两个文明"建设中的作用。根据国务院的指示精神，上述九部委牵头成立全国"知识工程"领导小组，拟定具体的实施方案。《通知》的发布，标志着全民阅读推广已经提升到国家文化政策的层面，全国各省、区、市根据"知识工程"的总体目标和实施方案的总体要求，结合本地区的实际，纷纷制定本地的实施方案，并将其纳入当地的社会发展规划和政府的工作目标。2000年，全国"知识工程"领导小组将每年的12月份设立为"全民读书月"。从2003年第四届"全民读书月"开始，读书月的各项推广活动交由中国图书馆学会负责组织实施。为响应联合国教科文组织"世界读书日"的倡议，"全民读书月"从2004年开始改为每年的4月份，中国图书馆学会都会在每年的"世界读书日"期间组织策划并发动全国的图书馆开展形式多样的阅读推广活动。在"知识工程"的实施过程中，公共图书馆的建设得到了极大的扶持和鼓励。2011年，文化部和财政部联合发布《关于推进全国美术馆、公共图书馆、文化馆（站）免费开放的意见》，明确公共图书馆基本服务的公益性质，要求公共图书馆基本服务项目应向社会公众免费提供，并为公共图书馆开展阅读活动提供经费支持与保障。自此，公共图书馆完成了从阅读推广活动参加者到引导者的转变，逐步确立起了在全民阅读推广中的主导地位和核心作用。

3. 政府全力推动，将全民阅读推广提升为国家战略。2006年，中宣部、中央文明办、文化部、教育部、国家新闻出版总署等11个部委联名向社会发出《关于开展全民阅读活动的倡议书》，从2007年到2009年，中宣部和国家新闻出版总署每年都会联合相关部门发布开展全民阅读活动的通知或全民阅读行动计划，倡导开展以"多读书、读好书"为主题的全民阅读活动。2009年4月23日第15个世界读书日，时任国务院总理温家宝亲临国家图书馆参加活动并发表讲话，提出全社会都要知晓"读书好、好读书、读好书"的道理，号召全民族养成爱读书的良好习惯，2009年也因此成为全民阅读推广大发展之年。到2012年，全国所有省、区、市均开展了各具地方特色的阅读推广活动。

2011年，中共中央十七届六中全会决议提出，要"深入开展全民阅读、全民健身活动"。2012年，"开展全民阅读活动"作为扎实推进社会主义文化的重要举措，被写入党的十八大报告。从 2014 年的"深入推进全民阅读"到 2017 年的"大力推进全民阅读"，再到 2022 年的"深入推进全民阅读"，有关"全民阅读"的话题已经连续 10 次被写入政府工作报告。[43] 2016 年，《中华人民共和国国民经济和社会发展第十三个五年规划纲要》将全民阅读工程列为文化重大工程之一，《全民阅读"十三五"时期发展规划》随之发布。2020 年，中宣部印发《关于促进全民阅读工作的意见》，对推进新时代全民阅读工作做出了全面部署。2021 年，《中华人民共和国国民经济和社会发展第十四个五年规划和 2035 年远景目标纲要》明确提出："深入推进全民阅读，建设书香中国。"可见，党和国家对全民阅读的重视程度逐步加强，推动和促进全民阅读工作已然成为国家战略和重要的治国方略。

地方各级人民政府也积极响应和落实党和国家的号召和要求，各自成立指导机构，动员和联合社会各界力量，以"书香中国"活动为引导，推动本地区全民阅读活动的开展。久久为功，各地阅读活动的美誉度和知名度不断提高，比较有影响的有北京阅读季、苏州阅读节、广州的南国书香节、东莞读书节、兰州读书节、深圳读书月、福州读书月、湖南的三湘读书月等。据不完全统计，全国有超过 400 多座城市都开展了读书节、读书月、读书周之类的阅读推广活动，品牌活动在全国各地生根开花，全民阅读日趋深入人心。

二、全民阅读推广的法律支撑体系

1.《中华人民共和国公共文化服务保障法》。《中华人民共和国公共文化服务保障法》（下文简称《保障法》）于 2016 年 12 月 25 日由第十二届全国人民代表大会常务委员会第二十五次会议通过，自 2017 年 3 月 1 日起施行。《保障法》是首部由全国人大牵头的文化立法，全文分为总则、公共文化设施建设与管理、公共文化服务提供、保障措施、法律责任、附则等六章六十五条。

《保障法》是公共文化服务领域的一部基础性法律，在文化立法中不仅具有基础性质，还起到了里程碑的作用。该法的出台为地方各级政府推进公共文化事业建设提供了法律依据，对于推进公共文化服务的规范化、法治化具有重要意义。《保障法》第二十七条提出："各级人民政府应当充分利用公共文化设施，促进优秀公共文化产品的提供和传播，支持开展全民阅读、全民普法、全民健身、全民科普和艺术普及、优秀传统文化传承活动。"明确要求了各级人民政府要支持开展全民阅读活动。此外，《保障法》的多项条文内容也都与公众阅读密切相关。如第二十九条"公益性文化单位应当完善服务项目、丰富服务内容，创造条件向公众提供免费或者优惠的文艺演出、陈列展览、电影放映、广播电视节目收听收看、阅读服务、艺术培训等，并为公众开展文化活动提供支持和帮助。"第三十条"基层综合性文化服务中心应当加强资源整合，建立完善公共文化服务网络，充分发挥统筹服务功能，为公众提供书报阅读、影视观赏、戏曲表演、普法教育、艺术普及、科学普及、广播播送、互联网上网和群众性文化体育活动等公共文化服务，并根据其功能特点，因地制宜提供其他公共服务。"第三十一条"公共文化设施应当根据其功能、特点，按照国家有关规定，向公众免费或者优惠开放。"

《公共文化服务保障法》全文中虽没有直接提及"全民阅读推广"的文字，但其中有关公共文化服务体系建设、公共文化服务设施配备、政府职责的规定，为全民阅读推广活动的开展提供了物质及技术保障。

2.《中华人民共和国公共图书馆法》。《中华人民共和国公共图书馆法》（下文简称《公共图书馆法》）于 2017 年 11 月 4 日由第十二届全国人民代表大会常务委员会第三十次会议通过，自 2018 年 1 月 1 日起施行。全文共分为六章，五十五条，包括总则、设立、运行、服务、法律责任、附则等部分。《公共图书馆法》是继《保障法》后又一部公共文化领域的重要法律，为公共图书馆事业的健康稳定发展提供了全方位的法律保障。

《公共图书馆法》"总则"部分的第三条对于公共图书馆在全民阅读中的职能作用提出了总体要求："公共图书馆是社会主义公共文化服务体系的重要组成部分，应当将推动、引导、服务全民阅读作为重要任务。"并在"服务"部分第三十三条和第三十六条进行了进一步明确的阐述："公共图书馆应当按照平等、开放、共享的要求向社会公众提供服务。公共图书馆应当免费向社会公众提供下列服务：……（四）公益性讲座、阅读推广、培训、导览……""公共图书馆应当通过开展阅读指导、读书交流、演讲诵读、图书互换共享等活动，推广全民阅读。"为了扩大全民阅读推广的覆盖面，保护少年儿童、老年人、残疾人等社会特殊群体人员的阅读权利，《公共图书馆法》第三十四条规定："政府设立的公共图书馆应当设置少年儿童阅览区域，根据少年儿童的特点配备相应的专业人员，开展面向少年儿童的阅读指导和社会教育活动，并为学校开展有关课外活动提供支持。有条件的地区可以单独设立少年儿童图书馆。""政府设立的公共图书馆应当考虑老年人、残疾人等群体的特点，积极创造条件，提供适合其需要的文献信息、无障碍设施设备和服务等。"

《公共图书馆法》对公共图书馆的建设、管理、服务与法律责任都做出了详细的规定，明确了公共图书馆在开展全民阅读推广活动中的地位和职能作用。在该法的保障下，各级政府进一步加强了公共图书馆的建设，向社会公众提供持续、稳定、均衡的阅读服务和形式多样的阅读活动，吸引着更多的人走进图书馆，享受图书馆，成为阅读者队伍的一员，对于全民阅读氛围的形成起到了明显的促进作用。

3.《全民阅读促进条例》。《全民阅读促进条例》（下文简称《条例》）是一部专门为促进全民阅读而制定的条例，于2017年6月由国务院法制办办务会议审议并原则通过，自 2017 年 6 月起实施。《条例》全文共六章三十七条，包括总则、全民阅读服务、重点群体阅读保障、促进措施、法律责任、附则等部分。

《条例》第六条明确提出，新闻出版广电行政部门是全民阅读的负责单位，并对全民阅读的各个责任主体的职责进行了阐述："国务院新闻出版广电行政部门负责全国的全民阅读工作，制定全民阅读规划及实施方案。国务院教育、文化、发展改革、财政、税务、民政、国土资源、住房城乡建设等有关部门，在各自职责范围内负责有关的全民阅读工作。县级以上地方人民政府新闻出版广电行政部门负责本行政区域内的全民阅读工作，制定本行政区域的全民阅读规划和实施方案。县级以上地方人民政府其他有关部门在各自职责范围内负责有关的全民阅读工作。工会、共青团、妇联，以及残联、科协、文联、作协、社科联及其他相关社会团体应当结合自身特点开展全民阅读工作。"对于如何开展好阅读推广活动，《条例》第十五条提出："国务院新闻出版广电等有关行政部门、全国性社会团体应当结合自身情况定期举办全国性的全民阅读活动。省级人民政府和其他有条件的地方人民政府应当充分利用各种书展、书市、文博会等相关文化活动，组织开展全民阅读活动，培育和巩固各类书香品牌。地方各级人民政府应当每年至少举办一次全民阅读活动。居民委员会和村民委员会应当定期组织开展各种形式的全民阅读活动。国家机关、企业事业单位和其他社会组织可以根据自身需要和特点，组织开展全民阅读活动。"

《全民阅读促进条例》条文涉及阅读服务主体、阅读产品供给、阅读活动开展、阅读推广队伍建设与管理、特殊群体阅读服务保障等方方面面，该条例的颁布实施，为全民阅读推广工作的开展提供了法律基础。

4. 地方性的政府规章。国家层面的顶层设计为全民阅读推广指明了路径和方向，各地则结合自身特点和优势，制定出台了全民阅读的发展规划，为构建全民阅读长效机制夯实了基础。如《海南省全民阅读中长期规划（2016—2025 年）》《内蒙古自治区全民阅读中长期规划（2016—2025 年）》《黑龙江省全民阅读中长期规划（2019—2025）》《北京市全民阅读发展规划（2021—2025）》等，都为当地全民阅读持续开展起到了"保驾护航"的效果。

在地方立法方面，江苏、湖北、贵州、山西、广东等部分省及深圳、宁波、温州、大连等城市先行先试，纷纷出台了地方性的条例、办法和决定，来保障和促进区域范围内的全民阅读推广工作，推动全民阅读步入法治化、规范化阶段。《江苏省人民代表大会常务委员会关于促进全民阅读的决定》是国内第一部关于全民阅读的地方性法规，《湖北省全民阅读促进办法》则是国内首部以政府政令的形式发布的关于全民阅读的地方政府规章。近年来，多地都先后出台了各种地方性全民阅读法规、条例，详情可见表 2.5：

表 2.5　我国近年来已出台的地方性全民阅读法规、条例

法规、条例名称	批准机关	发布时间	实施时间	备注
《四川省人民代表大会常务委员会关于促进全民阅读的决定》	四川省人大常委会	2016.03.29	2016.04.23	省级
《关于加快推进全民阅读建设书香浙江的意见》	中共浙江省委办公厅、浙江省人民政府办公厅	2017.07.07	发布之日	省级
《宁夏回族自治区全民阅读促进条例》	宁夏回族自治区人大常委会	2020.11.25	2021.01.01	省级
《贵州省全民阅读促进条例》	贵州省人大常委会	2019.05.31	2019.08.01	省级
《广东省全民阅读促进条例》	广东省人大常委会	2019.03.28	2019.06.01	省级
《河南省人民代表大会常务委员会关于促进全民阅读的决定》	河南省人大常委会	2019.03.29	2019.04.23	省级

续表

法规、条例名称	批准机关	发布时间	实施时间	备注
《吉林省全民阅读促进条例》	吉林省人大常委会	2017.09.29	2017.12.01	省级
《黑龙江省人民代表大会常务委员会关于促进全民阅读的决定》	黑龙江省人大常委会	2017.04.07	2017.04.23	省级
《辽宁省人民代表大会常务委员会关于促进全民阅读的决定》	辽宁省人大常委会	2015.03.31	发布之日	省级
《江苏省人民代表大会常务委员会关于促进全民阅读的决定》	江苏省人大常委会	2014.11.27	2015.01.01	省级
《湖北省全民阅读促进办法》	湖北省人民政府	2014.12.06	2015.03.01	省级
《山西省全民阅读促进条例》	山西省人大常委会	2021.05.28	2021.07.01	省级
《扬州市城市书房条例》	扬州市人大常委会	2022.08.30	2022.12.01	市级
《烟台市全民阅读促进条例》	烟台市人大常委会	2018.12.20	2019.04.01	市级
《深圳经济特区全民阅读促进条例》	深圳市大常务委员会	2015.12.24	2016.04.01	市级
《永州市全民阅读促进办法》	永州市人民政府	2020.12.11	发布之日	市级
《宁波市全民阅读促进条例》	宁波市人大常委会	2019.10.29	2020.04.01	市级

三、港、澳、台地区的阅读推广工作

1. 香港地区的阅读推广工作

香港特区政府积极倡导全民阅读和终身学习，通过创设阅读的良好环境，努力将香港打造成为"阅读之城"。香港特区政府相继推出"阅读城建设工程""一生一卡计划""儿童及青少年阅读计划""自在人生自学计划"等阅读推广活动，并加以全力推动。

香港地区的阅读推广活动主要由公共图书馆负责组织实施，为此香港民政事务局专门设立"图书馆委员会"，委员会的职能是"提倡追求知识和爱好阅读的风气""鼓励社会人士支持并与各界合力提倡阅读、终身学习和文学艺术"。

2002 年，香港教育署联合康乐及文化事务署、保良局、香港资讯教育城共同实施了由香港公共图书馆负责具体实施，前后为期 10 年，包括"一起阅读""愉快阅读""分享阅读"三个部分在内的"阅读城建设工程"。香港地区的公共图书馆系统由特区政府康乐及文化事务署管理，包括了 66 所固定图书馆及 10 个流动图书馆，各家公共图书馆每个月都会定期举办各种教育性及休闲性阅读推广活动，如科技与人生系列讲座、阅读营、课外阅读计划、书籍展览、兴趣小组、亲子故事工作坊等。此外，由于香港地区尚有约 300 所小学没有设立图书馆，公共图书馆为此专门派出了校园流动图书车，将图书送到学校，为他们提供"一起阅读"服务。

"阅读缤纷月"活动是香港各公共图书馆于 2002 年暑假期间首次推出，为期一个月的大型儿童阅读活动。图书馆通过多姿多彩的综合性阅读推广活动，如亲子阅读讲座、互动故事、综艺表演、手工作坊、亲子演绎比赛、专题展览等，鼓励儿童、青少年及家长畅游书海，让小朋友与家长一起度过一个充满欢乐阅读气氛的假期。[45]

香港文学节是香港公共图书馆为提高香港市民对文学艺术的认识、激发公众阅读兴趣而推出的又一项阅读推广项目。香港文学节于 1997 年首次举办，每年一次，各公共图书馆以文学节为契机，广邀学者、作家和文艺工作者与爱好文学的朋友交流切磋，举办了多样化的文学奖项评选和大型文学活动，以推动本地的文学创作，为公众提供多形式、多元化的文学活动，推动全民阅读的开展。

从 20 世纪 90 年代开始，香港公共图书馆联合香港教育城组织了"家庭读书会"和"青少年读书会"活动。家庭读书会主要是亲子阅读，面向幼儿园至小学三年级的儿童，并有一位孩子的家长陪同参加。青少年读书会的参加对象是小学四年级至高中三年级的青少年，活动方式为阅读、导读、讨论与分享。

香港各公共图书馆还会联合其他社会机构和团体共同举办阅读推广活动，如联办活动"阅读嘉年华"和"中学生好书龙虎榜"，与香港电台联办的"十本好书"阅读推广计划，都是香港地区非常有影响力的阅读推广活动项目。

2. 澳门地区的阅读推广工作

回归后的澳门特区政府为全面提升民众的文化素质、营造浓郁的阅读气氛，连续多年在施政报告中将推广阅读作为政府年度施政重点工作，并推动制订多项全民阅读活动规划。特区政府文化局、教育暨青年局、民政总署等政府部门，以及澳门中央图书馆、澳门图书馆暨资讯管理协会等社会组织，都会按照特区政府的计划和要求，举办"书香文化节""阅读文化节""图书馆周""终身学习推广日""终身学习周"等活动，引导市民参与阅读。澳门特区政府共投入 1300 多万澳门币，推出了"学校阅读优化计划"，用于改善中小学校图书馆的空间，购买图书、多媒体资源及设备，并为学校开展阅读计划提供人力、技术及相关支持。可以说，从制定活动计划，到活动具体组织实施，再到活动资金的筹措和投入使用，澳门特区政府各行政职能部门都起到了重要的作用。

在澳门地区的阅读推广活动中，包括公共图书馆、专门图书馆、学校图书馆在内的各类型图书馆都扮演着重要角色。澳门图书馆暨资讯管理协会每年举办的研讨会及座谈会都会将阅读推广作为重点内容主题，澳门中央图书馆及 7 个分馆常年举办"网上读书会""图书馆 e 学堂"等活动，每天下午两台流动图书车都会停放在人员密集的公共空间，以方便市民借阅图书。自 2002 年至今，澳门当地还每年举办"图书馆周"活动，各家图书馆均会围绕不同的阅读推广主题开展活动。

3. 台湾地区的阅读推广工作

台湾地区对于阅读推广工作极其重视，相关活动从 20 世纪 80 年代就已开始发展。公共图书馆通常是开展常态化的读书会、图书展览、专题图书推荐等阅读推广活动，政府部门，以及书店、出版社、基金会等社会机构也纷纷加入，经过多年的发展，逐步形成了以政府为主导、各级图书馆为核心、社会各界广泛参与的全民阅读推广模式。

台湾地区的公共图书馆体系十分发达，各地的阅读推广都是以公共图书馆为根据地。如台北市立图书馆就有多项品牌推广活动，如从 1987 年就开始举办"林老师说故事"，活动招募社会志愿者进行培训后，为孩子们讲故事；1999 年又推出了"儿童暑期主题阅读"活动，通过开展亲子阅读，让儿童和家长共享阅读的乐趣。台中市图书馆在 2005 年设计推出"借书得来速"服务，图书馆工作人员从馆藏中挑选出适合不同学龄儿童的图书，装袋打包，以方便没有时间或没有精力、能力为子女选书的家长批量借书。桃园县图书馆则从 2003 年开始，借鉴美国"一书一城"的活动理念，采取社会推荐、民众投票、专家评鉴的方式，每年选出一本"桃园之书"，推荐给全县的民众共同阅读，并围绕这本"桃园之书"举办征文、阅读分享、研讨交流等活动。在 2008 年世界读书日期间，来自台湾地区各县、市的政府及图书馆代表共同签署《阅读宣言》，提出"阅读是文化、社会、经济的基础，是开启通往知识殿堂的锁钥。"推动着全民阅读推广活动的开展。[44]

2003 年，时任台中县沙鹿镇深波图书馆馆长的陈锡冬率先在台湾地区引进英国的"阅读起跑线"计划，并将其列为深波图书馆的重要运营项目。

2005 年，台湾信谊基金会获得英国图书信托基金会的授权，以"阅读起步走"作为活动的中文名称。台湾地区的"阅读起步走"分为两个系统：一是信谊基金会，从 2006 年开始，信谊基金会就与台北及台中展开了合作，之后逐步推广到其他县市，活动对象是 6~18 个月的婴幼儿及其父母；二是台湾地区的教育事务主管部门，活动实施的范围是全台湾 25 个县、市，活动对象为 0~3 岁的婴幼儿及其父母。为建立儿童与公共图书馆的长期联系，"阅读起步走"将赠送免费阅读礼包的地点设在图书馆，借此吸引家长带孩子定期到图书馆借阅婴幼儿阅读资料。

为倡导儿童与青少年阅读，台湾地区教育部门自 1996 年起将课外阅读指导纳入国民小学的标准课程，并将每年的 4 月 2 日确定为儿童阅读日；2000 年，又面向幼儿园的幼儿及小学生制定为期三年的"儿童阅读运动实施计划"，同时推动在高级中学中成立班级读书会。2005 年，为解决部分国民小学文化资源不足的问题，台湾地区的教育事务主管部门联合博客来网络书店和东森企业集团，合作推出"焦点三百——小学儿童阅读推广计划"，通过开展图书募捐活动，实现为 300 所小学补充图书资源的目标。2009 年开始，该部门又推出"小学一年级新生阅读推广计划"：每个新入学的一年级学生均可获得免费阅读礼包一个，在每个班级的教室设置阅读角；制作亲子共读指导手册，为每一位一年级新生的家长举办 1~4 场亲子阅读讲座；鼓励学校、教师参与亲子阅读活动，并对活动开展情况适时进行考评，筛选总结出可复制的成功运作模式，在全台湾地区的小学中推广。

参考文献

[1] 吴晞，王媛.图书馆阅读推广基础理论 [M].北京：朝华出版社，2015.

[2] 黄晓新.国外阅读组织发展简介 [J].新阅读，2021(06): 42-46.

[3] 刘亮.联合国教科文组织的阅读推广活动与图书馆 [J].图书与情报，2011(05): 36-39.

[4] 张轶.2022 版与 1994 版国际图联—联合国教科文组织《公共图书馆宣言》比较初探——基于一份个人中译本 [J].图书馆杂志，2022, 41(11): 78-84+93.

[5] 孟令媛.国际儿童读物联盟中国分会网站开通——2006 年国际儿童读物联盟第 30 届大会 (北京) 筹办工作开始 [J].出版参考，2003(28): 9.

[6] 张喜华，周丰.丹麦文化市场活力研究：形态、实践生成与保障机制 [J].学习与探索，2022(04): 179-185.

[7] 张亚飞，赵俊玲，王婧.IBBY 国际儿童读物联盟阅读推广活动的考察和分析 [J].山东图书馆学刊，2013(04): 57-59+63.

[8] 黄晓新.国外阅读组织发展简介 [J].新阅读，2021(06): 42-46.

[9] 谭祥金.图书馆员的基本价值观——为人找书 为书找人 [J].图书馆论坛，2005(06): 43-45+125.

[10] 郭效.中外全民阅读推广比较研究 [J].内蒙古科技与经济，2022(18): 137-139.

[11] 张丽.英国图书信托基金会少年儿童阅读推广活动剖析 [J].图书馆理论与实践，2016(04): 13-17.

[12] 李晓慧，赵爱玲.推广阅读，启迪民智——美国阅读推广活动的主要方式及特点分析 [J].新世纪图书馆，2021(05): 86-90.

[13] 王小平.美国图书馆协会阅读推广项目及启示 [J].新世纪图书馆，2017(09): 62-66.

[14] 游祎.美国高校阅读推广活动发展情况探析 [J].图书馆理论与实践，2014(09): 89-92.

[15] 葛茜. 美国国民阅读推广活动及对我国的启示 [J]. 情报杂志, 2015, 34(06): 196-199+195.

[16] 周仕德. 美国的阅读教育：政策、趋向及启示 [J]. 外国中小学教育, 2015(01): 16-22.

[17] 李晓慧, 赵爱玲. 推广阅读, 启迪民智——美国阅读推广活动的主要方式及特点分析 [J]. 新世纪图书馆, 2021(05): 86-90.

[18] 万宇, 杨心语. 法国全民阅读推广活动对我国书香社会建设的启示 [J]. 出版参考, 2020(11): 21-25.

[19, 21, 23] 如何推动形成热爱读书良好氛围 [N]. 人民日报, 2022-06-07(018).

[20] 查璐. 基于《区域阅读协议》的法国国家分众阅读推广策略研究及启示 [J]. 新世纪图书馆, 2021(10): 82-87.

[22] 任一菲. 应对智能手机、社交媒体等对传统阅读文化的冲击——法国将阅读作为"国家伟大事业" [J]. 云南教育 (视界综合版), 2022(06): 44-45.

[24, 27] 郭菁. 国外全民阅读推广对我国的启示 [J]. 内蒙古科技与经济, 2015(09): 111-112.

[25] 曹磊. 二战前后日本公战图将馆阅读推广活动的演变 [J]. 公共图书馆, 2012 (03): 80-82.

[26] 付冬生. 日本儿童阅读推广研究及启示 [J]. 编辑学刊, 2019(04): 96-101.

[28] 龚秀琦. 新加坡公共图书馆全民阅读推广活动特点和策略分析 [J]. 内蒙古科技与经济, 2017(24): 104-106+109.

[29] 宫丽颖, 浅野迪. 韩的阅读推广法律政策 [J]. 出版参考, 2014(16): 16-17.

[30] 张麒麟. 俄罗斯的阅读立法及其阅读推广实践 [J]. 新世纪图书馆, 2014(04): 20-22+56.

[31] 石继华. 国外阅读推广的品牌化运作及启示 [J]. 图书情报工作, 2015, 59(02): 56-60.

[32] 王波等. 中外图书馆阅读推广活动研究 [M]. 北京 : 海洋出版社 , 2017.

[33] 王小平. 美国图书馆协会阅读推广项目及启示 [J]. 新世纪图书馆 , 2017(09): 62-66.

[34] 裴永刚. 媒介融合时代的阅读推广活动研究 [M]. 北京 : 中国广播影视出版社 , 2017.

[35] 程文艳 , 张军亮 , 郑洪兰 , 周红梅. 国外高校图书馆推广阅读文化的实例及启示 [J]. 图书馆建设 , 2012(05): 47-50+54.

[36] 陈永娴. 阅读 , 从娃娃抓起——英国 "阅读起跑线" (Bookstart) 计划 [J]. 图书馆 理论与实践 , 2008(01): 101-104.

[37] 周雅琦 , 敬卿 , 王群 , 牛宇. 阅读推广活动评估机制研究 [J]. 高校图书馆工作 , 2021, 41(01): 70-74.

[38] 王素芳. 国际图书馆界儿童阅读推广活动评估研究综述 [J]. 图书情报知识 , 2014(03): 53-66.

[39] 王波等. 中外图书馆阅读推广活动研究 [M]. 北京 : 海洋出版社 , 2017.

[40] 王琳 , 钟永文 , 杨雪晶. 基于英国 Bookstart 案例研究的婴幼儿阅读推广策略 [J]. 图书馆学研究 , 2013(04): 69-73.

[41] 陈嘉慧. 英国 "世界读书夜" 阅读推广活动研究 [J]. 图书馆研究 , 2017, 47(02): 89-92.

[42] 邹容. 从 "一书一芝加哥" 到 "一主题一芝加哥" ——芝加哥 "一书一城" 阅 读活动的考察分析 [J]. 上海高校图书情报工作研究 , 2018(02): 43-45.

[43] 林琦萍. 新时代全民阅读保障体系的优化策略 [J]. 兰台内外 , 2023(04): 70-72.

[44] 张华姿. 台湾地区儿童阅读推广活动介绍及启示 [J]. 四川图书馆学报 , 2012(06): 88-90.

[45] 廖元兴. 香港、台湾地区阅读推广活动研究及启示 [J]. 河北科技图苑 , 2016, 29(06): 79-82.

第三章

阅读推广活动的策划与组织

开展阅读推广活动，固然可以沿用和借鉴传统的活动模式，但想要打造独树一帜、独具地方特色的阅读推广品牌，则需要主办者结合自身的优势和推广对象的需求特点细心谋划。阅读推广活动需要有别具一格的创意来吸引社会公众的注意，需要有优秀的策划来给读者留下深刻的印象，需要有周密的组织和强有力的保障措施让活动得以有序地开展，需要有科学及时的评估与总结以改进和完善后续的活动，从而达到优化活动效果和提升活动效率的目标。

第一节

阅读推广活动的策划

美国管理学家、诺贝尔奖得主赫伯特·亚历山大·西蒙（Herbert Alexander Simon）曾说过："随着信息的发展，有价值的不是信息，而是注意力。"在当今社会信息极度泛滥的时代，注意力已然成为一种稀缺资源。如何最大限度地吸引社会公众的注意力，提高阅读推广活动的知名度和影响力，需要活动主办者独具匠心的策划。

一、阅读推广活动策划的原则

"策划"一词最早出现在南朝宋范晔所著《后汉书·光武帝纪下》中。其中提到，"是以功名终申，策画复得"，此处的"画"为通假字，通"划"。策指谋略、计谋；划指设计、谋划、筹划。策划是一种谋划、策略或打算，是个体、企业或组织机构为了达成某一目的，在充分调查研究的基础上，遵循一定的规则与方法，对未来将要发生的事情进行周密、系统的谋划并制订科学合理的可行性方案的过程。日本著名策划家和田创认为："策划是通过实践活动获取更佳效果的智慧，它是一种智慧创造行为。"[1]一份富于创意、操作性强、易于执行的策划方案，是阅读推广活动顺利开展的基础和保证，可以有效地提升活动的知名度和社会影响力。在策划阅读推广活动时，应遵循以下原则：

1.针对性原则。客户细分是市场营销学中经常用到的一个概念，指企业根据客户的价值、需求和偏好等属性特征，将客户分成多个类别，对不同的客户群体提供具有针对性的产品和服务。同属一个细分群体的客户之间存在彼此的相似点，而不同细分群体的客户之间则有着明显的差别，客户细分的目的在于将服务聚焦于某些特定类型的客户，以提高服务质量。

作为阅读推广活动对象的读者群体，其中每个个体的阅读能力、兴趣、爱好、需求也同样存在着明显的差异性，比如对于大学生这个阅读群体来说，本科、硕士、博士三者之间不仅年龄跨度大，学历、知识积累差距也很大，适合本科生开展的阅读活动，博士生可能会觉得是"小儿科"，提不起什么兴致。本科生还可进一步细分为新生、老生和毕业生，对于刚到校的新生，了解图书馆、提高信息素养是刚需，毕业生则更希望获得毕业论文写作、择业就业、考研准备等方面的指导。即便是同一年级的学生，人文社科与理工科的学生，阅读需求也是不一样的。因此，针对不同的群体，应组织不同形式与内容的阅读推广活动，每一项阅读推广活动的策划，都应针对特定的细分目标群体，具有明确的针对性。即便是很小规模的阅读推广项目也应该事先调研，确定好目标群体。如果活动的推广群体不明确，实施效果极有可能导致大打折扣，不符合预期。

国外的阅读推广活动项目在目标人群定位方面做得比较到位，比如英国"信箱俱乐部"活动的阅读推广对象定位为"寄养儿童"，主办方会定期给寄养儿童邮寄内含阅读读物、数学游戏以及一些其他学习材料的包裹，旨在提高寄养儿童的阅读能力、数学能力和自主学习能力；而英超俱乐部"阅读之星"项目主要面向小学高年级（5~6年级）和初中低年级（7~8年级）两个年级段中喜欢足球却不爱阅读的学生，试图通过此项活动将他们对足球的热爱传递、延伸到阅读中；源于英国风靡全球的"阅读起跑线"计划项目则是专门面向 0~3 岁的婴幼儿赠送阅读大礼包。新加坡图书馆管理局为提升7~12 岁年龄段男孩的图书借阅量，在 2009 年专门推出了一种纸牌游戏服务，获得了巨大成功；2011 年，新加坡图书馆管理局又面向 10~15 岁男孩推出了名为"征服"服务的互动类阅读推广项目，将历史故事融入棋类游戏环节，让男孩们在游戏的过程中培养阅读的热情。

2. 创意性原则。创意或称为创新意识或创造意识。美国广告大师詹姆斯·韦伯·扬（James Webb Young）认为，创意就是旧元素的新组合。[2]通俗而言，创意是基于原有的资源和基础，通过激活和挖掘旧有资源，进行重新组合，从而创造出资源新的价值的一种思维活动。旧有的元素让人有熟悉感，经过重组后产生新的表现形式，让人有新鲜感，激发人们的兴趣与关注。

阅读推广活动能否获得社会公众的共鸣，吸引更多的人参与其中，创意是关键因素。有创意的阅读推广活动能够给社会公众留下新颖、有趣的印象，吸引大众关注，激发长期参与的热情。因此，在进行阅读推广活动策划时，打破常规，寻求创意上的突破，策划出富有个性化、趣味性和新颖性的活动方案，会令人眼睛一亮，达到良好的效果。讲座是常见的一种阅读推广活动组织形式，北京大学在组织"科幻世界的过去与未来"讲座时，突破常规的"一言堂"模式，邀请四位年轻的科幻作家，采取两人主讲、两人点评的方式开展科幻小说讲座，注重对话性和交流性，营造出了更具吸引力的互动氛围。四川大学图书馆将娱乐资讯、社会热点融入阅读推广活动的策划创意之中，借助电视剧《芈月传》的热播，策划组织主题为"《芈月传》如何优雅而专业地八卦"的信息资源检索推广活动，用轻松娱乐的口吻、逻辑严密的程序，介绍如何使用明远搜索、读秀，以及馆藏文献、古籍、电子图书等资源，受到了大学生们的欢迎。中央电视台于 2017 年推出的《朗读者》（第一季）节目设计了 12 组言简意赅、内涵丰富、各具特色的主题词，从第 1 期的"遇见"到第 12 期的"青春"，节目组邀请了来自社会各个阶层、领域的朗读者，采取嘉宾个人成长经历访谈、情感体验介绍与传世佳作朗读赏析相结合的方式，尽可能地使观众与作者、作品、朗读者形成共鸣。为让观众更直接地感受文学的美感，让朗读回归生活，拉近节目线下与线上的距离，节目组还推出了"朗读亭"这一线下产品。作为一种新奇别致的文化创意产品，"朗读亭"作为一个流动的录音棚，每到一处便会吸引大批社会公众的围观和参与体验，在全国各地掀起一波又一波的朗读热潮。这不仅带动了"朗读亭"在各地的落地生根，也让朗读、阅读走进了更多人的生活。总的来说，正是因为从主题选定、嘉宾挑选、朗读内容到"朗读亭"的设置等各个环节均体现出了节目组区别于一般的阅读推广活动的创意策划，《朗读者》才取得了巨大的成功。[3]

创意是策划的灵魂，应将创意贯穿于阅读推广活动的策划全过程中，活动的主题、嘉宾、时间、场地、宣传、组织、实施等每一个环节，都可以融入创意。

3. 品牌化原则。"品牌"一词源自经济学的一个术语，按现代营销学之父菲利普·科特勒（Philip Kotler）《市场营销学》一书中的定义，品牌是销售者向消费者长期提供的一组特定的特点、利益和服务。[4] 品牌可以让消费者准确地识别和区分企业的商品或服务，在一定程度上代表着一个企业产品的质量、价值、信誉、形象和服务水平，承载的更多是消费者对品牌所属企业的产品和服务的认可，是品牌拥有者和消费者消费行为间相互磨合而衍生出来的产物。随着品牌的概念和价值逐渐为社会公众所认可，除企业之外，其他社会机构也纷纷在各自领域里创建自己独具特色的品牌，通过实施品牌化战略来实现自身的目标。

近年来，各个阅读推广主体每年都会推出形式多样的阅读推广活动，读书征文、书目推荐、朗诵比赛、讲座、展览等，林林总总，琳琅满目，开展得红红火火，看起来十分热闹。但随着活动的结束，它所产生的热点和效果往往渐行渐远，能给读者留下深刻印象的项目并不多。阅读推广是一项长期性的工作，在活动策划时应建立品牌意识，通过打造有特色、有知名度的阅读推广品牌，提高活动项目的辨识度，建立起读者对阅读推广品牌的认同度和归属感，发挥活动的持久影响力。国外的阅读推广机构具有非常强烈的阅读品牌创建意识，从阅读活动策划之初，就将创建活动品牌纳入到整体的发展计划之中，在品牌化道路上积累了丰富的经验。通过长期坚持不懈的努力与完善，广泛的社会宣传，取得了明显的成效，产生了许多人们耳熟能详甚至推广全球的阅读推广项目。如美国的"读遍美国"项目选取"戴帽子的猫"这一卡通形象作为活动 LOGO 标识与象征，当人们提及"读遍美国"活动时，便会在脑海中出现孩子们戴着印有"戴帽子的猫"的红帽子围在一起听故事的场景。英国的"夏季阅读挑战"、新加坡的"读吧！新加坡"，大家仅从名称便能感知活动的内容和精神内涵。这些活动项目的品牌化设计，使得活动得以深入人心，让人留下深刻的记忆。

品牌建设是一个长期性的过程，在市场竞争日益激烈的今天，面对内部条件及外部环境的变化，做好品牌维系和保护，以保持品牌的生命力和市场地位，是品牌建设的应有之义，阅读推广活动品牌亦是如此。国外的阅读推广活动紧跟读者阅读需求变化和社会阅读趋势，不断推陈出新，在品牌维系上做出了有效的探索。"读吧！新加坡"的活动主题从"总结来时路，盼望新天地"（Coming of Age）、"情相系，心相连"（Ties That Bind）到"七彩长虹筑心桥"（Bridges）、"同一片蓝天下"（Under One Sky），每年的活动主题依据出租车司机、公务员、医药界人士及儿童等年度活动主要对象的变化而不同，让活动参与者常见常新。"夏季阅读挑战"每年的主题也都有所区别，"一起阅读"（Team Read）、"阅读迷宫"（The Reading Maze）、"故事实验室"（Story Lab）、"杂技明星"（Circus Stars），同一项目下不同特色阅读主题的变换，增加了活动的新鲜感，提升了儿童参与阅读的兴趣和积极性。适时更换品牌形象代言人也是国外阅读活动品牌维系的另一个常用手段，"读吧！新加坡"先后邀请包括新加坡政府总理李显龙，以及议员、部长，知名歌手孙燕姿，广播电视节目主持人在内的社会公众人物担任年度的阅读形象大使，让阅读推广对象可以在参与活动过程中找到自己熟悉和喜爱的身影，从而不断吸引新人的目光和加入，有效防范品牌形象的老化。[5]上海图书馆的"上图讲座"将演唱、朗诵、演奏等融入讲座中，设立"院士讲坛""国际科学讲坛""青年讲坛"，开展"名家解读名著""都市文化""信息化知识""知识与健康"等不同主题类型的讲座，也为国内阅读推广的品牌化建设与后续维系提供了启发与借鉴。

二、阅读推广活动策划的流程管理

阅读推广活动的策划需要进行周密、全面、合理的考量，这是一项系统工程，其步骤流程大致如图 3.1 所示：

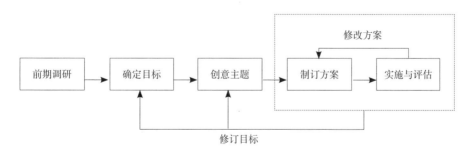

图 3.1　阅读推广活动策划流程

1. 知己知彼，做好前期调研。活动策划首先需要做好前期调研。调研做好了，才能明白要做什么样的活动，所谓"知己知彼，百战不殆"。通过前期调研可以帮助我们明确以下几个问题：一是活动的目标群体，此次活动是面向所有的社会公众，还是如婴幼儿、青少年、老年人、视障群体这类细分的读者群体；二是明确活动的目的，是为了在社会营造阅读的良好风尚，还是为了推荐阅读某类图书，抑或是为了提升图书馆的知名度、提高读者利用文献的技能；三是明确活动将要达成的目标，这个目标应该是具体的，比如有多少人参加了活动、借阅量有多大的提升等。进行充分的前期调研，其实是为活动指明方向，帮助活动找到准确的切入点，从而尽可能地避免策划与执行的脱钩，达到事半功倍的效果。

阅读推广活动的前期调研分两个方面：一是"知己"，策划人员要全面梳理活动主办单位自身的资源和服务，对能够投入活动的人力、财力、物力要有充分的了解，做到心中有数；二是"知彼"，策划人员要对推广活动目标对象的阅读兴趣、阅读能力、阅读偏好有准确的把握，活动才能做到有的放矢，与读者形成共鸣。

对于阅读推广活动而言，调研的方法主要有下述几种：

一是文献法。策划人员通过查阅相关专著、论文、研究报告获取关于某一个读者群体特点的知识和信息，如通过阅读儿童发展心理学方面的文献，了解儿童的阅读心理与生理特征；阅读有关老年心理学的著作，对老年读者的阅读特征有个总体掌握。

二是数据分析法。策划人员通过对往届活动的开展情况或其他地区、单位类似活动的资源整理分析，学习经验、避免不足，用以启发和拓展自己的思路。对于图书馆而言，其业务管理系统中详细记录了读者利用图书馆文献及资源情况的流通数据，是调查分析的非常重要的数据来源。通过对读者流通数据的分析，可以对各类型读者的阅读爱好与倾向形成比较深入的了解，例如男性读者喜欢读什么书、女性读者喜欢读什么书、老年读者主要读哪些书等。还可以通过分析，掌握哪些到馆读者具有相同或相似的阅读兴趣和阅读习惯，从而设计相应的活动。

　　三是调查法。可以采用抽样的方式来调查了解读者的特点和需求，问卷调查和现场访谈都是可以采取的方法。调查法要注意抽样的科学性，保证调查对象的代表性，以免产生以偏概全的调查结果。如果图书馆开展的是面向普通公众的阅读推广活动调查，调查对象不能仅限于到馆的读者，还要包括没有利用过图书馆的人群。当然，如果活动的对象只是针对图书馆的现有读者，只调查入馆读者就可以了。

　　随着全民阅读推广活动的广泛开展，面向不同的读者群体采取差异化的阅读推广策略，设置各不相同的活动主题、内容、方式，是提升阅读推广效率的一种有效方式。不同的阅读个体因个人成长环境、生活阅历、受教育程度、阅读动机、价值观等因素的影响，会产生不同的阅读需求，没有一种阅读推广活动类型可以同时满足所有读者的阅读需求。只有采取"各个击破"的方式，面向不同的阅读群体策划有针对性、个性化的推广活动，做到活动的精准化投放，才会使活动更容易达成既定的目标，实现有限资源的最大化利用。

　　2. 分析数据，明确活动定位。阅读推广活动的目标定位，是指活动主办方所期望达成的活动目标，是活动目标群体在参与活动后对活动的总体评价和留下的印象。明确清晰的目标定位，是整个阅读推广活动策划创意能否取得实际效果的必要前提，也是对活动方案实施过程监管和开展活动效果评估的重要标杆。

　　在确定活动所要面向的读者群体，并进行详细的读者需求调研及活动的社会环境调查后，对所取得的数据进行分析和综合研判，在明确读者对阅读推广活动心理预期的前提下，最终确定活动的目标定位。2018 年，复旦大学图书馆尝试通过推广文史哲、心理等书籍阅读的方式，引导学生的人格内修和外塑。在策划阅读推广活动之前，主办方首先以问卷调查和深度访谈的形式，对读者的阅读状况进行深入、细致、充分的调研。在对回收的 500 多份问卷调查数据和深度访谈结果进行分析后，形成了以下分析结果：

（1）参与调查的理工科专业的学生中，超过70%的人平时只阅读与个人专业有关的书籍，较少阅读甚至从不阅读人文社科类书籍，同时对哲学类、心理类等人文类书籍存在阅读障碍，有部分学生缺乏选择阅读人文社科类书籍的能力。

（2）参与调查的文科专业的学生中，80%以上的人平时除了借阅本专业书籍以外，较少阅读其他文科类书籍尤其是哲学、心理学门类书籍，或在阅读哲学类、心理学类书籍时存在阅读障碍。

（3）参与调查的全体学生中，超过30%的学生平时除了阅读专业书籍外，完全不阅读其他书籍。

（4）参与调查的全体学生中，80%以上的人对心理类书籍有兴趣。

活动策划人员由此得出结论：大学生群体中普遍存在非专业性书籍阅读不足、期待阅读引导等情况。因此，他们将阅读推广活动的目标定位为：提升学生对非专业书籍阅读的效率，通过推广阅读学术通识类及文史哲、心理学等方面书籍，来辅助在校学生的人格与人文素质教育。具体对策包括帮助阅读非专业书籍存在困难的学生克服阅读障碍，提高缺乏阅读非专业书籍能力的学生阅读能力，引导缺乏非专业书籍阅读意愿的学生阅读非专业书籍，最终策划推出"旦旦成长""旦旦研读""旦旦思政""旦旦思享""经典诵读""百天阅读""悦读人生"等"旦旦阅读"系列阅读推广活动，从不同层次和方面来实现学生人文素养和人格教育的目标。[6]

从大的方面来说，阅读推广活动的目的，一是推介阅读材料，二是提高阅读能力，三是提升阅读兴趣。对一个具体的阅读推广活动而言，其活动目标最好是可量化的，应该是明确且可评估的，而不是抽象地描述为泛泛的"提升阅读兴趣"或"提高升阅读能力"等说辞，因为这样的目标是难以测量和评估活动效果的。如英国旨在培养成年人读写能力的"六本书挑战赛"

活动，凡年满 16 周岁的成年人自主选择六本书籍，在规定的时间内完成阅读并撰写阅读心得，均可参加年度评奖并获得相应证书。这一目标的设定比"提升读写能力"这种口号式的空泛目标，更具有实际可操作性。

3. 紧扣目标，提升主题创意。策划活动项目和创作一篇文章一样，需要鲜明、独特的主题和统一的中心思想。主题对于整个活动的重要性就像"文眼"之于一篇文章，是一个策划的灵魂，最能体现出策划者的意图，它像一根红线贯穿于整个活动项目策划过程之中，统率着整个项目的创意、构想、形象、方案形成等诸多要素，可以将其进行有机组合，共同完成一项活动的完整策划过程。

活动主题采用目标群体最关注、最敏感或者最熟悉的事件或元素，可以提高受众群体的关注度，加深他们对活动的认知，从而形成潜在的影响。宁波市图书馆的"大山雀自然学堂"主题沙龙，项目名称中的"大山雀"既是宁波地区常见的鸟类名称，同时也是主讲嘉宾张海华的网名，沙龙的活动名称既能抓住小朋友好奇的心理，又使人产生亲切感，立意新颖，角度独特。活动第四期主题为"鸟类世界的爱恨情仇"，主题的用语采用拟人化的手法，生动简洁地描绘鸟类世界的动物们追逐杀戮、相亲互助的场景，让看到活动宣传海报或文宣资料的读者激起参与活动的欲望。[7] 同样，西安市图书馆面向青少年读者成立"小荷读书会"，读书会名称出自宋代诗人杨万里的《小池》中的诗句"小荷才露尖尖角"，以初出水端还没有舒展、充满朝气挺拔向上的小荷形容少儿和青少年读者，别有一番新意。读书会开展的阅读推广活动，如"萌眼观影""小手搭世界——智慧积木拼拼拼"等，活动主题同样别致新颖，体现了活动独特的形式与内涵。

提炼出一个好的活动主题，需要有创新性的思维。除了活动策划者的苦心孤诣、深谋远虑之外，群策群力、集思广益、巧借外力也会取得意料之外的惊喜和成功。比较常用的方法有两种：

一是头脑风暴法。头脑风暴法（Brain Storming）由美国创造学之父亚历克斯·奥斯本（Alex F.Osborn）最先提出，是一种最负盛名的促进创造力的技法。它通过创设融洽和不受任何限制的气氛，让参加者积极思考，畅所欲言，充分发表看法，打破常规，从而找到新的甚至是异想天开的解决问题的方法。头脑风暴法的激发机理在于：在竞争意识和自我表现的欲望激发下，大家开动思维机器，不断相互感染影响，突破固有的观念束缚，力求见解独到，观念新奇，每当有人提出一个新观点时，都会引发他人的联想，产生连锁反应，相互催化派生出一连串新想法新观点，形成一堆新观念新思路，为解决问题提供更多创造性的方案。

二是借脑法。借脑就是借用他人的智慧和经验来帮助自己。一个人的精力和才能都是有限的，善借他人之力，是发展的有力武器。号称犹太人"智慧之书"的《塔木德》中有这样一句话："没有能力买鞋的时候，可以借用别人的鞋，这样比赤脚走得快。"[8]社会上有众多的能人异士，在阅读活动策划中借用他们的智力，是一个不错的选择。武汉大学图书馆计划推出一款音乐类推广活动，考虑到要为活动起一个既朗朗上口、又要同学们喜爱的名称，组织者便在微博上推出"请你来命名"活动，它吸引了校内外同学的踊跃参加，征集到包括"音乐随心听""惬听风吟""音乐百老汇""天空之域"等几十个名称，组织者最终选取"音乐随心听"作为活动名称，现已成为学校的一个品牌项目。

4.围绕主题，形成活动方案。拟定好推广活动主题之后，接下来的步骤就是编制详细的活动方案。活动方案涵盖阅读推广活动过程中的所有节点和要素，是围绕活动主题编写的书面计划。制订出一份可执行的、详尽的活动方案，是阅读推广活动顺利开展的根本保证，因此需要对方案中的每个环节进行仔细地分析研判，反复打磨，以确保活动顺利圆满地进行。一份完整的活动方案，一般包括以下几个部分：

（1）活动方案名称。方案的名称应尽量具体，简明扼要，一目了然。如"××活动方案"，"××"为活动的内容或活动的主题。如有必要，也可考虑采用主、副标题的形式。

（2）前言（概述）。一般单独成段，重点阐述活动的背景，包括基本情况介绍，社会环境特征，活动组织的机构，开展活动的动机、原因及社会影响。活动背景应紧扣时代背景与社会背景，体现活动主题的鲜明时代特征。

（3）活动的意义与目的。活动意义与目的即活动将产生怎样的预期效果或影响，达到一个什么样的目标，包括社会效益、经济效益、媒体宣传效应等。陈述活动目的与意义要具体化，简洁明了，将要点表述清楚，满足可行性、重要性、时效性等要求。

（4）活动时间与地点。确定活动的时间与地点时要思虑周全，综合考虑各方面的情况。比如面向少年儿童或父母的阅读推广活动，活动时间最好选在周末、晚上或者节假日，以保证不耽误他们正常的学习和工作。活动地点的选择要充分考虑场地因素、交通条件、天气状况等各种客观情况。非一次性举办的系列活动，必须列出总的时间安排表。

（5）活动范围。活动范围是指活动所针对的区域和对象。活动是面向全体社会公众，还是儿童、青少年、老年人、残障人士等细分群体；是全区域性的活动，还是仅限于某些特定的机关、团体。

（6）活动形式。活动方案中应确定好所开展活动的具体形式，比如讲座、展览、征文、知识竞赛、影视欣赏等。

（7）活动资源。活动资源可以分为已有资源和需要帮助协调解决的资源两部分，包括活动场地（面积、座位数、设施设备配备等）、人员、物资等，方案中都要详细列出。

（8）活动开展。这是活动方案的正文部分，内容应力求详尽，不要有遗漏。表述要力求简明，使人容易理解，除文字表述外，可适当使用图表等直观性强的可视化工具。活动按流程大致可分为三个阶段，每个阶段都有各自不同的任务：一是活动准备阶段，包括发布消息（张贴海报、媒体宣传）、活动报名、赞助经费等；二是活动举办阶段，包括人员配置、场地安排、技术支持、场地布置、秩序维护等；三是活动后续阶段，包括活动总结评估、后期宣传报道等。活动方案中要明确各项工作任务的分管责任人，所有的工作任务要细分至每位工作人员身上。

（9）经费预算。经费预算要符合实际，要本着勤俭节约办活动的原则，根据活动开展的实际情况，能省则省，合理计算所需的各项经费开支，形成活动经费预算清单，避免浪费。

（10）活动中应注意的问题。应提前预判活动过程中可能出现的内外环境变化及不确定性因素，拟定所采取的应急措施，在方案中加以说明。对于大型活动和户外活动，应把人身安全放在首要位置，充分考虑安全隐患，要成立安全小组，指定安全负责人。

三、阅读推广活动策划的关键因素

阅读推广活动的策划是为了实现特定的阅读推广目标，在立足和利用好现有资源的基础上，通过整合可用资源，创造性地制定可行的活动方案，以达成预期目标的一个系统工程，是一种创造性的智力活动。塑造一个独具个性化的阅读推广活动品牌，需要在推进活动方案的实际策划过程中，重视推动以下几个关键因素的落实。

1.做好阅读推广活动的总体设计和战略管理。整个社会阅读文化的培育、阅读习惯的养成、阅读资源的了解与利用，是一个长期的潜移默化的过程，并不是仅靠举办几次突击式的活动就可以实现的。随着阅读推广活动的广泛开展，存在的问题也随之暴露出来，如活动模式单一、同质化倾向突出、活动可持续性不足、缺乏制度性保障、尚未形成常态化的工作机制等。因此，需要对阅读推广活动进行总体设计和战略管理。

美国战略管理学教授弗雷德·R.戴维（Fred R. David）认为，战略管理是根据组织机构所处的内外环境和承担职能使命，对关系全局性和长远性的发展目标制定、落实、实施及评价、修正的动态过程。[9]总体设计包括确定阅读推广活动的种类、风格特色、实现方式、实现路径等，它能帮助我们明确服务的总体策略与边界。阅读推广是由不同时间、不同地点举办的一系列不同形式的活动构成的长期服务，这些活动在同一个框架下运行，总体目标是一致的。因此活动策划者应通过对前期积累的阅读推广活动信息有效的组合、加工和取舍，形成初步的总体设计，并通过后期战略管理反复完善，并加以进一步明晰。

阅读推广活动的总体设计和战略管理从全局统筹阅读推广活动的内容，及人力、财力、物力、技术、时间与空间等资源因素的分配，通过设置科学合理的远期发展目标，可以使阅读推广工作有创意、体系化、接地气。通过长期性地开展活动，则可以让阅读推广活动沿着正确方向运行，逐步打造成阅读推广的服务品牌，推动全民阅读。

2. 成立专业化的活动策划团队。策划是一门集科学性与创造性于一体的艺术。一项成功的项目策划，需要运用多个学科的综合知识，依赖于策划者个人特别是团队的智慧和创意。阅读推广活动发展至今，活动形式日益复杂多元，活动内容日趋丰富多样，阅读推广活动的经常化、品牌化、规模化、多样化，对活动的策划提出了更新、更高的要求。因而组织搭建一个创意性十足、执行力强的专业化策划团队，是阅读推广活动的主题设计富有创意、组织实施井然有序、预定目标顺利完成的保证。

在实际工作中，阅读推广策划团队承担着活动项目的统筹和管理的职能，包括读者需求调研、数据分析、活动创意策划、制订活动方案、活动组织指导等。因此需要策划人员具备较强的综合素质：一是大局意识。做策划不是简单的筹备活动，需要考虑的因素很多，大局意识能够更清晰地知道活动的目的到底是什么，更好地分析多方面的因素，把控全局。二是创新意识。阅读推广活动到处都有，要想独树一帜，在平凡中脱颖而出，策划出吸引眼球的方案，需要有创造性的思维。创新无处不在，创新有大有小，重大的发现、发明、创造是创新，改进工作方法、拓展工作路径也是创新。新颖是创新的必备要素，但并不是说每次创新都是一种开天辟地式的革命，摆脱固有的思维框架或思维定式，把一个领域的经验和做法成功地移植到另一个原本不相关的领域，也是创新的一种形式。三是学习意识。社会在发展，时代在进步，读者的阅读兴趣和阅读需求也在不断变化，策划人员需要保持学习意识，要不断地学习进步，与时俱进，才能策划出符合时代需要的好的活动方案。

3. 将创新意识贯穿于策划的全过程。以创意推动阅读推广活动的普及，提高读者阅读兴趣，培养读者的阅读习惯，是阅读推广工作者的共识，但作为一项长期化的工作，活动的创新并非仅仅是活动形式的创新。阅读推广活动形式一味求"新"，既容易背离活动的初衷，也不现实。

与阅读推广活动相关的要素很多，创意应该贯穿于阅读推广的全过程，体现在阅读推广的各个要素。这主要包括以下几个方面：

（1）与推广内容有关的要素，包括图书及其他形式的阅读材料。如何选择既符合推广活动的目标，又能够有效吸引读者的阅读文本，是活动创新的重要元素。

（2）人的要素，包括工作人员，活动邀请的嘉宾、专家等。嘉宾、专家的影响力是影响活动创新不可或缺的元素。

（3）环境要素，包括活动场地的选择、现场环境的布置、交流氛围的营造等。寻找便于交流的线下活动场所，现场环境的适当布置与气氛营造，以促进活动现场台上、台下的充分的互动和思想碰撞，也是创意的重要元素。

（4）宣传要素，包括宣传文稿、宣传标语、宣传方式与途径等。新颖别致朗朗上口的宣传标语、宣传文稿中心思想的切入点、有别于传统的宣传手段都是可以寻求的创新点。

（5）活动过程相关要素，包括活动形式、现场管理、读者沟通等。活动形式的创新是大家所熟悉的创新元素，活动现场的管理方式、与读者的沟通方法的创新，也是提升读者活动体验的不可忽视的元素。阅读推广策划创意，就是通过从上述各种元素中寻找创新点，或者将某些要素进行重新排列组合，来展现不同于平常或他人的创新状态，构成一种对读者而言新颖的活动体验。例如，展览一般是以图板静态展示的方式呈现，而国家图书馆的"册府千华"展览却是现场组织观众体验古籍修复、雕版印刷、碑石传拓等多项传统技艺，首都图书馆的"原创十年·绘本原画展"则是将展墙设计成图书的样式，用大量实物来烘托展览的场景氛围，并采用整体喷绘、立体式粘贴等手法还原绘本里的经典元素，让观众在接近原书的环境中欣赏画作。这些做法其实都体现着创新的元素。

阅读推广活动方案的策划是一个全程都需要融入创意的过程，活动的主题、资源的整合、时间、地点、宣传、组织、实施、流程的管理等每一个环节，都有可以创新的元素。创意是策划的灵魂，是策划过程中不可或缺的一部分，是阅读推广活动取得成效的关键。

第二节

──────

阅读推广活动的组织实施

　　一项阅读推广活动从发起、策划到组织实施，通常会涉及众多的部门和人员，如果是大型活动的话，还会有主办单位、承办单位、协办单位等多个单位的配合，工作庞杂、具体而细致。因此在活动实施的过程中，需要整合多单位、多部门的力量和资源，以获得活动所需的时间、场地、人力、智力、财力、物力的支持，确保活动平稳有序地顺利开展，并取得预期成效。

一、阅读推广活动的宣传

　　宣传是指通过张贴海报、散发传单、发布公告、召开新闻发布会等形式，以及利用广播、电视、报纸、网络和电子邮件等途径来向公众散发消息、传播商品和其他信息。[10]宣传具有鼓舞、激励、引导、劝服等多种功能，宣传者通过向传播对象（即受众）传递信息，以影响其思想和行动，引导其向自己所期望的方向发展。宣传最大的特点就是具有劝服性，即宣传者通过多种内容和手段来阐明某种观点，使人相信并跟着行动，如商家通过广告宣传让潜在消费者了解自己的产品，进而购买和使用自己的产品。美国心理学家洛钦斯（A.S.Lochins）研究发现，陌生人在交往时产生的第一印象，会对双方今后的交往意愿和进程产生影响，这即是首因效应。第一印象虽然并非总是正确的，但却是最深刻鲜明的。因此，有效的活动宣传可以给受众留下美好的"第一感"。现代传播技术的发展使得宣传的覆盖达到了前所未有的广泛性，需要引起我们的重视与关注。

1.阅读推广活动宣传的阶段性特征。阅读推广活动引起社会公众的关注，吸引公众的主动参与，进而形成联动效应，其中宣传工作是非常重要的，甚至可以说不可或缺的。有效的活动宣传不但有助于提高活动的影响力和知晓度，形成阅读的舆论与氛围，还有助于读者更深入地了解阅读推广活动的详细信息，吸引目标人群参与到活动中来。为达到宣传效果，阅读推广活动的宣传大致可以分为活动前期的预热、活动过程的报道和活动成果的展示三个阶段。

活动前期的预热宣传是指在活动正式启动之前，将活动的主题、时间、参与方式等相关信息精准、迅速、广泛地传递给目标人群。如果有阅读推广的宣传品，也应在前期的宣传中同时投放，以吸引社会媒体和目标群体的关注。宣传品一般包括海报、条幅、宣传单、文创产品等。在宣传品类型的选择上，要考虑目标人群的特点及经费情况，如未成年人可选择卡通贴纸、老年人可选择比较实用的购物袋，大学生则可以考虑时尚感较强的书签、手机壳、钥匙扣。国外的阅读推广活动宣传品非常丰富，英国"夏季阅读挑战"准备了彩色邀请函、家庭传单、丝带挂绳、钥匙扣、手环、书签、冰箱贴、明信片、工具包、纯棉 T 恤、棒球帽等 20 余种宣传品。活动正式启动后，活动过程报道也会随之启动，可以通过新闻速递、活动现场报道等方式，按照活动计划具体安排滚动推进。现场活动结束后，还需要有活动的整体报道，包括活动参加的人数、活动效果、社会影响及成功经验等，以发布新闻通稿的形式向社会做一个集中的展示和盘点，同时将活动视频资料、活动照片、优秀作品在活动网站、微信公众号集中或分期展示，以延续活动的热度。

在宣传方式的运用上，每个阶段也不尽相同。一般而言，悬挂宣传条幅、张贴宣传海报等传统的阵地宣传方式花费不多，操作简单，但较为被动；电视、广播、报纸等大众媒体受众广泛，宣传力度和效果好，但利用难度较高；如果是广告性质的宣传，则费用太高。由此观之，"互联网＋新媒体"在一定程度上可以兼顾各种宣传方式的长处，是个不错的选择。

在制订活动宣传计划时，除了要将宣传内容、宣传方式提前确定好以外，还需要结合活动进展实际，对宣传发布地点、发布频次做出系统规划。无论是处于什么阶段，宣传工作都应该围绕活动主题发掘特色和亮点，以吸引读者和社会媒体的眼球，提升宣传的吸睛效果，达成宣传的目的。此外，在社交媒体、自媒体兴盛的当下，任何突发负面事件一经互联网媒体传播，就可能在极短时间内迅速发酵，成为热搜焦点，引发社会关注，因此要有应急预案，以便妥善处理阅读推广活动中的危机事件。

2.阅读推广活动宣传的策略分析。1948年，美国著名传播学家罗德·拉斯韦尔在《传播在社会中的结构与功能》一书中，首次提出了构成传播过程的"五W模式"，后人又称之为"拉斯维尔程式"。拉斯韦尔认为，一个完整的传播过程包含五个基本要素，即：谁、说了什么、通过什么渠道、对谁说、取得什么效果，这五个要素按一定的次序排列，密不可分、环环相扣，共同构成信息传播活动的全部内容。[11]如果传播者传播的内容是受众喜闻乐见的，传播的渠道也是受众容易接触到的，所传播的信息就会很容易为受众接触、接收、接受，进而使受众的认知、感情、行为发生变化。这样的话，传播的效果就会显现出来，传播的目的便达到了。在传播过程中，受众并不只是被动地接受信息，可以对传播的内容、渠道媒介进行反馈，从而使得传播者在后续的传播过程中加以调整。5W各要素之间的关系如图3.2所示。

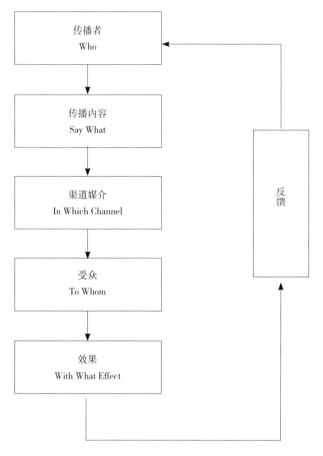

图 3.2　5W 各要素之间的关系图

　　宣传是扩大阅读推广活动影响力和知晓度的重要手段，随着网络和通信技术的不断进步，新媒体和自媒体的快速发展，加快了信息的传播速度，拓宽了信息传播渠道。作为阅读推广活动的主办者，要基于信息传播的 5W 模式构建阅读推广活动宣传策略，以改进和提升阅读推广活动的宣传成效。具体的宣传策略如下：

　　一是建设专业化的宣传队伍。高质量的宣传工作，离不开一支高素质、高水平的宣传队伍。有的宣传文稿脍炙人口，有的宣传文稿却让人难以卒读，一篇好的活动文案，应该是逻辑清晰、主题鲜明、简洁凝练，这都与作者深厚的知识储备、独特的思维视角、深入的观察分析分不开。阅读推广活动文案写得精彩，可以让读者在最短时间内获得更多的内容，吸引读者引起共鸣，对活动的开展起到推动作用。打造专业化的宣传团队，不仅要有图书馆学专业知识，还需要有新闻学、网络、新媒体、教育学、心理学等专业知识的储备，提升团队的新闻素养和媒体运营能力，增强团队凝聚力，最大限度发挥团队能力。

二是提炼高质量的宣传内容。宣传内容主要通过图片、文字、音频、视频等元素予以表达，从视觉和听觉两个途径对听众产生影响。宣传内容的表达手法可以创新，活动信息的传播渠道可以拓展，在阅读碎片化、信息海量化的当下，"内容"依然是核心竞争力，只有内容才能俘获受众的"心"。一篇好的阅读推广活动宣传文案，要对宣传的目标受众有清晰的定位，对所要宣传的内容有深入的理解，找出阅读推广活动的特色和亮点，提炼出高品质的宣传内容，针对不同的活动进行差异化的宣传推广，对活动进行全方位、立体化的报道。宣传在一定环境下需要某种程度的喧嚣，即宣传对象在一定程度上需要不断重复出现，以营造一定的气氛，加深受众的印象，便于受众了解及进一步理解与接受。[12] 通过多角度地反复宣传，可以改变听众对阅读及阅读推广活动的态度，提升听众参与活动的欲望，影响听众的阅读行为。

三是拓展多样化的宣传渠道。传播学理论将传播渠道划分为五种类型：

（1）人际传播。这主要指的是个体对个体的传播活动，如面对面的交谈、电话联系、书信往来等。

（2）群体传播。这主要指的是群体成员之间的传播活动，如演讲、座谈会、茶话会、观看演出等。

（3）组织传播。这主要指的是以组织机构为单位的传播活动，如单位内部发行的报纸、内部刊物，在单位外部举办的展览、庆典、公益活动等。

（4）大众传播。这主要指的是运用大众传播媒介开展的传播活动，如广播、电视、报纸杂志等。这是一种范围和规模最大、社会影响力也最为深远的传播活动。

（5）网络传播。这主要指的是利用互联网进行的传播活动，如网站、微博、微信、抖音、各类APP和小程序等，具有速度快、费用低、范围广、互动性强的特点，是当前发展最为迅猛的一种传播方式。

阅读推广活动的宣传要针对宣传的目标受众和宣传内容，整合传播渠道，发挥传统媒体与新媒体的联动作用，如线下海报、条幅、电子屏、线上微信、微博、抖音、直播平台等，各种传播渠道在节奏上协同，在内容上互为补充，统一发声，合力形成传播声势，以达到更好的效果。如上海图书馆在宣传"上图旅行社"活动时，在微博上发布活动公告，通过微信公众号提供活动资源，利用抖音平台展示征集作品，是媒体协同的代表案例。[13]

四是树立读者意识的宣传理念。毛泽东同志曾经说过："射箭要看靶子，弹琴要看听众，写文章做演说倒可以不看读者不看听众吗？"[14]这句话看似浅显，却蕴含着深刻的寓意。它告诉我们，宣传工作不能自说自话，要树立以受众为中心的宣传理念。每一个读者都有不同的兴趣和爱好，不同的价值观，不同的关注点，这也导致一项阅读推广活动不可能满足所有人的需要。因此在构思宣传方案时，不仅要考虑要向听众传递什么样的信息，而且要考虑目标听众想要听到什么样的信息，在决定"写什么"和"如何写"之前，首先要确定"为谁而写"，这是做好宣传工作的出发点和最终归宿。在宣传工作中，读者意识不可或缺，换言之，就是要对接读者的阅读兴趣，内心有读者，时刻顾及读者，找寻读者的阅读习惯，不断调整宣传视角。

五是重视目标听众的宣传反馈。反馈是控制论中的一个基本概念，是指将系统的输出返回到输入端，并以某种方式改变输入，进而影响系统功能的过程。[15] 在宣传工作中，反馈是指听众返回给传播者的意见和建议等信息。受众反馈的信息直接或间接地反映了受众对宣传所传达信息的态度和评价，以及受众自身的需求和接受动机。传播者发出的信息经由选择的传播渠道传达至受众后，收集受众群体在行为方式、思想观念等方面的变化情况，一方面有助于传播者检验和评估传播效果，另一方面也有助于传播者完善、调整、优化和改进下一步的宣传内容和宣传形式，从而可以寻求更佳的宣传效果。作为宣传活动的传播者（发起者），应多角度多渠道了解读者（受众）的需求和对现有活动宣传的反馈，通过访谈、问卷调查、网上互动等方式与读者开展交流，倾听读者心声，获取读者的真实想法，为针对读者阅读心理和兴趣开展好阅读推广活动宣传奠定基础，推动阅读推广活动成功举办。

二、阅读推广活动的过程管理

在做好阅读推广活动策划与宣传的前提下，能否实现活动预期目标，关键在于实施过程的精准控制和到位管理。阅读推广活动的实施是一个动态管理的过程，因此要抓好实施过程中每一个环节的落实，检查每个阶段性的目标是否如期达成，分析实际与预估的偏差，发现问题并及时反馈调整。过程管理中，主要需要顾及以下几个方面：

1.活动场地的落实。活动场地是阅读推广活动运行的载体，展览需要有展厅，讲座需要在报告厅，亲子阅读需要有相应的活动室，大型的群体性活动需要广场。场地选择得不好可能会让活动无法有效展现，影响活动效果。

在安排活动场地时，需要重点考虑以下几方面的因素：

一是交通要便利。活动地点可以是城市交通系统密集的区域，如靠近地铁站口、城市广场，也可以是活动目标群体集中的区域，如年轻人集中的校园、有群众基础的社区活动室、阅读群体聚集的书店或图书馆等。

二是场地的面积要与活动的规划相符合。一般按人均 2~3 平方米来测算，同时配备完善的设施设备，如桌椅、音响、空调、通风等设备要尽量配备到位。

三是场地的外围环境要好，尽量避开太过喧嚣吵闹的地方，如果能够相对封闭更好。大型活动部分参加者会驾车到场，还要考虑车辆的停放是否方便。

活动现场布置是否合理，对活动的效果有直接的影响。活动的组织者要重视活动现场的氛围营造，借助充气拱门、横幅、气球、彩旗、条幅、花篮、灯旗等物品烘托现场气氛。但需要注意的是，现场装饰布置应与活动的主题相一致，要做到简洁明快，不要有过多的装饰，避免出现过多的广告或杂乱的背景。由于参与活动的人数会较多，布置现场时要清晰划分功能区，如报到（签到）区、展示区、活动区、行走通道、停车区等，指示标牌要醒目明了。苏州图书馆的"悦读园"是"悦读宝贝计划"的活动场地，主办方根据婴幼儿的视觉和心理特点，在环境布置上通过利用明亮多变的色彩、卡通式的童话图案、玩具式的桌椅家具，营造出了欢乐、活泼、可爱的阅读场景。深圳图书馆的"南书房"作为图书馆开展经典阅读及品鉴、交流的固定场所，在环境装饰和布置时，借鉴中国古代书房的元素配置古色古香的桌椅，加上馆藏线装图书的陈列，营造出了经典阅读的氛围。

2.活动的人员管理。阅读推广活动的内容和形式多样，既有讲座、展览、书目推荐，又有征文、比赛、阅读分享、技能培训。参与活动的受众层面也很多，婴幼儿、青少年、老年人，学生、工人、技术人员、特殊群体人员等社会各界方方面面的人员，都会参与到阅读推广活动中来。常规化阅读推广项目如书目推荐、读书俱乐部、故事时间等，一般会定期举办，通常应该有一个相对稳定的团队。而对于非常规性的阅读推广活动，则可以采用临时组队的方式。

阅读推广活动中工作人员的来源组成主要有以下几种模式：

（1）兼职模式。在阅读推广活动的策划阶段，可以由单位的领导及部分推广活动骨干人员兼职承担起项目调研、目标制订、形成方案等工作。当然，如果开展活动从总体上来说工作量不是很大，不足以设置专门的岗位的话，也可以采用兼职模式。

（2）专岗模式。是否设立阅读推广专岗，要根据推广活动的工作量或所在单位的重要性确定。比如一个活动刚推出时，可以主要由兼职人员负责，当活动内容趋于稳定，已成为单位的一个常态化的活动项目，且工作量增加到一定规模时，专岗模式则更有成效。

（3）专岗＋模式。阅读推广活动项目内容较复杂，涉及多个部门或岗位，单由专岗人员难以承担，可以根据活动项目的需要，临时调配其他岗位的人员参与到活动中。

（4）团队化模式。根据阅读推广活动的任务要求，临时抽调各类专业人才组建一个相对固定的工作团队，直至完成阅读推广活动的全过程内容。

阅读推广活动能否顺利开展，成败的关键在于人。较大型的阅读推广活动涉及的机构单位较多，工作人员成分复杂。从活动组织单位来看，有主办单位、协办单位、承办单位、支持单位、赞助单位；从工作人员的职能分工来看，有策划、宣传、美工、文案、会务、安保、过程控制与管理等各类人员；从群体划分来看，除了一般工作人员外，还有领导与嘉宾、专家学者、活动志愿者、参与活动读者等。人员的组织管理就是做好上述各类人员的协调与沟通。

人员管理中一个重要的环节是任务的分解及分工。需要把阅读推广活动中的所有工作分解成若干个相互联系的小任务，然后进行人员的分工，确保任务到人，各负其责。表3.1是某阅读推广活动的任务分配表，可以看到，主办方对每个人的职责都进行了细致的划分：

表 3.1　某阅读推广活动的任务分配表

任务				小张	小王	小李
宣传	实施前宣传	宣传品制作	条幅、传单、海报等			
			文化创意产品	√		
		宣传渠道	馆内宣传			
			网络宣传	√		
			联系媒体			
	实施后宣传	项目活动资料的整理收集		√		
		成果展示报道	展板展览	√		
			网络报道	√		
			联系媒体	√		
		向上层领导汇报		√		
作品征集	作品评比	作品征集和整理				√
		联系专家			√	
		结果汇总			√	
会场	会场布置（条幅、显示屏等）			√		
	会场仪器设备调试			√		

3.活动的流程管理。流程管理是一种对活动从开始到结束的过程管理。它按照活动的流程对相关资源及投入、活动目标的实现过程进行动态管理，通过对预先安排好的流程节点、工作步骤的及时统计、测量、反馈，并不断改进修正，从而保证活动的进度和质量。流程控制是一个比较复杂的过程，涉及活动的时间、内容、人员、物资等各方面。

对于阅读推广活动而言，以时间为主线进行流程控制是比较常用，且效果较好的一种流程管理方式。具体做法是：

首先是确定时间流程。对整个阅读推广活动全过程中主要节点事件进行梳理，并以时间为主轴依次列出。什么时间完成哪件事情，由谁来完成，期望达成什么样的效果。

其次是制定角色流程。按照节点事件发生的时间，详细规划每个节点事件所涉及的工作人员的角色流程，即每个工作人员在此事件节点完成所承担的工作，并用文字记录下来，形成活动时间进度表。

第三是流程监控。按照时间轴线对每个节点事件是否准确、按时完成进行监测，以保证活动的最终顺利完成。可以以事件为主体，将整个阅读推广活动分解成若干个工作节点，按照事件完成的时间进行排序后，拟定活动时间进度表，标示清楚何时由何人做何事。它不仅是活动开展的推进表，更是活动评价对照表，利用它进行流程管理和监控，可以减少活动过程中的风险，使活动的执行和实施更为流畅，活动的进展更顺利。

需要特别指出的是，对于图书馆常规性举办的阅读推广活动项目，除了要为每一次活动编制活动时间进度表外，还应该有一个长期（比如一个季度、半年或全年）活动计划安排表。表3.2是某图书馆"故事时间"一季度安排表。通过此表，读者可以一目了然地了解本馆在一段时间内的活动安排，主办方也可以清晰地作出活动规划，避免重复或遗漏。

表 3.2　某图书馆"故事时间"一季度安排表

月份	主题	周次	书名（或者副主题）	备注
一月	冬季	第一周	儿童认知四季图画书（冬）	
		第二周	雪孩子	
		第三周	下雪天	
		第四周	自然科学启蒙：下雪了	
二月	传统节日	第一周	春节的故事	
		第二周	元宵节的故事	
		第三周	春龙节的故事	
		第四周	西方的节日	
三月	友谊	第一周	我的兔子朋友	
		第二周	我有友情要出租	
		第三周	找到一个好朋友	
		第四周	蹦蹦和跳跳	

在活动现场实施过程中，活动主要负责人应实时全程跟踪活动进度，并与活动进度表进行比对，如果发现进度不符合预期要及时进行干预和调整，对于发生的突发状况要快速处理，努力使后续过程回归原定的计划。活动现场应安排专人负责收集反馈信息，包括读者提出的问题和建议，以便于总结和改进工作。

三、阅读推广活动的经费管理

经费是阅读推广活动中最为关键的要素，它关系到活动能否举办，活动的规模与效果，充足的经费是阅读推广活动顺利实施的重要保证。根据工作目标和活动方案，编制阅读推广活动经费预算，组织并运用好相应的资金，是阅读推广活动组织实施的重要一环，也是活动主办者的重点任务。

1.经费来源。国外的阅读推广活动经费除了依靠政府的支持外，主要得益于各类社会公益基金及社会机构的支持，如美国的"大阅读"活动合作伙伴包括福特汽车公司、波音公司、凯洛格基金会、保罗·艾伦家庭基金会、美国社区基金会等众多赞助商，英国的"阅读起跑线"计划由伯明翰图书馆服务部、基层医护服务信托基金会、英国图书信托基金会三家机构共同举办，德国从事阅读推广活动的美因茨阅读基金90%的运行资金来自社会各界的捐赠。

在我国的阅读推广活动实践中，经费来源通常有四个渠道：

一是活动实施部门自有经费。自有经费是阅读推广活动常态化开展的保证，也是最稳定的资金来源。阅读推广有关单位（部门）在编制年度财政预算时，会将阅读推广活动经费作为一项专门的预算项目予以单列。

二是上级部门的专项经费。单位确定计划实施某项阅读推广活动并编制活动经费预算，向上级部门递交专项经费申请报告，经核准后下拨活动经费，下拨专项经费的多少，取决于上级部门对阅读推广活动重要性的认识程度，以及对提交的项目预算的认可程度。此项经费从本质上来说也是财政拨款，只是没有进入单位的正常预算，而是由上级部门（通常是财政部门或上级主管部门）采取一事一议的方式予以确定和下达。

三是合作单位经费支持。由合作单位承担部分阅读推广活动的成本。苏州图书馆的"苏州大讲坛——先锋讲坛系列"是该馆受中共苏州市委组织部委托承办的一个阅读推广项目，苏州市委组织部每年都会为此项活动拨付一笔专款。

四是社会机构或个人的捐赠和赞助。捐赠、赞助可以是资金，也可以是实物。一般来说，捐赠者或赞助商通常采用在活动宣传品印上单位名称或LOGO、活动冠名，或作为活动协办、支持单位的形式对活动给予赞助与支持，希望以此来树立良好的公众形象，扩大自身的社会影响。我国已经通过立法的形式鼓励和倡导各类公私机构对社会公益活动的捐赠行为，如《公共图书馆法》第一章第六条明确规定："国家鼓励公民、法人和其他组织依法向公共图书馆捐赠，并依法给予税收优惠。"

在上述经费来源中，自身经费是最有保障、最为稳定的一种来源，专项经费的争取是一门技术活，需要活动主办单位"讲好故事"，获得认可，而社会捐赠与赞助则是未来开展阅读推广活动最大有可为的经费来源。

2. 活动经费的使用。阅读推广活动经费的使用，主要集中在人员经费支出、活动宣传费用、活动奖品、活动场地使用、活动物料准备等方面，具体如表3.3 所列示。

3. 活动经费的预算编制。合理的活动经费预算，是阅读推广活动方案得到上级领导和部门认可和支持的前提。因此，活动经费预算编制需要尽可能地周密、翔实。活动方案中有时可能只是简单的一句话，如"在主席台要做一个背景墙"，但在编制预算时就需要有比较准确的数据，如背景墙用什么材料、有多少平方、采用什么制作方式，都要有明确的数据和说明，只有这

表 3.3　阅读推广活动经费的种类及用途

经费种类	使用途径
宣传费用	包括活动海报、横幅、易拉宝、展览用的展板、背景板、宣传画册、媒体记者等用于活动宣传或者现场装饰而发生的费用
活动奖励经费	用于奖励参与活动的读者的费用
物料费用	根据不同的活动而不同，比如图书、指示牌、签到牌、打印复印、矿泉水、租用设备、服装等
人员费用	专家的邀请费、临时工作人员费用等
场地费	租用场地的费用
预留机动费用	活动预算中没有预算到的临时费用，或者活动过程中处理突发状况的费用

样，才能精准计算出所需要的经费数据。在活动经费预算编制过程中，所有列支的项目都应有单价、数量、合计，要提前掌握市场价格信息，做到尽量准确，切不可盲目预估，导致预算无法准确执行。

在进行活动经费预算编制时，首先是分析确认活动经费的种类，即梳理出所要举办的活动会在哪些方面有经费支出（可参考表 3.3 中所列的类别）；其次是确保活动经费中的重要支出项目（如活动中的专家讲课费用、工作人员费用、活动奖品购买、场地租赁费等）不出现大的预算漏洞项；再其次是根据预期效果对预算项目进行微调。一般而言，在工作效率不变的情况下，活动参与人数和活动质量与投入的资金数量正相关，如果现有的经费不能保证预期的活动效果，则应适当增加预算，如果发现有其他更省钱的办法可以达到相同的活动效果，则可以相应地减少预算。

四、阅读推广活动的危机管理

危机管理，是政府部门或其他社会组织为应对各种可能的危机情境而采取的规划决策、动态调整、化解处理等措施。危机管理的目的在于消除危机所带来的威胁，降低危机所造成的损失。由于危机具有不确定性、应急性和预防性的特征，故而通常将危机管理分为危机爆发前（预计与预防管理），和危机爆发后（应急与善后）两个方面。在阅读推广活动实施的过程中做好危机管理，可以有效避免危机事件的发生，并且在危机事件真正发生时，能够帮助相关人员准确地识别风险，及时做出判断和决策，正确应对，避免危机的进一步扩大和层层传递导致整个活动的失败及造成负面的社会影响。具体来说，危机管理主要包括以下两个方面：

1. 风险管控。风险管控是指管理者提前采取恰当的措施和手段，以减少风险事件发生的可能性，以及当风险真正发生时减少损失。阅读推广活动视角下所谓的风险，是指在活动的过程中可能会因某些事件的发生，影响活动的顺利开展，导致活动结果偏离活动预期甚至活动被动终止。风险管控就是尽可能避免发生此类事件，或者提前对可能发生的风险事件制定后备预案。

阅读推广活动的实施过程中，通常可能在以下四方面发生风险：一是经费风险，如经费没有及时足额到位、经费超过预算等；二是人员风险，如活动嘉宾临时不能到场、参与读者过多或少于预期人数、活动现场工作人员（包括志愿者）缺岗等；三是物料风险，如活动现场设备故障、活动用品缺失或者损坏等；四是其他风险，如与合作单位的协调出现问题、临时停电、雨雪天气等。风险事件对活动影响的大小，会因活动的形式与规模的不同而不同。

风险管控要从源头抓起。做好阅读推广活动中的风险管控，首先是要增强风险意识，在活动开始前，尽量将所有可以出现的风险识别出来；其次是拟定风险解决策略，制定备用方案。

2. 现场安全管理。安全是开展一切工作的前提，要做到防患于未然，确保万无一失，否则"一失万无"。阅读推广活动的参与者职业、年龄、行为习惯各有不同，身体状况、心理素质、判断能力、安全意识、自我保护能力参差不齐，特别是大型的活动人员密集，现场不可控的因素较多，容易发生安全事故，需要引起主办方的高度重视，提前制定应对措施。

在活动举办前，要按照安全管理的相关规定，根据活动项目的特点、规模、预期参加人数等情况，制定切实可行的活动安全保障预案，进行应急演练。如果达到《大型群众性活动安全管理条例》所规定的大型群众活动的规模，应依法提前 20 日向相应级别的公安部门报批，取得安全许可。要提前对活动场地进行全面的安全检查，检查疏散通道安全出口、应急照明、安全指示标志等是否符合相关要求，消防器材和设施是否配置齐全，对于发现的问题要及时整改到位。在活动实施的过程中，要协调力量加强现场治安、秩序的维护，严格按照安全保障预案对设备、人员、场地实行全方位、立体化的过程管控，尤其是加强对重点区域、重要时段的安全防护和秩序维护，当意外情况发生时，确保能够及时应对，妥善处理，将损失和影响范围控制到最小限度。

第三节

阅读推广活动评估

　　阅读推广活动评估是指运用科学的方式方法，对阅读推广活动的计划内容、运行过程及实施效果进行检验和评价。活动评估既是改进工作的手段，也是管理激励的手段，更是提高资源使用效益的手段，活动评估和活动本身一样重要。阅读推广活动结束后，需要对活动效果展开全方位的分析总结，在肯定成绩的同时，也要找出计划目标与实施效果之间的差距，总结经验和不足，为后续活动的开展提供重要参考和指导，以期在下一次活动的策划、组织实施过程中改进工作，提升技巧，保证活动的持续有效开展。欧美国家十分重视对阅读推广活动的评估工作，通常都建立有常态化的评估机制，如美国的"一城一书"活动指南中，就将活动评估列为活动的最后一个步骤。

一、阅读推广活动评估的重要意义

　　1. 评估是引导阅读推广活动的有效手段。任何形式的活动在结束后都应该进行总结，"总结经验，吸取教训，改进工作"是活动评估的意义所在。绩效评估可以促使活动的主办方从不同方面、多个角度对活动的组织、策划、宣传、实施、效果全过程进行分析评价，其成功的经验和存在的不足都会为下一个活动提供借鉴和指导，从而更好地发挥活动的作用和效益。

2. 评估是展示阅读推广活动成果的有效载体。建立一个科学、专业、系统的评估标准体系，能够使阅读活动的管理者、组织者、参与者跟踪和动态监测阅读推广活动的进展情况，展示活动带来的变化和所取得的成果，使有关部门更加重视阅读推广工作，更愿意投入精力、资金开展阅读活动，社会公众更有意愿参与到阅读推广活动当中。

3. 评估是激励阅读推广队伍士气的有效形式。阅读推广活动对于创设良好的阅读氛围、提升社会公众的阅读兴趣、养成良好的阅读习惯具有正面的促进作用，但活动的组织者和实施者一般很难有全面的把握和深入的了解。通过活动评估，可以将活动的目标、措施和效果进行展示和披露，能够使他们对活动的重要性有更直接的认识和体会，认清阅读推广目标的实现途径，激发自己参加推广工作的热情和积极性，增强整个团队的凝聚力。

二、阅读推广活动评估的原则

1. 科学性原则。构建科学的阅读推广活动评价指标体系，首先是要保证设立的评估指标与评估目标保持一致。评估指标是对评估目标的概括和提炼，因此在确定评估指标时，应认真分析评估目标的核心内容和体系结构，确定影响评估结果的关键元素。其次，组成评估指标体系的各个指标之间要具有逻辑性，确保每个评估指标的相互独立和关联性，互为补充，能够从不同的角度反映阅读推广活动的目标要求，避免出现不同指标之间相互矛盾的情况。

2. 全面性原则。影响阅读推广活动效果的因素很多，活动环境、活动内容、活动组织方式、阅读资源、活动人员队伍素质等因素都可能影响活动的最终效果。评估指标应遵循客观事实，实事求是，不能漏掉核心的影响因素和重要特征指标，正面（积极）效应指标和负面（消极）效应指标的设置都需要事先考虑周全，还要注意指标体系的完整性和各项具体指标的代表性，避免出现遗漏或者重复。合理、准确地构建评估指标体系的层次框架和指标数量，才能全面保证评价内容的完整性。

3.可行性原则。可行性的核心要义是要求评价指标体系简便易行，避免出现无法获取评价数据的指标或主观臆断的指标，导致评估结果无法令人信服。可行性原则包括三个方面的要求：一是评估体系的结构清晰，层次分明，易于理解和掌握；二是指标的内容要合理，说明要准确，简单明了，便于准确把握；三是评估指标的定量方法应简化，便于实际操作，有助于获取评价数据。

4.定性与定量结合的原则。在确定评估指标体系时，需要考虑是采取定性还是定量方法的问题。定量方法能够使评估数据目标精确化、明确化，避免评估过程中的主观随意性，是较为科学合理的测定方式。但是阅读推广活动评估是一个较为复杂的系统，有些活动指标难以定量化测定和处理。定性方式依靠评估专家的经验和直觉判断对难以量化的指标进行分析和判断，能得出一些无法用数字反映的客观事实，可以弥补定量方法无法或难以准确描述指标结果的缺陷。在具体的评估过程中，定量指标过细会难以确保每项评估指标都能得到准确的结果，而不同性质的定量指标的简单累加可能会使原本简单清晰的评估结果出现变形，甚或得出啼笑皆非的结论。因此，定性评估指标与定量的评估指标相结合，有助于构建一个较为理想的评估体系。在阅读推广活动评估中，通过各项数据指标的定量分析，可以揭示阅读推广工作各项指标的完成情况；通过经验与判断的定性分析，则可以推断阅读推广活动的成败得失和发展趋势。

三、阅读推广活动评估的内容

阅读推广活动的内涵丰富，包括的要素众多，对于阅读推广活动的评估可从多重角度展开，国内外学术界对此都有较广泛的研究。国际图联在《基于图书馆素养项目指南：实践建议》中提出了评估阅读推广活动的八项指标，分别是参与人数、受益区域、读者评估、扫盲资源使用的有效性、场地的有效选择、活动的时间及频次对参与者的便利性、活动的组织结构、活动对个体的长期效益。[16]莫妮卡·巴洛（Mònica Baró）等人将参加活动的人数、读者的满意度、图书馆工作人员的满意度、第一次参加活动的人数等作为阅读推广评估的统计指标。[17]国内研究方面，谢燕等人从活动基础、活动实施、活动反馈三个维度提出了阅读推广活动的质量评估标准；[18]卢苗苗等人认为阅读推广绩效的评估应从活动保障程度、活动实施质量、参与者受益度、参与者满意度、活动绩效五个维度进行；[19]陈群等人从阅读推广的社会影响力、阅读推广的文化凝聚力、阅读推广的价值判断力、阅读推广的精神推动四个维度提出了阅读推广效益的评估标准；[20]孟凡芹的论文则提出可以从阅读推广内容、用户体验、推广成本、阅读推广效果四个方面搭建阅读推广活动评估模型。[21]

综观国内外有关阅读推广评估的相关研究文献，它们大多都着眼于阅读推广活动的质量、绩效等方面，包括阅读推广的效果或效益、馆员服务能力评估、读者阅读素养的变化等。综合来看，具体包括下述几个方面：

1. 评估阅读推广活动既定目标是否实现。将通过开展阅读推广活动后所达成的实际目标，与方案中所设立的主要目标进行比较，分析目标实现的程度。

2. 分析阅读推广活动所采用的方式方法是否符合目标公众群体的需求。通过对参与活动的读者群体进行调查，对所得到的资料进行分析，评估所开展的活动与目标群体需求的相符程度，以及对实现活动预期目标所起的作用，为主办单位制定后期的阅读推广计划和策划组织新的推广活动提供依据。此外，还要对活动的投入产出进行评估，通过分析资源投入与目标实现的价值之间的效益比，让活动开展所耗费的人力、物力、财力以及投入的时间成本得到充分利用，发挥更多的效益。

3. 评估社会公众阅读态度的变化。在评估时，要对阅读推广活动开展前后社会公众对阅读的理解程度、认知水平进行分析比较，评估活动目标群体的改变程度。开展对目标群体"态度"变化状况的评估，对于阅读推广活动是否继续及如何有效地开展，有着重要的指标性意义。

四、阅读推广活动评估的方法

任何一项阅读推广活动都是在一定的社会环境之中开展的，社会公众参与活动前后发生的阅读认知改变，可能是阅读推广活动本身带来的，也可能只是时间上的巧合，其实是其他社会因素所起的作用。因此在进行活动评估时，应尽可能地排除活动本身之外的因素，让评估的结果显示该项活动真正的影响力。阅读推广活动评估的方式有很多，根据评估主体的不同，可以分为以下三种基本方式：

1. 公众评估法。公众评估法是让阅读推广活动的参与者根据亲身感受给予评价的方法，可采用提问、访谈或问卷的方式，让活动现场读者回答指定问题，征求他们对活动的意见、态度、感受，来对活动的效果进行分析评价。这是一种应用较为普遍的评估方法。

2. 专家评估法。专家评估法是由阅读推广活动评估方面的专家审定活动计划、观察活动的实施过程、对活动参与者进行调查。评估专家根据所掌握的资料，依据评估指标体系，采用科学的评估模型，得出评估结果。

3. 实施者评估法。实施者评估法是由阅读推广活动的实施方组织人员，评估推广活动的计划和实施的进展情况。这种评估方式的优点在于，实施者手中掌握有实施过程中的实际情况和第一手资料，可以对该项活动的影响和效果进行及时、充分的判断。当然这种评估也存在明显的不足，"既是运动员又是裁判员"可能会导致实施者无法得出客观公正的评估结果。

五、阅读推广活动评估的实施

1. 做好顶层设计，推动评估工作常态化。阅读推广活动（特别是大型阅读推广活动）往往是由多个机构或部门共同组织的，其覆盖面广，参与人数众多，开展活动评估有助于总结活动的亮点，向合作伙伴展示活动的成果和价值，激发其继续参与和支持此项阅读推广活动。此外，开展活动评估也有助于发现问题，为后续活动的改进提供指导。任何一项工作的有效开展都有赖于制度的保驾护航，建立阅读推广活动评估制度，对活动评估的常态化开展能起到促进与保障作用。因此作为活动的主办方，首先要提高思想认识，重视活动评估工作，做好顶层设计，将评估作为活动的必备环节纳入阅读推广活动整体方案。其次是要出台评估制度，对评估程序、评估目的、评估内容、评估主体职责、评估结果发布、评估结果应用等进行统筹安排和规划，通过制度性安排促进主体工作的开展，指导评估的实际操作，使评估不是流于形式，推动评估工作朝着规范化、科学化的方向发展。阅读推广活动评估是一项长期性的工作，评估主体要根据社会环境的变化、评估过程中出现的问题及参与者的反馈，及时调整和优化评估方案，建立常态化的活动评估机制，实现以评估促发展的目标。国内外开展较好的阅读推广活动品牌项目都十分重视活动的评估，加拿大的"暑期阅读俱乐部"自 2004 年在全国范围推开后，加拿大图书档案馆于次年就启动了评估工作，且此后每年在活动准备阶段都会同步筹备评估工作，使之成为"暑期阅读俱乐部"项目管理中的一个固定环节，参与活动各公共图书馆也将收集和提交活动统计数据作为一项常规工作，连续多年从未间断。在这之中，顶层设计和制度保障功不可没。

2. 组建评估团队，提升评估结果权威性。评估团队是评估工作的实施者，团队成员的专业性、权威性和代表性对评估结果的可信度和科学性有重要的影响。[22] 在阅读推广活动评估中，主办方要成立专门且专业化的评估团队，团队成员不仅要具备阅读推广领域的知识和经验，而且还应该掌握统计分析等与评估工作相关的知识，以便能够更好地掌握和理解评估具体细则的相关要求，科学地分析评估数据。活动主办方可以聘请图书馆、高校、科研机构等相关方面的专家学者组成评估团队，也可以委托社会上的专业团队或第三方评估机构开展评估工作。在评估过程中，活动主办方应做好配合工作，提供必要的协助，不得干涉、敷衍甚至阻挠其工作的开展，以保证评估结果的独立性和客观公正，提升评估结果的权威性。对于长期开展的阅读推广项目进行的持续性评估，评估团队的成员应保持相对固定，不同人员对评估标准的不同理解、人员的频繁变动必然导致评估产生不可避免的偏差，影响评估结果的一致性。加拿大"暑期阅读俱乐部"的评估工作是聘请独立的民意调查机构负责，确保评估人员能够站在公正的立场对活动做出客观的评判。此外，在 2010 年到 2019 年的十年间，Harris Decimal 及其后来并入的 Nielsen 公司 6 次作为第三方机构参与活动评估工作，这种稳定的合作关系减少了因评估机构变更所带来的风险。

3. 设立评估指标，保证评估内容的科学性。评估指标体系是否合理，会直接影响评估过程和评估结果。[23] 构建科学的评估指标体系是充分发挥评估功能、实现评估目标的关键保证。评估的指标不宜过多，能量化的尽量予以量化，且应具备较好的可获得性和可操作性，以便于采集和分析数据。评估指标要兼具动态性和稳定性，评估体系中的关键性指标应保持相对稳定，以便于活动主办方对重点关注的内容进行持续性的跟踪分析，同时也要根据评估需求和活动情况的实际变化，适时增减评估指标和优化调整指标参数。稳定性有利于以时间为轴线对活动进行纵向比较分析，动态性有助于体现评估需求的变化和发展趋势。对于全国性和区域性阅读推广活动，在构建指标体系时应考虑不同地区社会与经济发展存在的差异，选择能体现共性的评估指标，以提高评估指标体系的适用性和导向性。为了挖掘和突出个体与区域阅读推广活动的特色，可以根据活动对象，如残障人士、未成年人、老年人、留守儿童等不同社会群体的特点，设置针对性的指标。"暑期阅读俱乐部"评估指标体系设置的评估指标数量少，只有活动参与人数、宣传推广、馆员满意度 3 个方面，且以定量指标为主，其中活动注册人数、参与活动人次、举办活动数量、馆外宣传推广活动的次数、馆员满意度等是每年都固定收集的数据。在评估实施的过程中，评估者也会根据实际需要对指标内容及测量标准进行适当的调整，如 2013 年将满意度分值从五分制改为十分制，以便于更精确地测量满意度；在 2015 年增加对活动网站满意度的评估指标，以便于优化网站的结构和内容。[24]

4. 规范数据采集，提高评估样本的可靠性。数据采集面广量大，程序烦琐，是活动评估的一项基础性工作，其质量决定评估结果的准确有效性。为保证所收集到的数据及时准确、符合要求：一是调查问卷和评估量表要设计规范，细则说明要简明扼要，用语规范不产生歧义，可以使用统一的数据采集表格，提升数据采集的规范性；二是要指派专人负责数据采集和填报工作，明确相关责任，如有可能，还可以运用奖惩等措施和条款，以引导和激发数据采集人的工作责任心和积极性；三是要加强培训工作，让数据采集员充分了解数据采集的具体要求和注意事项，统一数据采集的口径和数据赋值的尺度；四是应用技术手段对采集到的数据进行处理，筛除掉明显不合理的数据；五是选用恰当的数据统计软件，对统计数据进行分析处理。对于定性评估指标，评估专家可以通过查阅资料、听取汇报、现场考察座谈访谈等方法，全方位地收集相关信息。"暑期阅读俱乐部"活动协议中明确要求："公共图书馆在接收免费活动资料的同时，必须收集并提交统计数据。"在每年活动的筹备阶段，主办方都会在活动网站上发布评估表，并提供统一的数据采集样表；在活动实施过程中，专门设立在线评估系统收集活动数据，评估机构实时跟踪各参与图书馆数据提交进度，并发送邮件提醒督促活动参与单位尽快提交数据。种种细节的控制和规范措施的推出，确保了数据收集的及时、有效率与准确。[25]

5. 发布评估报告，提升评估结果的影响力。评估报告是评估工作的最终呈现方式，是对阅读推广活动所取得的主要成果的集中展示。评估报告中，不仅要有评估背景、评估过程和评估方法的介绍，而且要通过表格、图形以及其他可视化数据分析工具展现活动效果和发展趋势，并通过综合分析得出相关结论，提出活动不足之处及改进建议，报告的内容要尽量详细。如果是连续性的评估，每一期评估报告的基本框架要尽可能保持一致，以方便对不同时期开展的活动情况及效果进行比较。活动主办单位应在第一时间，将评估报告的内容通报活动参与方及其他合作伙伴，并通过在微信公众号、活动网站等平台发布公告的方式予以公开，接受社会监督。活动主办方公开评估结果，不仅是向活动的合作伙伴和参与方及时展示活动的基本情况、取得的成果，而且也是向社会传播好的做法和经验，彰显活动的价值、意义和影响的过程，可以提升评估结果的使用价值和社会影响力。"暑期阅读俱乐部"在官方网站专门设置"项目统计数据"栏目，公众可以随时登录查看历年活动的评估报告。[26]

六、活动评估案例介绍

1. 加拿大"暑期阅读俱乐部"活动评估 [27]

"暑期阅读俱乐部"活动由加拿大图书档案馆和多伦多市公共图书馆联合主办，全国 2000 多家公共图书馆共同参与，是加拿大最重要的暑期阅读活动之一，活动赞助商是总部设在多伦多的多伦多道明银行集团（TD Bank Group）。为了揭示活动效果，活动主办方从 2005 年起每年都组织实施活动评估工作。

　　2005 至 2018 年，评估工作由加拿大图书档案馆组织，2019 年起改由多伦多公共图书馆负责。评估组织方负责设计评估问卷、挑选确定第三方评估机构、监督评估过程，并为第三方机构提供必要的协助。第三方评估机构负责数据收集和分析，并撰写评估报告。评估工作面向所有参与活动的单位收集活动数据，评估活动组织开展情况，进而向主办方、赞助方及全国的活动参与方提供有关活动效果信息，并提出活动改进建议。

　　"暑期阅读俱乐部"活动的评估指标主要集中在 5 个方面：

　　（1）注册和参与指标，包括活动注册人数、参与活动人次、举办活动的数量，用以衡量活动组织和开展的效果；

　　（2）宣传推广指标，主要统计参与活动图书馆的馆员到馆外开展宣传推广活动数量，用以反映活动延伸服务的情况；

　　（3）馆员对活动网站评价指标，收集统计图书馆员对活动网站主要模块的使用情况和满意度，用以调整活动网站的结构及优化网站内容；

　　（4）馆员对评估计划的评价指标，收集统计图书馆员对数据收集和评估过程的满意度和建议，用以协助改进评估工作；

　　（5）其他指标，根据活动主办方及第三方评估机构的需要动态调整，用于收集活动主办方和第三方机构认为需要收集的数据。

　　表 3.4 列出了 2019 年"暑期阅读俱乐部"活动的具体评估指标，从中可以看到其专业性和主办方的重视程度。

　　在评估工作中，第三方评估机构会向各图书馆的数据填报员发送包含在线评估表链接地址的电子邮件收集数据，数据填报员点击该链接可以直接填报数据。

　　第三方评估机构根据收集到的数据，在科学分析评判的基础上撰写评估报告。评估报告由摘要、评估背景、评估方法、反映整体情况的全国评估报告、反映区域内活动开展情况的各省（地区）评估报告及评估调查表组成。

表 3.4　2019 年"暑期阅读俱乐部"评估具体内容表

评估方面	具体内容
注册和参与	注册总人数及 0~5 岁、6~8 岁、9~12 岁、13 岁及以上各年龄段注册人数
	第一次注册人数和曾经注册过"暑期阅读俱乐部"的人数
	图书馆和社区举办阅读活动的数量及二者举办活动的总数量
	在图书馆和社区参加阅读活动的人次及二者总人次
宣传推广	是否有图书馆员到学校、幼儿园、儿童保育中心或者其他场所宣传推广活动
	在上述场所参加活动的儿童数量
图书馆员对"暑期阅读俱乐部"网站的满意度和建议	对网站和网站各模块的满意度
	对网站导航易用性的满意度
	是否使用过网站各模块资源
	对使用过的资源的满意度
	对改进网站资源的建议
图书馆员对数据收集和评估计划的满意度和建议	对评估计划的整体满意度
	对评估系统易用性的满意度
	对评估数据收集内容的满意度
	对改进数据收集和评估过程的建议
其他问题	活动使用的语言
	对"暑期阅读俱乐部"的整体满意度
	是否有儿童的父母、看护者或者老师写过推荐信，表明孩子的阅读兴趣有所增加

评估报告经由主办方审核后在"暑期阅读俱乐部"网站发布，社会公众和合作伙伴可随时查看。

2. 英国"信箱俱乐部"计划[28]

始于 2007 年的"信箱俱乐部"计划由图书信托基金会和莱斯特大学（University of Leicester）合作完成。该项目面向 7~13 岁的寄养家庭儿童，主要目的是提高寄养儿童的数学和阅读能力，帮助他们提高学习的热情、找到学习的乐趣，增强他们的自尊心和自信感。项目主办单位会在每年暑假前夕的 5 月份邮寄第一个包裹，在后续的 5 个月中每月邮寄一个包裹，直至当年 10 月份的新学期开学。包裹中除装有书籍、数字游戏和文具等学习材料之外，也可能包括其他一些物品，如图书馆借阅卡，图书馆开放时间、位置、假期活动安排等信息，个性化书签，儿童插画家专门设计的明信片，所选书籍的作者写的一封信等。学习资料分装在蓝色、红色、绿色和黄色四种不同颜色的包裹中，根据儿童成长的实际需要邮寄不同颜色的包裹。自活动开展以来，参与活动的寄养儿童遍布全英国各个地区，"邮箱俱乐部"计划也因此成为全英国为人熟知的阅读推广项目。

"信箱俱乐部"计划非常重视评估工作，自 2007 年图书信托基金会每年都委托高校专家对项目运行进行评估。为对活动成效进行更好的量化评估，图书信托基金会聘请英国爱丁堡大学的安迪·汉考克（Andy Hancock）和莫里·莱斯利（Moira Leslie）两位学者对评估进行顶层设计，明确提出评估的目的，是"探究寄养儿童参与项目之中的过程记录、感受回馈，以及所有参与者包括寄养儿童、家长及工作人员等参与后的改变、影响调查"。

在 2013 年的活动评估过程中，评估团队在问卷设计环节对前期研究成果进行回溯，调查信箱俱乐部已有资源，每年的评估启动会议都会邀请被评估者参与评估概要文件的制订，在抽样调查的样本选择上会重视调查对象的代表性和差异性，从而为评估的科学开展奠定良好基础。评估团队将整个评估数据收集分为 3 个部分：一是寄养儿童阅读习惯调查，由寄养儿童和寄养人共同填写一张表格（表 3.5）；二是阅读包裹使用情况调查表，在儿童收到 6 个包裹（一个周期）后进行，分别由寄养儿童（表 3.6-A）和寄养人（表 3.6-B）填写；三是面对面访谈调查，在项目实施后进行，通过现场向寄养儿童（表 3.7-A）和寄养人（表 3.7-B）提问一系列问题的方式，从而更深入地了解和反思项目的实施效果。

表 3.5 寄养儿童阅读习惯调查表

问题	养育者（Y/N）	孩子（Y/N）
1. 你认为自己可以从这个项目中得到什么？		
2. 从一开始就有人给你解释了这个项目的目标吗？		
3. 你期待参与预约吗？		
4. a 你是一个经常去图书馆的人吗？ b 如果是，多久去一次？ c 如果是，每次借阅多少本？ d 对于访问图书馆你有什么评论吗？		
5. 你多长时间阅读一次？（基本不阅读／一周1次／一周4次／每天）		
6. 你和孩子一起共读吗？		
7. 仅限孩子回答 a. 你认为阅读是怎样的？ b. 你喜欢阅读哪种书籍？ c. 你最近阅读的书里面哪些是你喜欢的？ d. 你会跟其他孩子谈论书籍吗？ e. 告诉我们谁给你读过书？包括你的老师。		
8. 你在家写过故事，日记或者笔记吗？（仅限孩子回答）		
9. 你玩过数字游戏吗？		
10. 仅限孩子回答 a. 你最喜欢的游戏是什么？ b. 你对数学感觉怎样？ c. 告诉我们你在学校数学都学什么？		
11. 养育者 请问你在孩子的阅读和数字学习中提供过信息或支持吗？如果是的话，请详细描述。		

表 3.6-A　阅读包裹使用情况调查表（寄养儿童问卷）

孩子名字：　　　　年龄：

书籍	态度				评论
	喜欢	还行	不喜欢	从不没看	

表 3.6-B　阅读包裹使用情况调查表（寄养人问卷）

问题	评论
1. 你给孩子读过书吗？	
2. 你认为阅读能够提高孩子的学习表现吗？	
3. 包裹中你最喜欢的是什么，为什么？	

表 3.7-A　访谈调查问题表（提问寄养儿童部分）

问题	回答
（一）反思	
1. 你认为自己会在这个项目中获得什么？	
2. 这些是你期待的吗？	
3. 告诉我们当你打开一个包裹时的故事（时间、地点和谁），感觉怎样？	
4. 你想加入下一年度的信箱俱乐部计划吗？如果是，为什么，或者为什么不？	
5. 你会跟你的朋友如何描述这个计划？	
6. 你的老师指导你参加了这个计划吗？你告诉过老师吗？告诉过同学吗？	
7. 信箱计划最好的是什么？	
8. 这个里面有什么你不喜欢的吗？	
（二）阅读习惯	
1. 图书馆的人知道这个计划吗？	
2. 你喜欢看什么类型的书？（非小说，冒险，幽默）	
3. 你从哪里得到书？	
4. 谁给你读过书？	
5. 你能够自己自主阅读吗？还有其他人给你读过书吗？	

续表

问题	回答
6. 你最近读过的最喜欢的一本书是什么？	
7. 为什么你选择这本书（类型）？	
8. 你给朋友推荐过吗？	
9. 推荐的时候会怎样说呢？	

表 3.7-B　访谈调查问题表（提问养育者部分）

问题	回答
（一）反思	
1. 你认为孩子可以在这个信箱俱乐部中得到什么？	
2. 那是你期待的吗？	
3. 信箱俱乐部刚开始有人跟你具体阐述过这个项目吗？	
4. 你碰到过已经参加过该计划的人吗？	
5. 你想得到提升孩子阅读和数字的信息吗？	
6. 你能给予我们包裹利用最大化的建议吗？	
7. 你还想了解哪些内容？	
8. 还有保留吗？	
9. 你对包裹有什么想法和看法？它能帮助你给予孩子更多的资源和帮助吗？	
10. 你会主动将这个计划推荐给别的养育者吗？	
11. 很多包裹都是暑假的时候送达，你认为这个很重要吗？	
12. 孩子所在学校知道他们正在参与这个信箱俱乐部吗？孩子或者老师有在学校提过你的孩子正在参加这个信箱俱乐部吗？	
13. 你认为这个信箱俱乐部最好的地方在哪？	
14. 孩子们有什么不喜欢的地方吗？	
（二）孩子的兴趣和阅读书写习惯	
1. 你关注你的孩子阅读和兴趣的哪些方面？	

问题	回答
2. 参加了这个项目之后，你或者你的孩子有什么变化吗？	
3. 告诉我们你最近一次的图书馆访问在什么时候？图书馆员知道这个信箱俱乐部计划吗？	
4. 除了信箱俱乐部的书籍，你还从哪里获得书籍资源？	
5. 对于书你怎么看？有喜欢的吗？	
6. 你和孩子以前阅读吗？	
7. 你的孩子喜欢阅读吗？	
8. 你看过孩子在家里写过什么吗（比如日记、故事和便条）？	
9. 告诉我们你的孩子是怎么用信纸和明信片的，你和他一起吗？	
10. 你认为包裹中还需要增加其他信纸或者物品吗？	
11. 你认为这个信箱俱乐部计划有利于孩子的学习吗？	

经过为期一年的准备和实施，2014 年 2 月，评估组发布了"信箱俱乐部"计划 2013 年度项目评估报告，得出了 23 个评估结论。报告认为，所有参与项目的寄养儿童及家庭都认为该项计划能够有效提升孩子的阅读能力，并对亲子关系起到积极的促进作用。同时，评估报告用大量篇幅来记录参与者提出的建议和意见，如阅读材料应更具个性化和多样性，应该提供更多的阅读指导，等等，为该计划的后续开展提供了重要参考。

总体而言，"信箱俱乐部"计划的评估调查问卷秉承差异化原则设计，选项设置紧扣评估目的，设置选项全面具体，极大地保证了全面而中肯的数据的获得。报告结论直指项目实施过程中出现的问题，也为组织者修正项目提供了重要参考。

参考文献

[1] 祁红缨. 文博类纪录片栏目策划及运营 [J]. 记者摇篮, 2023(03): 96-98.

[2] 詹姆斯·韦伯·扬. 创意 [M]. 北京: 中国海关出版社, 2004 年.

[3] 王琳. 公共图书馆阅读推广: 从丰富内容到提升用户感知——基于央视《朗读者》节目的分析与启示 [J]. 图书馆工作与研究, 2018(09): 100-104.

[4] 加里·阿姆斯特朗, 菲利普·科特勒. 市场营销学 [M]. 北京: 机械工业出版社, 2011.

[5] 石继华. 国外阅读推广的品牌化运作及启示 [J]. 图书情报工作, 2015, 59(02): 56-60.

[6] 成俊颖. 图书馆阅读推广管理研究——以复旦大学图书馆阅读推广管理实践为例 [J]. 大学图书馆学报, 2022, 40(04): 100-109.

[7] 彭佳. "大山雀自然学堂": 创新家庭阅读推广新途径 [J]. 图书馆研究与工作, 2018(12): 38-40.

[8] 赛妮亚. 塔木德 [M]. 重庆: 重庆出版社, 2008.

[9] 弗雷德·R. 戴维. 战略管理: 概念与案例 [M]. 北京: 中国人民大学出版, 2012.

[10] 丘东江. 图书馆学情报学大辞典 [M]. 北京: 海洋出版社, 2013.

[11] 孙庚. 传播学概论 (第二版)[M]. 北京: 中国人民大学出版社, 2014.

[12] 陈力丹. 精神交往论: 马克思恩格斯的传播观 [M]. 北京: 开明出版社, 1993.

[13] 高馨, 温泉, 刘溪. 图书馆微信、微博、抖音平台协同服务研究——以上海图书馆 "上图旅行社" 活动为例 [J]. 图书馆学刊, 2021, 43(07): 71-75.

[14] 陈颖, 黄正平. 毛泽东对马克思主义大众化的理论指引和实践示范——中国共产党历史视野、理论视线、群众视角 [J]. 毛泽东思想研究, 2023, 40(01): 41-52.

[15] 高祥永, 冯晓丽, 冯晓坤. 高校图书馆读者荐购工作现状分析与实践优化研究 [J]. 图书馆学刊, 2022, 44(12): 39-44.

[16] 刘旭青, 刘培旺, 柯平, 朱旭凯. 面向全民阅读的公共图书馆阅读推广评估标准

研究 [J]. 国家图书馆学刊 , 2021, 30(05): 47–55.

[17] BaroMonica, etal. ReadingPromotion in Public Libraries in Catalonia: Evaluation and Results[J].ProfesionalDeLaInformacion, 2012, 21(3): 277–281.

[18] 谢燕 , 邹军 . 高校图书馆阅读推广质量评价指标体系研究 [J]. 图书馆学研究 , 2019(02): 89–93+25.

[19] 卢苗苗 , 方向明 . 高校图书馆阅读推广活动绩效评估指标体系构建研究 [J]. 图书馆建设 , 2015(11): 34–37.

[20] 陈群 , 林丽 . 图书馆阅读推广效益评价 [J]. 新世纪图书馆 , 2017(11): 28–32.

[21] 孟凡芹 . 新媒体视角下高校图书馆阅读推广模式的评价研究 [D]. 西南科技大学 , 2018.

[22] 李迎 . 高校阅读推广活动评估机制构建与研究 [J]. 图书馆工作与研究 , 2018(11): 124–128.

[23] 李杨 , 陆和建 . 我国全民阅读推广长效机制建设研究 [J]. 图书馆工作与研究 , 2018(06): 113–118.

[24-27] 王学贤 , 魏祥丽 . 加拿大"暑期阅读俱乐部"评估实践与启示 [J]. 图书馆工作与研究 , 2021(05): 71–76.

[28] 文意纯 . 英国"信箱俱乐部"项目评估报告体系及启示 [J]. 图书馆理论与实践 , 2017(04): 102–105.

第四章

阅读推广人队伍建设

阅读推广人是阅读推广活动具体实施的执行人，是阅读推广活动专业化、系统化的重要推手，阅读推广人的素质关乎阅读推广活动的质量和效益。[1] 随着阅读推广工作的持续推进，社会对阅读推广人才的需求急增，阅读推广人队伍建设得到了从业内到业外、从民间到政府的普遍重视，《全民阅读"十三五"时期发展规划》《全民阅读促进条例》的出台从政府层面对加强阅读推广人队伍建设提出了明确的要求，政府部门、社会机构、专业学会纷纷探索开展形式多样的阅读推广人培育活动，提升阅读推广人的专业素质，壮大阅读推广人的队伍规模，并取得了显著成效。

第一节

阅读推广人的概念及特征

一、阅读推广人的概念

1. 阅读推广人的定义。作为承担阅读推广活动的策划、组织与实施的主体的阅读推广人，最开始并没有一个明确的定义，它通常是指在社会上从事阅读推广活动的热心人士，如阅读活动负责人、文化志愿者、故事妈妈、阅读指导老师等。步入 21 世纪，随着全民阅读活动的蓬勃发展，我国政府相关部门及公共图书馆等专业机构开始有针对性地开展阅读推广队伍的建设工作，阅读推广人逐渐成为一个正式的称谓，并有了相对清晰的界定。下面是几个关于阅读推广人比较有代表性的定义：

定义 1：阅读推广人是指个人或组织等阅读机构通过多种渠道、载体和形式向社会公众开展阅读指导、传播阅读理念、提升市民阅读能力和阅读兴趣的专职和业余人士。（《深圳市阅读推广人管理办法》，2012 年）[2]

定义 2：阅读推广人是指热心阅读推广工作、不以物质报酬为目的、具备一定阅读推广技能和知识、自愿为社会公众开展阅读辅导和指导、传授阅读方法、播撒"阅读种子"的人。（《张家港市阅读推广人管理暂行办法》，

2012 年）[3]

定义 3：阅读推广人指具备一定资质、能够开展阅读指导、激发读者阅读兴趣、提升读者阅读能力的专业或业余人员，包括各类各级图书馆和教育、科研、生产等相关企事业单位人员，以及有志于参加阅读推广事业的其他社会人员。（中国图书馆学会第六届青年学术论坛暨阅读推广人培育行动记者会，2014 年）[4]

定义 4：阅读推广人指出于促进他人阅读的目的、经过学习或培训及实践、用具有专业性的方式从事阅读推广工作、具有一定阅读推广能力的人。（张章，2016 年）[5]

定义 5：阅读推广人就是从公益的角度出发，具备一定阅读推广技能和知识，通过故事会、读书沙龙、专业讲座等方式，自愿为社会公众开展阅读辅导与指导、传授阅读技巧和方法、提升阅读兴趣、分享阅读经验，让更多的人跨越阅读障碍、学会阅读、爱上阅读的人或组织。（杨晓菲，2017 年）[6]

综合上述种种关于阅读推广人的定义来看，阅读推广人并非局限于公共图书馆的工作人员，可以来自不同阶层、不同职业，无论是公务员、作家，抑或是学校老师、书店老板，凡是掌握一定的阅读推广方法和知识、热心阅读推广事业、能够开展阅读指导活动、引领读书风尚的社会各界人士，都可以成为阅读推广人队伍中的一员。

阅读推广人来源复杂，个体差异较大，因每个人有着不同的知识背景和能力水平，所以在阅读推广中所起的作用各有不同，有的擅长儿童阅读，有的拥有为特殊群体阅读服务的技能，有的喜欢经典推广，有的长于组织活动。但他们总的目标是一致的，都希望通过传授阅读技巧与方法，分享阅读体验，让更多的人学会阅读、跨越阅读障碍、爱上阅读。

2.阅读推广人的工作内容。综观国内外阅读推广人的工作内容，可以看到他们所能承担的工作相当广泛，从日常的读者咨询、知识导航，到劝读助读、活动开展，到处都能留下他们忙碌的身影。《张家港市阅读推广人资格认证管理制度（试行）》中，阅读推广人有两个等级，分别是阅读推广员和阅读推广师。阅读推广员的要求相对较低，工作内容主要包括：引导市民利用好阅读资源、协助阅读推广师策划和组织各项活动、为阅读推广活动的顺利开展提供辅助性服务。阅读推广师的工作内容则更为技术化和专业化，需要承担的工作任务包括分享阅读经验、传授阅读技巧、提升广大市民阅读能力、为市民提供专业化规范化的阅读指导。一般而言，阅读推广人主要开展下述几类的工作：

（1）读者参考咨询服务。这项工作类似于普通的图书馆志愿者所扮演的角色，主要是在服务大厅、借阅窗口或参考咨询部门解答读者基本信息咨询，指导读者利用各项服务，帮助读者查找图书，协助读者解决查询资料过程中出现的问题和困难。从事参考咨询工作不仅需要阅读推广人熟悉图书馆概况和基本服务项目，懂得图书馆文献组织与排架的方式，熟练掌握图书馆文献查询系统的操作方法，还要具备有一定的读者心理学知识，擅长人际交流，工作积极、主动、热情，这样会增加读者的信任感和亲切感，拉近与读者的距离，便于了解读者的需求。

（2）图书馆宣传推广工作。这项工作主要是向读者和社会公众普及图书馆学的基本知识，向读者（特别是新读者）全方位地介绍图书馆的运行方式及管理模式，倡导良好的借阅习惯；协助图书馆做好读者对图书、期刊、数字资源等文献资料的需求及使用评价调查，定期收集读者对图书馆服务的建议和意见，做好记录并及时反馈；向社会公众宣传图书馆的基本职能与所发挥的作用，让更多的人了解图书馆，赢得社会公众对图书馆工作的广泛理解与支持，进而吸引更多的人爱上图书馆、走进图书馆、享用图书馆的各种便利和服务，让图书馆成为个人学习、生活的重要场所。宣传推广工作需要阅读推广人具备较强的语言能力、文字功底和组织协调水平。

（3）劝读助读工作。这项工作主要是对于缺乏阅读意愿，即不愿意进行阅读的人群进行劝读工作。阅读推广人要和他们进行良好的沟通和互动，通过鼓励、引导和帮助，使之认识到阅读的意义和重要作用，从而对阅读活动产生持续的热情和兴趣。对于因为文化程度、经济社会环境限制，或残障、体衰、疾患等原因无法正常阅读的人群进行助读服务。阅读推广人要关爱特殊群体，走进社区、农村、福利院开展图书捐赠、伴读、助读等活动，如为视障读者及儿童和视力减退的老年人提供面对面的朗读服务，为残障读者、农民工、老年人开展上门送取书服务。

（4）参与阅读推广活动。阅读推广活动需要一支专业化运营团队，阅读推广人自带的专业背景和浓厚的阅读兴趣，使之可以成为推广阅读服务的得力助手，既能缓解阅读推广活动中人力不足的矛盾，也为专业队伍的建设提供条件。在活动前期，阅读推广人分工合作，进行活动资料收集、分析，参与活动主题和内容的创意策划，可以使活动的形式和内容更贴近读者的需求。在活动宣传中，不同背景、兼具读者身份的阅读推广人可以更加接近读者和群众，用更快、更接地气的宣传有效地吸引读者，更大程度上加强宣传效果，调动读者的参与热情。在活动开展过程中，阅读推广人可以结合自身经历与读者分享阅读经验，向其传授阅读技能、传递阅读信息，甚至可以推出"一对一""一对多"的分流式推广，提高活动的效率。活动结束后，阅读推广人比活动主办者与读者的沟通更加通畅，更容易第一时间获取读者对相关活动提出建设性的意见或建议。随着阅读推广人队伍的不断扩大，阅读推广活动会有更多的选择，这也使得策划推出更高层次、更大规模的阅读推广活动成为可能。

二、阅读推广人队伍建设的必要性

在推进全民阅读的大背景下，无论是阅读推广的创新与发展，还是阅读推广人的职业认同，都需要重视阅读推广人队伍的建设工作。

1. 高品质的阅读推广活动，需要众多阅读推广人的共同推动。据第 20 次全国国民阅读调查统计报告，2022 年我国成年国民人均纸质图书阅读量为 4.78 本，而生活节奏快、压力大的日本的人均阅读量为 40 本，排在世界第 2 位，以色列则以人均 60 本的数量排名世界第 1 位。[7] 上述数据表明，与其他国家相比，我国的国民阅读量还存在着巨大的差距，因此的确有必要进一步强化阅读推广活动，鼓励和倡导国民阅读。统计报告还显示，我国成年国民的图书阅读率仅为 59.8%，对于个人总体阅读情况表示满意（非常满意或比较满意）的比率仅为 26.8%，高达 73.2% 的人对自己的阅读情况评价不高（一般、比较不满意或非常不满意），有 80.5% 的人希望当地政府和有关部门能够举办读书节或类似的读书活动。由此可见，社会公众对开展阅读推广活动是存在较高的期盼和诉求的。开展阅读推广活动，人力资源是第一位的决定因素，如果阅读推广人的素质不高、数量不足，阅读推广活动难免会流于形式，频次低、数量少，不会取得好的效果。此外，目前我国的阅读推广人大多来源于图书馆员，由于受学科背景和职业经验的影响，他们在策划组织阅读推广活动时会存在思维定式，导致阅读推广活动策划的创新性不足，活动吸引力不足，社会公众参与的积极性不高。阅读推广人成分单一且数量不足，既会影响阅读推广活动的质量，又不利于它的可持续开展。拥有足够数量，且身份构成多样化的阅读推广人队伍，有利于阅读推广活动的策划创新及组织实施的顺利进行，提高阅读推广活动的覆盖率及成效，因此称得上是实现全民阅读目标的重要助力。

2. 个性化的读者阅读需求，需要众多阅读推广人的团结协作。近年来，社会公众的阅读需求呈现出小众化、分众化、个性化的特征，阅读内容和阅读形式多样化趋势明显。[8] 例如仅从成年国民阅读形式选择偏好来看，2022 年有统计数据显示，45.5% 的人喜欢"拿一本纸质图书阅读"，选择"在手机上阅读"的比率为 32.3%，有 8.1% 的人选择"在电子阅读器上阅读"，倾向于"视频讲书""听书""网络在线阅读"占比分别为 2.8%、6.8% 和 8.2%。阅读推广内容又可细分为经典阅读推广、时尚阅读推广、数字阅读推广、特殊群体阅读推广、儿童阅读推广等多种类型。因此仅仅依靠图书馆员作为阅读推广人来单打独斗，是无论如何也不能根据目标群体的阅读习惯、阅读特征及社会环境的变化，筛选出可能引发读者阅读兴趣的读物，开展有针对性的、精准化的阅读推广活动的，只有多层面、多职业、多身份的各界人士作为阅读推广人共同参与，才能获得实实在在的阅读推广效果。[9] 每位阅读推广人的专业和职业背景不同，各自都有自己所擅长的领域，这为开展分众化、有针对性的阅读推广服务提供了条件，使得社会公众根据自身的个性化的阅读需求，有选择地参加适合自己的阅读推广活动，既可以节省他们的时间和精力，又能够享受到精准的阅读服务。因此，阅读推广需要全社会多方面地参与，整合更多的社会资源，让更多的社会力量和各界人士参与进来，阅读推广活动才能获得更大的成功，产生更大的影响，达成推进全民阅读的目标。

3. 特色化的阅读推广形式，需要借力阅读推广人的专业技能。富有特色的阅读推广形式，可以有效激发社会公众参与活动的热情和阅读兴趣。不同社会背景但具有相同兴趣和热情的阅读推广人，能够创造出更多的阅读推广形式，提升阅读推广活动的质量。比如对于《诗经》的赏析，可以安排有专业特长的阅读推广人讲解、朗诵或者吟唱，而吟唱还可以因专长的不同分为流行歌曲、京剧、黄梅戏、豫剧等不同的方式。比如说中央电视台推出的《经典咏流传》作为一档意在向观众推广中国古代文学经典的大型阅读推广栏目，节目从作品的优选、词曲的演绎、表演形式的设计、艺术的传承到现场点评与互动等各个环节，都需要创作、编导、演员及点评嘉宾具备透彻的体悟能力、深厚的古典文化修养，以及对于经典精髓的准确传达能力，这样才能让观众不仅领会词文的优美，亦能得其蕴涵的深意，其中无处不体现出专业的力量。由资深读者、教育文化事业从业者构成的阅读推广人队伍，对于阅读推广的理论和手段往往充满了专业的见解，能够有效提升阅读服务效率。因而特色化的阅读推广形式需要大量的社会达人、知名专家加入阅读推广队伍中来。

4. 广泛性的阅读推广活动，需要建立阅读推广人的社会认同。社会认同是指社会个体认识到自己属于某一特定的社会群体，并且作为群体的一员能带给自己的价值和情感意义。社会认同理论认为，当一个人要决定什么是正确的行为的时候，别人会怎么想、怎么看是重要的判断标准之一。人们会努力保持或追求积极的社会认同来增强他们的自尊，如果没有获得社会认同，人们就会试图离开他们所属的群体，或与之有所区分。随着国家及地方政府促进全民阅读的法规条例的相继发布，"阅读推广人"这一职业有了相关的法律保障和政策支持，阅读推广人队伍也从早期的图书馆员、教师、故事妈妈等少数个体发展成如今的有组织、有规模的人才队伍，这使得阅读推广活动呈现出了广泛性、多样化的特点。但专家调研发现，在社会认同方面，由于阅读推广人的身份构成复杂，服务理念和能力也表现出较大差异性，部分公众仍然会质疑阅读推广人开展的活动，认为其举办的阅读推广活动与以获利为目的的促销行为相同，甚至因此产生抵触的情绪。由于对阅读推广人这一职业的功能和价值缺乏认同，一些阅读推广人个体和民间阅读组织在寻求活动经费、场地、参与群体等活动资源的社会支持时会产生一定的困难，导致开展推广活动阻力重重。而拥有场地、资金等资源的单位和部门在开展阅读推广活动时，又存在着缺少专业的推广人员的问题，影响了阅读推广活动的效果。因此，组建阅读推广人队伍，可以规范阅读推广人的队伍管理，帮助改善服务方式和服务态度，赋予阅读推广人专业身份，正面宣传阅读推广人的职业价值，提供必要的资源，助力阅读推广人加强与社会各界的交流与合作，促进相互协作。增强社会对阅读推广人这一职业的认同感，有助于推动阅读推广活动的顺畅和高效开展。

三、阅读推广人队伍的构成

阅读推广是一项全民参与的活动，阅读推广人队伍由来自不同社会组织和阶层的人员组成。2019 年颁布实施的《广东省全民阅读促进条例》第二十三条提出："鼓励和支持公务员、教师、文艺工作者、科技工作者、图书馆工作人员、新闻出版工作者和高等院校学生等作为志愿者加入阅读推广人队伍。"[10] 阅读推广人队伍人员组成背景复杂，凡是有志从事阅读推广服务的人员都可成为队伍的一员，理清阅读推广人队伍的人员构成，对于阅读推广人队伍后期的培育与管理具有重要意义。可以从下述几个角度对队伍的构成进行区分：

1. 按参与活动时是否支付报酬，阅读推广人可分为志愿和非志愿两个类型。

（1）志愿型阅读推广人员。志愿型阅读推广人员是一群不以获取报酬为目的、助人为乐、愿意为阅读推广活动奉献个人时间和力量的文化志愿者。一个阅读推广机构即便设立有专职的阅读推广的部门和岗位，其人员的配置和活动的经费也是有限的，阅读推广活动的开展仅仅依靠图书馆等专业的阅读推广机构是远远不够的。志愿者的加入，不仅可以减轻专职人员的工作负荷，节省阅读推广活动的经费支出，还可以经由志愿者的言传身教，带动身边的人更多地了解阅读的价值和参加阅读活动，为活动增加新的生命力。阅读推广的公益性正吸引着越来越多的志愿者加入其中，正在成为阅读推广活动的一支不可或缺的人力资源，发挥着越来越重要的作用。全民阅读是一项需要发动全社会力量共同努力才可能完成的系统工程，志愿型阅读推广人员是阅读推广活动中人力资源的重要组成部分，应在社会上大力宣传和倡导文化志愿服务，图书馆等阅读机构应有意识地主动招募和邀请那些热心于阅读推广工作且具有一定专业素养的社会人士加入阅读推广人队伍中来，共同推动阅读活动的开展。如苏州图书馆通过与苏州幼儿师范高等专科学校联系，招募学前教育专业的二至四年级的学生组建"故事姐姐"团队，在图书馆内及新华书店、社区邻里中心等场所为小朋友讲故事；[11]首都图书馆和北京红泥巴文化发展有限公司联手共同发起"播撒幸福的种子"儿童阅读推广计划项目，在全市范围内招募志愿者成为"种子"故事人，通过培训让"种子"们掌握讲故事的方式方法，一批又一批的"种子"故事人在幼儿园、学校、公园、图书馆把绘本故事传播到孩子的内心深处。[12]

（2）非志愿型阅读推广人员。非志愿型阅读推广人员是指那些在参与阅读推广过程中会获取一定的报酬的人员。当阅读推广活动是一些更具专业性、知识性、技能性的项目，如邀请学科专家开展公益讲座、现场咨询、知识培训，或为了扩大活动的社会影响邀请社会名人参加活动启动仪式、活动宣传等，支付一定金额的劳务费用是争取他们参与活动的一种有效手段。志愿服务崇尚奉献精神，不求名利，不计报酬，但我们不能要求所有人都以志愿服务的方式参与阅读推广活动。实际上，对于许多身有专长的人来说，支付报酬是他们的学识、经验、技能和社会形象的价值体现，是无可厚非的。非志愿型阅读推广人员通常拥有更强大的专业能力、组织能力和社会影响力，必要时能够为阅读推广活动起到推波助澜的作用，能量不容小觑。高质量的阅读推广活动需要一支高素质的专业阅读推广人团队的积极谋划和用心参与，图书馆等各类阅读推广机构都应该重视对复合型、专业型阅读推广人才的培养工作，除了招募志愿者充实服务团队，通过集中培训、学术研究、工作调研等多种形式提高阅读推广专业技能，还应了解和掌握本地区甚或是全国范围内有影响力的专家、名人的资料和信息，平时加强沟通与交流，有选择性、针对性地邀请非志愿型阅读推广人员加入本地的阅读推广队伍中，优化队伍人员的专业结构和素质。

2. 按参与活动时所能发挥的作用，阅读推广人可分为专家型阅读推广人和普通型阅读推广人两种类型。

（1）专家型阅读推广人。所谓专家是指在某种技艺、某门学科方面掌握有专门技能、专业知识的人。专家之所以能够被社会广泛认可，是因为他们能够利用自己的技术和学识，对某一个特定的细分领域的事件做出正确或明智的判断，且被同行和公众认可。专家型阅读推广人是在某一领域或学科有一定的造诣、权威和影响力的专业人士，他们因阅读推广活动的特定需要而被邀请参与阅读推广活动，以他们的技能、知识、技术或经验为阅读活动提供专门化的服务。专家型阅读推广人既可以从阅读理论、阅读内容、阅读技巧、阅读文化等方面为阅读者阅读能力的提升提供帮助，也可以为活动参加者工作、生活中所遇到的问题答疑解惑，还可以为整个阅读推广人的队伍建设提供培训、指导等智力支持。邀请具备专门学科背景、有一定学术影响力的专家参加阅读推广活动，有助于激发社会公众参与活动的热情，提升活动的影响力和效益。

（2）普通型阅读推广人。普通型阅读推广人是指阅读推广队伍中那些在知识、经验或技能方面并不特别突出的人员。之所以归类为"普通"，并不是说他们不具备一定的专业知识或技能，只是因为不够特别突出，或者与普通人的水平相当，还没有达到专家级的水准。他们参加阅读推广人队伍，并非凭借其个人的知识、技能或经验等原因，这类人员占到阅读推广人队伍中绝大多数。普通型阅读推广人的门槛较低、来源范围比较广泛，公职人员、学生、企业工人等，只要具备一定的与开展阅读推广活动相关的能力，且有时间和愿意与他人一起分享阅读的人，都可以成为阅读推广队伍的一员。

3. 按阅读推广人的社会身份，阅读推广人可分为图书馆工作人员、专业学术机构成员、民间阅读机构人员、学校老师、政府部门工作人员、社会个体等类型。

（1）图书馆及工作人员。《公共图书馆法》第三十六条明确规定："公共图书馆应当通过开展阅读指导、读书交流、演讲诵读、图书互换共享等活动，推广全民阅读。"《普通高等学校图书馆规程》《中小学图书馆规程》也都对图书馆开展阅读推广活动提出了要求。大多数的图书馆都设置了阅读推广的部门或岗位，安排专人从事阅读推广工作，并通过邀请专家对图书馆员进行规范化、专业化培训，已经逐渐培养出了一批组织策划和沟通能力强、阅读指导实践经验与理论知识丰富的图书馆阅读推广人员。

（2）专业学术机构及成员。专业学术机构是指专门从事阅读推广理论研究、活动宣传与实施的社会团体。专业学术机构的成员（会员）一般都是具备较高阅读推广知识和技能的阅读专家，他们在阅读推广活动中表现出较高的引导性和专业性，是阅读推广活动的重要参与者和推动者，也有能力调动人力、物力和经费去策划组织一场或者一系列有影响力的阅读推广活动。中国图书馆学会、中国阅读学会及其各省、市级学会是这类机构中比较有代表性的社会性团体，在阅读推广领域素有"北王南徐"美誉的北京大学王余光和南京大学徐雁两位教授、深圳图书馆的吴晞馆长、苏州图书馆的邱冠华馆长等，都是中国图书馆学会下设的阅读推广委员会的成员。

（3）民间阅读机构及人员。民间阅读推广机构包括各类社会团体、阅读公益组织、绘本馆等。它们是致力于为社会提供阅读推广服务的民间组织，多是通过或利用自身的资源和力量，或承接政府的阅读推广项目，或借助图书馆、新华书店、出版社等单位的场地、文献、设施设备等阅读资源，独自或联合社区、学校、传媒机构等社会力量去推动阅读推广活动的开展。民间阅读机构通常以某种明确的主题进行组织阅读推广活动，具有明显的区域性特征。例如每年都会召开的各种主题的阅读研讨会都会推出各具特色的阅读推广项目，推广国内外最新的阅读理念，已发展成为我国阅读推广活动的生力军，而这些研讨会多数均系民间阅读机构所为。总的来说，民间阅读推广机构数量众多，但单体的规模不大，生存和发展不易，需要寻求合适的盈利平衡点来保持活力，更需要公益性机构的支持和帮扶来发展壮大。

（4）学校老师。儿童和青少年时期是心智发育最活跃的阶段，也是人生最佳的阅读能力与阅读习惯培养时期，未成年人群体应该是阅读推广活动的重点关注对象。未成年人的大部分时间都是作为学生在学校中学习和生活，对其长时间陪伴的是学校的老师，老师的参与可能会影响学生一生的阅读习惯。学校里有合适的阅读环境和丰富的阅读资源，老师，特别是语文老师，一般都具有较高的阅读指导能力，可以从阅读材料的选择、阅读技巧与阅读方法的学习掌握等方面提供专业化的指导。老师是青少年成长中的领路人和学习的榜样，学校的老师尤其是语文老师，不但自己首先要爱读书、善读书，而且要承担起阅读推广的重任。

（5）政府部门及工作人员。政府部门兼具强制性和权威性的特征，当全民阅读上升为国家战略后，政府部门及人员必然要成为阅读推广的重要组成部分和主要推动力量。政府部门工作人员尤其是部门领导同志，可以为阅读推广活动的持续开展提供政策、资金和人力等方面的保障。同时，政府组织的阅读推广活动具有指导性和权威性，倘若被作为社会文化活动的主流被社会大众媒体予以宣传和推介，有利于保证活动的顺利开展，促进社会公众阅读意识的形成。我国广泛开展的"全民读书日""世界读书日""全民读书月"等群众性读书活动，背后都离不开政府部门大力推动的身影。

（6）社会个体。全民阅读推广活动需要全民的参与和支持，社会的每一位公民，不论年龄、种族、职业，只要愿意为阅读推广贡献一份力量，都可以成为阅读推广人队伍的一员。

第二节

阅读推广人队伍的管理

"上古结绳而治，后世圣人易之以书契，百官以治，万民以察"（《周易·系辞下》），管理活动起源于人类群体生活中的共同劳动，是人类社会各种组织活动中最普通和最重要的一种活动，是人类文明和社会性发展到一定阶段的产物，距今已有上万年历史。管理是为了实现预期目标而对组织内人力、物力、财力和信息进行系统的规划、重组和调配的活动，其重点是对人的管理。随着阅读推广人队伍规模的迅速发展，如何实施对阅读推广人队伍的有效管理，以创造一个能让所有人员贡献才智的环境，最大限度地发掘阅读推广人自身潜能，正变得日益重要。

一、阅读推广人管理的内涵与原则

人力资源，又称为劳动力资源。从广义上讲，人力资源是一个社会中具备体力劳动能力和智力劳动能力的人口的总和，是指在一定范围内的人所具有的劳动能力的总和；狭义的定义则是指一个组织中所拥有的能够从事生产和提供服务的人员。经济学将为创造财富而投入生产活动中的所有要素统称为资源，包括人力、财力、物力、时间、信息等，其中人力是一切要素中最宝贵的资源，包括质量和数量两个方面。自美国著名经济学家、诺贝尔经济学奖获得者西奥多·W.舒尔茨（Theodore W. Schultz）在《人力资本投资》一书中提出"人力资本"的概念以来，人力资源的地位作用日益凸显，受到人们的广泛重视。人力资源管理是指单位或机构根据自身发展战略的需要，通过招募、遴选、培训、使用、考核、调整、激励等一系列过程，有计划、有目的地对人员进行合理配置，以调动员工的积极性，发挥员工的潜能，保证个人发展和组织目标的实现最大化。

1. 阅读推广人管理的内涵。长期以来，在阅读推广活动中，主办者往往认为阅读推广人从事的是公益爱心服务，且大部分是志愿服务，而将管理的重心放在了物质与资金的处理上，忽略或者说忽视了对人力资源尤其是阅读推广人的管理，这种长期的管理重点错位给阅读推广工作带来了各种问题，如活动组织效率低下、推广人员流动率高等。需要强调的是，阅读推广人是特殊类型的人力资源，在管理的过程中不宜简单套用企业单位的人员管理模式。阅读推广人参与阅读推广活动，更多的是一种信念、责任和使命感，而不是为了获得物质利益或金钱报酬，因此对阅读推广人管理的重点在于价值观和责任感的管理，更多地体现人文关怀。阅读推广人管理作为一种理念、政策和制度，影响着阅读推广人在服务过程中的价值观、态度和行为。管理不善不仅难以吸引高素质阅读推广人的加入，也会导致资源的浪费，甚至可能严重损害阅读推广人对阅读推广活动的热情。

阅读推广人管理是将阅读推广人的招募、培训、资质认定、开展活动、评价与激励等要素有机结合，充分挖掘阅读推广人的主观能动性和潜能的过程。结合阅读推广人的特征和人力资源管理相关要素，阅读推广人管理流程如下图所示。

按时间节点划分，阅读推广人管理流程（见图4.1）大致可分为前期、中期和后期三个阶段。在管理前期，管理者要制订关于阅读推广人管理总体规

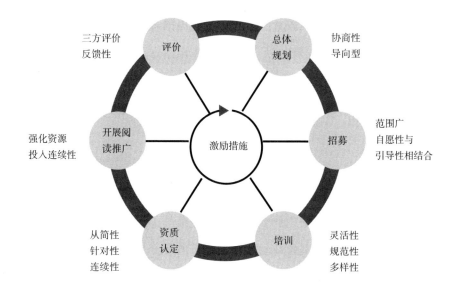

图 4.1　阅读推广人管理流程图

划，包括总体目标、管理标准等内容，这是阅读推广人管理活动有序开展的重要保障；在管理中期，管理者根据已制定的相关标准，招募阅读推广人并进行相关培训和资质认定；在管理后期，管理者要根据阅读推广人在活动开展过程中的实际表现以及阅读推广活动的效果对阅读推广人进行评价。激励措施则需要贯穿于整个管理流程，以充分激发阅读推广人的主观能动性。

2. 阅读推广人管理的基本原则。阅读推广人管理的终极目标是充分发挥阅读推广人的力量，推进全民阅读活动的深入开展，并取得扎扎实实的效果。阅读推广人管理是一种特殊形式的人力资源管理，在管理过程中应坚持以下原则：

（1）自愿原则。命令式的管理与阅读推广人"自愿服务"的理念相违背。阅读推广服务必须是自愿参加的而不是行政命令式的，而且这种自愿是主动的而不是被动的，是自觉的而不是强迫的。非自愿的管理方式难以发挥持续的积极作用，而协商式管理则能提升阅读推广人对职业活动的满意度。因此管理者应采取社会化动员为主、组织化动员为辅的方式，通过创新活动载体、搭建实现自我价值的平台、提供有力的支持保障，让阅读推广人自觉自愿地参与阅读推广活动。

（2）快乐原则。"开心最重要"，这是人们生活中常说的一句话。快乐激发出来的积极性与热情可以让人自觉自愿主动地接受工作，而一旦一个人行动是出于主动和自愿，不论交给他什么任务，他都会想方设法完成好，还能在工作过程中主动发现问题和解决问题。快乐管理以人的兴趣为出发点，努力创造条件使工作适应人，而不是单纯地让人去完成工作，是管理的理想境界。让人从工作中感受到幸福，以快乐的心情投入工作中，是管理者应该追求的崇高目标。在对阅读推广人队伍进行管理的过程中，要让阅读推广人将有意思的事情做得有意义，将有意义的事做得有意思，在参与推广活动的过程中体会到成长，感受到快乐，这样才能吸引到更多的人成为阅读推广人，稳定和提升推广人队伍的能力和力量。

（3）平等原则。从管理学的角度来讲，从总经理到一般员工，人人都是平等的，不是职位高的人管理职位低的人，而是每个人都被自己的职责所管理。高级岗位的人员管理低一级岗位的人员，是因为高级岗位的职责包含着管理低级岗位的职责，身处高级岗位的人员只是高级岗位职责的实施者而已。[13] 平等管理的目标是坚持人人平等的理念，以尊重他人、尊重人性、尊重人格为出发点，通过创设良好的文化环境与氛围，激发每一位员工的创造性和工作积极性，保护每一位员工的参与意识和主人翁意识，促进组织机构管理能力与管理水平的提高，实现组织机构的工作目标。在阅读推广活动中，团队里每个人，不论是活动的骨干成员还是参加活动的领导干部，大家只是有分工不同，没有级别不同，都是阅读推广人，都应该平等对待，按能力和工作需要分工，而不应该体现出所谓领导与基层的差异。

（4）人本原则。管理的人本原则，是指尊重人的价值和尊严，以人为本，关注员工的需求和利益，创设和谐的工作氛围和人际关系，提供良好的个人发展空间，最大限度地满足员工的物质和精神需求，从而激发员工的工作积极性、主动性和创造性，其实质是充分肯定人在管理过程中的主体地位。[14]物资、资本、信息、时间等都为人所掌握，为人所用，人是其他构成要素的主宰，离开了人，管理就失去了价值，所有其他的要素都难免成为一堆无用之物。因此在阅读推广人管理过程中，要充分尊重阅读推广人的主体地位，把阅读推广人的内心认同，作为组织开展阅读推广活动的根本出发点。俗话说"一个篱笆三个桩，一个好汉三个帮"，在阅读推广活动的策划设计中，负责人要首先充分听取阅读推广人的意见和建议，在活动开展过程中，通过明确岗位和职责分工，使每位参与者各尽其能，各司其职，增强阅读推广人的责任感和归属感，把阅读推广人的志愿精神、服务热情、专业技能与社会需求有机结合起来，让阅读推广人队伍形成一个有机的整体。

（5）激励原则。激励就是激发鼓励，即通过采取有效的措施，持续激发个体产生某种动机，规范和诱导个体的行为方式，以有效实现个体及组织目标的心理过程。如何做好激励工作是管理心理学的一个重要课题，有研究表明，在缺乏激励的环境中，只有20%~30%个体能力能得到发挥，而大部分人则处于人们常说的"摸鱼""出工不出活儿"的状态，有时还会引起相反的效果。但在适宜的激励环境中，同样的个体却能激发80%~90%的潜力，甚至会有超水平的发挥。所以激励不仅能够激发人们的工作兴趣和热情，提高人们对自身工作的认识，还可以让其对所从事的工作产生积极、深刻、强烈的情感和偏爱。有效的激励会满足个体超越自我和他人的欲望，点燃起人的工作激情，使人的工作动机更加强烈，并将巨大的潜能释放出来。对于阅读推广人采用激励机制，并不与阅读推广活动的公益、自愿相违背，有激励才有动力。只不过与企业管理稍有不同的是，对阅读推广人的激励不是市场条件下的等价交换，更多的是精神上的激励，比如说用授予称号或颁发证书的形式，让他们获得心理上的满足，感受奉献的快乐。

二、阅读推广人招募

阅读推广人招募，既是寻找能够满足阅读推广活动需求的志愿人员的过程，同时也是阅读推广人寻求通过参加阅读推广活动满足自身发展目标的过程。招募是阅读推广人管理的重要环节，招募工作能否成功，取决于招募计划的合理性和招募工作的有效性。在人员招募的过程中，需要积极发动和引导社会各层面的力量共同参与，为扩大阅读的影响和传播范围奠定基础。

1.阅读推广人招募原则。阅读推广人的招募要以坚守阅读推广活动公益免费，与阅读推广人参与活动自由、平等为基础，广泛吸引社会公众自愿参与，有序引导。在适当的时间，找到适当的阅读推广人，将他们安排在适当的推广活动岗位上，保证阅读推广活动服务的长效性和持续性，形成具有特色的阅读推广活动品牌。阅读推广人首先是阅读推广活动的服务对象，接受其他阅读推广人提供的阅读推广服务；阅读推广人也是阅读推广活动的管理者，是活动中的工作人员，协助活动主办方策划、组织、实施阅读推广活动；阅读推广人更是阅读推广的受益者，通过参加阅读推广活动实现个人的人生价值。明确阅读推广人的角色定位，是认识阅读推广人招募原则和目标的出发点。

阅读推广人的招募对象来自社会各行各业，他们具有不同的工作经验和知识背景，因此招募工作要做到因人而异，在合理安排阅读推广人参加现有的、常规的推广活动的基础上，可以结合经费、场馆、人员等情况，创造性地开辟新的阅读推广活动项目，形成自身特色，这样既可以丰富阅读推广活动的形式和内容，又能充分利用阅读推广人的自身资源，让阅读推广人以满腔热情展现自己的特长，实现双赢目标。阅读推广人的招募工作要避免歧视，凡是对阅读推广活动感兴趣、想为阅读推广做一些有意义事情的人，就要让他有机会成为阅读推广人。

阅读推广人的服务不是短期行为，阅读推广人应能够自由选择想要参与的项目，将参与阅读推广活动作为一个持续的过程、日常生活和工作的组成部分，愿意付出精力和时间投入其中。在阅读推广人的日常管理过程中，管理者要与其构建起"伙伴关系"，加强全过程的合作，建立多元化的互信，形成良好的合作关系，共同去追求一个既定的目标，达到既定的结果，构建资源共享、互惠共赢的阅读推广服务伙伴模式。

2. 阅读推广人招募计划的发布。阅读推广活动需要广大阅读推广人的积极参与，这是毋庸置疑的。在招募前，管理者需要预测和决定引进的阅读推广人类型，即该招哪些人，怎样发挥阅读推广人的价值，进行合理规划，这对于是否能够引入优秀的阅读推广人至关重要，也为后续培训和实际工作打下初步基础。

（1）招募对象确定。在招募对象方面，除了面向社会的不特定人群广泛发动之外，还可与各级组织机构合作，招募机关企事业单位的干部、退休人员、大中专学生等潜在阅读推广人，也可向本身就具有吸引力的作家或名人发出主动邀请，招募自带"圈粉力"的社会知名人士加入阅读推广人队伍，利用名人的光环效应来激发群众的阅读兴趣。在人员招募时，要注意区分普通阅读推广人和核心阅读推广人。从阅读推广活动的稳定性来看，规范性的、固定的、系列化的工作需要成熟的、熟练的核心阅读推广人长期承担，他们是阅读推广人中的核心，能够起到沟通普通阅读推广人的纽带作用，是阅读推广活动中最重要的力量；而阅读推广活动中的一些临时性、非核心的工作，可以通过招募普通阅读推广人作为阅读推广人队伍的有益补充。核心阅读推广与普通阅读推广的人员设定并不是绝对的，平时需要注意培养和挖掘，将普通阅读推广人中部分社会责任心强、工作积极认真、有一定组织管理能力的成员，发展成为核心成员。从阅读推广活动的发展趋势来看，随着新媒体环境影响力的不断深入和社会公众网络素养的逐步提升，网络阅读推广人正在成为阅读推广人的一支新军，在制订招募计划时要予以充分的重视。

（2）招募常用方式。参考一般社会志愿者招募的通行做法，阅读推广人的招募分为暖身招募、目标招募、同心圆招募三种基本模式，具体采用何种方式要根据阅读推广活动的特定要求决定。

暖身招募是一种体验式的招募模式，招募的大多是为应对特定活动，短时间内需要动员大量人员；或者专业性不强、经过简单培训后即可胜任的阅读推广工作岗位。这种模式可通过张贴招募启事、散发宣传品、利用报纸电视等大众传媒发布信息、口头传播等方式，即时招募社会公众参与到阅读推广活动的服务中来。暖身招募方式既可以起到宣传将要举办的阅读推广活动的目的，也可以吸引更多的人走入阅读推广人的行列。

目标招募通常用来招募具有特定心理特征或者特定技能的阅读推广人。对于一些针对性较强、专业要求较高、需要借助专家个人或社会阅读推广人团队才能完成的阅读推广活动，招募特定目标阅读推广人就显得至关重要。在开展此类招募前，管理者需认真思考如下问题：此项活动需要何种阅读推广人？什么样的人愿意承担此项阅读推广工作？如何沟通联系？需要什么样的激励措施？

同心圆招募是一种简单有效且成本较低的招募方式，主要依靠阅读推广人介绍和推荐自己的亲友，加入阅读推广人队伍当中。据统计，许多阅读推广活动中，核心阅读推广人大多是以此种招募方式招募得来的。究其原因，主要在于此类人员在加入队伍之前就长时间受到了亲友的影响，对工作岗位有深入的了解，认同阅读推广的理念，并且加入时大多都已经过了深思熟虑，因此公益服务的热情比一般人更高，更能够长期坚持。

（3）招募信息发布。做好阅读推广人招募工作，最重要的一环就是以各种形式投放招募信息进行广泛宣传，使社会大众对阅读推广人工作内容及要求有一个比较清晰的了解。招募海报或公告应包括阅读推广活动的宗旨与目的、活动项目的详细说明、招募对象与资格条件、招募批次与人数、权利与义务、服务时间与地点、服务方式、报名方法与渠道、报名截止日期、咨询电话等信息。除了在醒目位置张贴海报之外，还要通过大众传媒、发放邮件等方式加强宣传。要重视网络新媒体（网站、微信、微博、抖音、快手等）的作用，在网站主页设置专门的网页链接，提供规范、有效的阅读推广人招募信息，提供在线报名或附报名表对长期、短期或有特殊要求的阅读推广人活动岗位进行热情邀约，在新媒体移动平台发布招募信息以获得关注。为吸引更多的专业人才参与到阅读推广人队伍中，应根据招募计划定期深入大学、企业和社区，进行定向招募宣讲。

3. 阅读推广人的遴选。阅读推广人遴选就是在申请报名者中选择适合阅读推广服务工作需求的阅读推广人，其中最主要的是适岗性评价。盲目追求招募数量，而忽视阅读推广人的个体情况与拟招募岗位的职责和任职要求是否匹配，不仅会影响阅读推广人在活动中的使用效果和个人能力的发挥，也会打击阅读推广人参与活动的积极性，为后期人员的流失埋下隐患。总体而言，一个阅读推广人在阅读推广活动中可以扮演三种角色：

第一种是领导者。领导是指在一定条件下影响和指引组织或个人、以实现某种目标的行动过程。在阅读推广活动中，所谓领导者，是指在某一或某项阅读推广活动中，承担计划、组织、指挥和协调等职能的阅读推广人。

第二种是直接服务者。直接服务者直接接触目标群体，为其提供阅读服务，并从中获得成就感。比如一位教师每周抽出一个晚上为盲人阅读书报，一位教授定期到图书馆开展经典阅读讲座，都属于这一类直接服务的阅读推广人。

第三种是一般支持者。这类的阅读推广人主要是在活动中承担协助散发传单、电话沟通、文书处理、维持秩序等事务性工作。

在进行适岗性评价时，管理者应当主要考察报名人所具备的工作技能、经验和原动力与上述哪一类的岗位相符合。适岗性评价还有一个重要的考察方面，那就是应募者价值观与团队价值观的匹配。价值观支配个体行为，价值观认同能够使个体行为与组织文化更好地融合，提高组织的工作绩效。阅读推广人个体与阅读推广机构之间并不存在经济契约，也不是从属关系，相互之间关系相对松散、自由，不存在太多的约束力和强制性，因此一定要让应募者明了阅读推广人团队的组织文化和价值观，让应募者权衡选择。考察应募者个体的态度与价值观，与考察其工作能力和掌握的技能同样重要，这样做虽然有可能会失去一些具备特殊技能的优秀人员，但更能增加阅读推广人队伍的稳定性。遴选的过程是根据申请人资料进行资格条件初审，初步审核合格的应募者可以进入面试环节。面试是一个双向沟通的过程，目前的阅读推广人招募，一般都是管理人员简单地了解应募人的情况后就安排工作，很少有正规的面试过程，缺少对阅读推广人的服务原动力和动机的深入了解，不利于在后续工作中掌握阅读推广人的心理变化，从而采取有效的激励方法。对阅读推广人而言，面试交谈也是一次自我选择的过程，可以让自己再做一次深入的思考，想明白参与阅读推广工作是出于自己的兴趣还是一时的激情，以及能够贡献的时间和承担的工作。

4. 阅读推广人的录用。在遴选结束后，无论是否录用，都应给应募者发放通知。通知要及时，等待时间太长会影响阅读推广人的积极性，特别是对于准备利用节假日和寒暑假参与阅读推广活动服务的应募者来说，等待时间越长，能够参与服务的时间就越短，甚至会错过服务期。对于录用的阅读推广人，除告知录用消息外，还要发放报到的时间和程序、服务须知、阅读推广人管理办法等信息，以及其他需要个人准备的材料。接下来是签订阅读推广人服务协议，明确阅读推广人将从事什么服务工作、服务时间及时长等内容。为加强对阅读推广人队伍管理的规范化，应建立阅读推广人资料档案库，将录用人员的基本资料和相关信息进行存储，为后期的阅读推广人服务的评估和激励，及其权益保障做好基础工作。在不侵犯隐私的前提下，个人档案信息要尽量详细，可以包括个人基本信息、目前所在单位、兴趣和爱好、技能、语言水平、身体条件、志愿服务经历、预计服务的时长、计划服务的项目、是否在其他阅读推广人组织服务、参与志愿服务的想法、居住住址和联系方式等，以便于后续开展阅读推广活动时，能高效地筛选出符合岗位要求的推广人。对于未被录取的应募人员信息也应适当保存一段时间，以避免短期内出现重复申请，提高管理效率。

三、阅读推广人的激励

激励是管理过程中不可缺少的环节。阅读推广人的构成以志愿型服务者居多，他们具有良好的自愿服务社会的品质和奉献精神，但是奉献并不是说不需要激励。适时有效的激励有助于提高阅读推广人的工作积极性和效率，有效避免"职业倦怠"现象的出现，挽留住有经验的阅读推广人。在对阅读推广人队伍进行管理的过程中，激励机制同样起着重要作用。

1. 完善资质认证机制，增强阅读推广人的职业归属感。对阅读推广人实行资质认证，是确认阅读推广人业务能力的重要手段。目前，在国内的职称资格评定体系中，还没有关于阅读推广人的资质认定，高校也没有开设与阅读推广相关的专业，阅读推广人多是由各地的政府部门、行业协会及民间组织等机构分别管理，由各管理单位自行确定认定制度。在实际操作层面，大多数地区的做法是仅在阅读推广人培训结束后给予学员资格证书，但较少提及后续是否会有资格晋升的机会。资质认证缺乏权威性和连续性，导致各地阅读推广人的服务水平参差不齐，这在一定程度上影响了阅读推广人的职业归属感和能力提升的动力。因此需要一个权威机构给出统一的资格认证标准，包括阅读推广人的定位、认证程序、分类分级、选聘条件及选聘办法等，以推进整个行业的健康发展。国家文化和旅游部、国家图书馆、中国图书馆学会等国家级的部门与社会团体应牵头制定统一的多层次阅读推广人资质认证体系，在全社会推广应用，起引导示范作用。各级管理者可根据自身情况，结合统一的资质认定标准，完善自身阅读推广人的资质认证制度。认证机制的建立能保障阅读推广人队伍的专业性和纯洁性，激发阅读推广人的学习动力，持续提升阅读推广人队伍的专业素养。

资质认证的过程要以简单高效为原则。对于参加培训的阅读推广人，可以考核认定的方法，考试合格即授予相应的等级证书；对于未参加培训的阅读推广人，可采取资质认定的方式，根据其学历、资历、专业技能、推广活动实践成果等进行综合评定后，授予相应的等级证书。[15]阅读推广人的聘用，则是根据其获得的证书等级，择优聘用为相应级别的阅读推广人。为扩大阅读推广人队伍的社会影响力，对于资深阅读推广人可以直接聘用，授予阅读推广人资格。

2.完善绩效评价机制，增强阅读推广人的工作责任感。绩效评价是指运用科学的标准、程序和方法，对评价个体的实际作为、工作业绩、取得成就等信息进行观察、收集、提取、组织、整合，并做出尽可能公正、科学、准确评价的过程。阅读推广人的绩效评价是根据阅读推广活动目标和要求，对阅读推广人的履行职责程度、工作完成情况等进行定量或定性的评价，其目的是帮助阅读推广人认识和发现自己的潜能，了解组织的期待及应有的工作表现，改正工作中出现的问题和缺点，确定自身努力的方向，更好地完成工作。评价结果会记入个人档案，作为后续的工作调整、有针对性的培训及奖惩的依据。

阅读推广人的评价机制要兼顾阅读推广对象（读者）和阅读推广人两个

方面因素，建立多角度、全方位、多层次的指标评价体系。基于阅读推广对象的评价指标体系的设立，应包括阅读推广活动是否主题鲜明、环境布置是否契合主题、读者对推荐读物的接受和喜好程度、读者与阅读推广人的互动状况、活动总体满意度等多个方面，由阅读推广对象做出客观的评价，通常在每场活动结束后进行。基于阅读推广人的评价指标应包括阅读推广人的工作态度（主动性、合作性、创造性、亲和力、敬业精神）、推广能力（创新能力、策划能力、组织能力、沟通能力、实施能力）、工作成绩（文献借阅增加量、参与活动的人数、参加阅读推广活动的场数）等内容，定性与定量相结合，通常是定期进行。

绩效评价是一件敏感的事情，可能会引起阅读推广人抵触和担心。因此在评价过程中，一要坚持规范性原则，规范化是评价结果准确性和严密性的保证，要确保评价内容、方法、标准及过程的规范；二要坚持客观性原则，设立评价标准要客观公正，评价应在档案资料的基础上进行，实事求是，客观中立，尽量避免掺杂主观因素和感情色彩；三要坚持全方位原则，全面考察阅读推广人的工作表现，全面完整，不仅要体现阅读推广人的共性问题，还要反映其个性特点，防止以偏概全；四是保密性原则，评价结果要注意保密，只反馈给被考评的阅读推广人本人，防止影响面的扩大。

3. 完善人才激励机制，增强阅读推广人的工作荣誉感。美国心理学家亚伯拉罕·马斯洛在 1943 年出版的《人类动机的理论》中首次提出了"需求层次理论"的概念。需求层次理论认为，人类个体在社会生活中存在五种不同层次的需求，由较低层次到较高层次依次为：生理上的需求、安全上的需求、归属的需求、尊重的需求、自我实现的需求（如图 4.2 所示）。当较低层级的需求实现后，人们就会开始谋求更高层级的需求，直至自我实现的完成，需求层次理论强调没有被满足的需求是人的行为的主要激励源。人在不同时期、不同阶段，对某种需求的期望是存在差异性的，而且经常变化。个体因需求而产生动机，动机又会导致某种行为的发生，行为有其目标指向性，目标是否达成，会产生积极或消极的后果，影响着后续新需求和新动机的形成。因此作为管理者，应平时注意观察，弄清楚员工希望得到满足的需要是什么，并采取有针对性的激励措施。

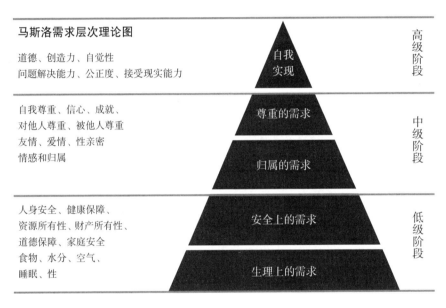

图 4.2 马斯洛需求理论

阅读推广活动的公益性特征决定了阅读推广人参与推广活动已经超越了生理上和安全上这两种低级阶段的需求。从阅读推广人的主观动机来看，可以将其归纳为奉献动机、社交动机、求知动机、归属动机、自我实现动机几个方面。阅读推广人的需求已经上升为较高的阶段，他们更在乎的是心灵层面的感受，重视被他人肯定和自我价值的实现，正确而恰当的激励能使阅读推广人产生新的需求，做出积极的行为。因此管理者需要采取合适的激励方式激发阅读推广人的服务动机，以提升阅读推广服务质量。[16] 具体来说，可以将激励分为精神激励和物质激励两种形式。

　　精神激励是一种内在激励，是精神层面的无形激励，比如对其工作绩效表示认可、向其提供更高的授权、建立公开公平的晋升机制、提供个人学习发展和进一步提升的机会，等等。情感是影响个体行为最直接的因素之一，任何社会人都有渴望各种情感的需求。著名的知识管理专家玛汉·坦姆仆（F. M.K. Tampoe）通过对知识型员工长期实证调研，发现知识型员工更加重视有挑战性的、能够推进他们不断提升的工作。因而他提出了知识型员工的主要激励因素排列顺序：个体成长＞工作自主＞业务成就＞金钱财富，认为对知识型员工的激励更多来自工作的内在报酬本身。[17]阅读推广人明显是属于知识型员工的范畴，他们对于工作的重要性和意义更为关注，更为重视工作本身及其带来的满足感、成就感和自豪感，也更加关心个人在其中得到的成长和发展。

　　精神激励的方式很多，领导的支持与肯定、亲朋好友的赞赏与支持、阅读推广人服务成果展、颁发优秀阅读推广人荣誉证书或证明、召开优秀阅读推广人表彰大会、阅读推广人风采展示与宣传、以座谈会或是文字等形式分享阅读推广经历，等等。此外，还可以通过开展联谊或外联活动，增强阅读推广人工作认同感和成就感。

　　物质激励是一种外在性的激励方法，通过给予阅读推广人物质报酬以调动其积极性。恰当的物质报酬对于激励阅读推广人提高服务质量、以更饱满的热情投入工作确有作用。但物质激励不等于直接发放劳务费，它可以是赠阅书籍、交通补贴、工作餐、纪念品、适量的奖金或给予其他优惠待遇等，使其得到物质上的满足即可。我们应正确看待物质激励，物质手段可使阅读推广人产生行动，但永远不会是动力。物质奖励不能平均分配，应结合考核制度和绩效管理制度，制定相应的奖励办法，对阅读推广人的服务奖励加以统筹规范。

第三节

阅读推广人队伍的能力建设

阅读推广已经发展成为图书馆的一项重要工作，无论是国际图联、联合国教科文组织等国际机构，还是英美等西方国家，都十分强调图书馆特别是公共图书馆在阅读推广中的重要作用。阅读推广人作为活动的组织策划与执行者，其素养和能力直接影响着阅读推广活动的顺利实施和推广效果，因此开展阅读推广活动需要一批有专业技能和知识的阅读推广人才。《广东省全民阅读促进条例》第三十二条提出："县级以上人民政府有关部门应当建立阅读推广人队伍信息库，并为阅读推广人提供相关知识和技能培训。"阅读推广人队伍构成复杂，人员水平参差不齐，重视和加强阅读推广人队伍的能力建设，应当是我国当前和今后一个时期深入开展全民阅读需要持续关注的问题。

一、阅读推广人能力建设的内容

阅读推广活动发展至今，其形式早已不像以前的阅读互动那样简单，要想成为一名合格的阅读推广人，既要有良好的职业道德修养和较高的专业基础，还需要有一定的策划、宣传、组织、协调等活动实施能力。因此，阅读推广人能力建设的内容也是多方面的。

1.思想政治素质建设。人的素质由生理素质、思想政治素质、知识素质等组成，其中思想政治素质是个人素质的核心。良好的思想政治素质能够保证阅读推广人熟知使命和责任，提高对职业的认同和热爱，必然会将阅读推广的目的和读者的需求充分结合，推出好的活动，产生好的效果。思想政治素质包括政治素质和思想品质两个方面。

（1）政治素质。政治素质是个人政治品德、政治信念、政治立场、政治纪律、政治方向的统一。政治素质表现为在面对事关原则、方向的问题时所持有的立场和观点，以及正确理解和贯彻执行党和国家路线、政策、方针的能力和水平，是新时代做好各项工作的前提和根本保证。阅读推广人是文化知识的推荐者和引导者，是阅读理念、价值观念的传递人，如果阅读推广人的政治素质有待提高，政治觉悟和政治立场偏离了正确的方向，就不可能贯彻执行好党和政府的各项方针政策，阅读推广活动也就不会得到社会的普遍支持和热烈响应。因此，阅读推广人的政治素质是保证阅读推广事业顺利、健康发展的关键因素。

（2）思想品质。思想品质是指人对社会中善恶美丑等现象的认识、行为和做法，包括思想觉悟、思想认识、思想方法、价值观念等。阅读推广活动是一项"予人玫瑰，手有余香"的工作，是一份需要灌注热爱、付诸行动的事业，需要阅读推广人有高度的责任感和敬业精神、认真严谨的工作态度和工作作风、积极主动的服务意识。一位思想品质合格的阅读推广人，首先必须敬业乐业，热爱阅读推广，致力于阅读推广服务；其次是友善热情，热爱读者，乐于助人，以爱心和热心拉近与读者的距离，激发读者的阅读热情，提高读者的阅读兴趣；三是要有积极向上的学习态度，坚持终身学习，不断更新阅读推广方法，掌握阅读推广新技能。

2.专业能力素质建设。专业能力素质包括阅读素养和专业能力两个方面。阅读素养要求阅读推广人首先是一个真正的阅读人、领读者，而不是只做活动、空喊口号的推广者。专业能力要求阅读推广人要根据阅读推广活动形式、内容、载体的相关要求，培养提升自己的工作专长和专门技能，在某一学科领域有所建树，以便在阅读推广活动中学以致用。

（1）阅读素养。根据学生能力国际评估项目（Program for International Student Assessment，PISA）的定义，阅读素养是指"以开发知识、潜能和参与社会生活为目的，对阅读材料（或文本）理解、运用和反思的能力"。[18] PISA 认为，要成为一个优秀高效的阅读者，必须具备多方面的认知能力，能够在阅读的过程中寻找或发现自己需要的信息，形成对阅读文本材料深入全面的理解，并结合自己已有的知识结构，对阅读文本中提取的信息进行处理加工，与自己原有的经验、知识和想法相连接，进而形成自己的观点和见解。一名合格的阅读推广人首先必须是一位合格的阅读爱好者，要让读书成为自觉的追求，成为自己的一种习惯、一种生活方式。爱读书是阅读推广人的基本要求，会读书则是一个合格的阅读推广人的必备条件。阅读推广人要具备一定的阅读素养，爱阅读、会阅读、乐分享，有主动的阅读意识和习惯、丰厚的阅读底蕴，拥有阅读推广的意愿和人文情怀，愿意并乐于从事阅读推广工作。

（2）文献服务能力。阅读推广活动的最大特点是和文献资源结合。巧妇难为无米之炊，阅读推广人如果平时没有关注文献资源的收集和分类整理，就无法高效地开展推广活动。对文献资源的收集、整理、挖掘、提炼是做好阅读推广活动必备的前期准备工作，阅读推广人不仅要熟知图书馆馆藏已有的文献资源，做到准确、迅速地响应读者需求，还要针对特殊时间节点和近期阅读热点，提前预判，做好准备。阅读推广人要有"为人找书，为书找人"的责任、情怀和技能，充分利用好网络平台，及时掌握文献信息，与出版社、书商、图书馆等机构建立稳定的获取文献的途径，这样才能根据读者不同类型的阅读需求，将内容新、质量优的文献呈现给读者。总的来说，一定的文献服务能力可以更好地保证阅读推广活动所需文献的可获得性，使阅读落到实处，随心而安，促进文献资源的有效利用，这也要求阅读推广人不仅要有对文献内容的理解、鉴别和欣赏能力，还要有对文献的甄别和筛选能力。

（3）新技术应用能力。网络技术的迭代升级和广泛利用，带动了阅读方式的变革，也必然对阅读推广的形式创新产生影响。阅读推广人要勇立时代潮头，适应多元化的社会需要，掌握更多新的技术和能力。除了已经普遍应用的微博、微信等新媒体平台之外，云计算、大数据、区块链、人工智能、元宇宙等新技术和新概念也正在阅读推广中逐步得到运用。阅读推广人只有主动拥抱和充分掌握新兴技术，才能摆脱主观上的经验主义，驱动阅读推广活动向更精准、更高效、更智慧的方向发展。

（4）学科专业能力。阅读推广活动的面非常广，既可以是提升素质的普及型的推广，也可以是专业性较强的小众性活动，文学、艺术、音乐、美术、法律、历史、军事、金融、外交等不同的学科领域，都有对其感兴趣的相关群体，古籍资料、民国文献、现当代书籍等都可以是阅读推广活动推荐阅读的文献类型。阅读推广活动涉及阅读内容、阅读形式、阅读载体等多个方面，每个方面在内容或技术方面都有其专深独到之处。这就要求阅读推广人学有专长，在自己的学科研究领域内具备一定的知识和思想，要有较强的专业学科能力。现实实践中也不难发现，如果阅读推广人自身具备某一领域的专业背景和学识，就可能更加有利于活动的开展。许多特点鲜明的阅读活动品牌都打上了个性化的烙印，如西北政法大学图书馆的"经典读书沙龙"，因为沙龙中三位导师都有着深厚的传统文化背景，同时聚拢了一批热爱经典阅读的学生团队，才能够长期开展并成为一个品牌项目；辽宁大学图书馆的"深耕心灵守望经典"活动，也因其阅读推广部拥有古典文学博士学位的尹博主任对古诗词的爱好及研究兴趣而声名斐然。

（5）调研能力。调研能力是指对通过调查收集到的材料进行分析研究，得出正确结果的能力。阅读推广活动的最终目标是让社会公众养成良好的阅读习惯，爱上阅读，但每一项具体的阅读推广活动都会设定预期目标，因此阅读推广人需要具备调研能力，在活动策划之前，结合具体的研究对象和调研内容，选择采用有效的调研方式，准确把握读者的阅读需求和阅读兴趣，从而使活动更具针对性，以达到事半功倍的效果。[19]在阅读推广活动结束后，还要对参与活动的读者进行回访，通过读者满意度、活动影响力等进行调查，评估活动是否达成预期目标，为今后活动的完善与优化提供数据支撑。可以说，阅读推广人的调研能力是阅读推广活动持续、有效的重要保障。

3.活动综合能力建设。阅读推广活动的实施过程，实际上就是阅读推广人综合运用自身所具备的政治思想素质和专业能力素质，付诸行动的过程。这就要求阅读推广人必须具备一定的活动综合能力，只有这样才能发挥和展现自己良好的素质，推动阅读推广活动取得预期的效果。

（1）策划能力。策划能力是指遵循一定的方法和规则，周密地、系统地预测未来将要发生的事情，并制订科学、合理的可行性方案的能力。其核心是围绕预期目标如何合理有效地配置资源，挖掘最大潜能，从而有序、高效、富有创意地实现目标。策划要求策划者不但要有问题意识，而且能够创造性提出解决问题的独到见解，具有点石成金的作用。具体到阅读推广人策划能力而言，它是指阅读推广人根据阅读推广活动的目的和主题，在客观分析现有的各类资源条件（人员、经费、场地、设备、目标人群等）的基础上，经过综合考虑和规划后，设计出最具创意性和可行性的阅读推广活动方案的能力。在阅读推广人应具备的各项能力当中，活动策划能力是影响阅读推广活动效果的最重要因素。策划阅读推广活动是阅读推广人最具挑战性的工作，作为规划者，阅读推广人既要遵循阅读活动的发展规律，将策划理论和实践经验相结合，又要敢于突破传统阅读推广观念的束缚，通过整合现有的阅读推广资源，创造出别出心裁、主题鲜明的阅读推广方案，只有善于策划，才能有效获取和充分调配阅读推广资源。策划能力的提升不是一朝一夕的，是一个长期学习、思考和逐步积累的过程。

（2）创新能力。创新是指打破原有的思维模式，利用现存的知识和条件，提出有别于常规或常人的见解和思路，从而创造或改良出新的事物（路径、方法、产品、环境等），并取得一定有益效果的行为，它是一个国家和社会不断发展进步的动力。创新能力是指在实践活动和技术领域中不断创造出具有社会、政治、经济、文化、生态等价值的新理论、新思想、新技术、新方法、新发明的能力，是运用已有的经验和知识生产出某种新颖、独特且具有个人或社会价值的物品的能力，是一种发明创造的能力。创新能力是社会组织竞争力的来源，是组织发展的核心所在。阅读推广人作为阅读推广活动的核心，要使阅读推广活动取得效果，一是需要与时俱进，准确理解和把握新时代阅读推广活动的特点，不断发展创新阅读推广的思路和发展理念；二是需要转变传统老套的服务模式，以人为本，创新推广的新手段和新方式，满足读者多元化的阅读需求。阅读推广活动离不开创新思维，阅读推广人要不断追求创新，用独特的视角开辟出新的阅读推广领域，推出新的阅读推广产品。创新能力并不是与生俱来的，只有平时多多观察生活中的人和事，做生活的有心人，才能激发好奇心，培养出个体的创新能力。因此，多学习参考国内外的优秀阅读推广案例，开拓思路，启发自己，对创新能力的培养有益无害。

（3）写作能力。写作能力对于阅读推广人也比较重要。好的策划创意方案需要有好的文案加以表述，好的推广活动需要好的稿件予以宣传报道，活动的总结汇报、优秀活动案例分享等材料的撰写，均有赖于阅读推广人的写作能力。阅读推广活动需要全程宣传，成功与否很大程度上依凭宣传到位，因此需要依赖好的宣传方案和文稿吸引眼球，激发读者的兴趣，增加读者的黏性。方案写作，文字功底是基础，行文风格也十分重要。就像每个人都有自己独特的个性一样，每个人写出来的文章，也会因作者的个人气质、个性风度、知识结构、社会经历及思想认识的不同，展现出异于他人的个性特点，如有的人喜欢用口语化的语句，文章显得通俗易懂；有的人写作喜欢用冷僻字词，文章读起来晦涩难懂；等等多种风格。在交流语言变得俏皮、轻松的当下，作为阅读推广活动的推文，如何采用接地气的、贴近读者心灵的语言表述和叙事方式，是对阅读推广人写作能力的一个挑战。

（4）沟通能力。人是社会性的动物。马克思指出："一个人的发展取决于和他直接或间接进行交往的其他一切人的发展。"[20]沟通能力是指一个人与他人进行有效沟通信息的能力。一个人生活在世界上总难免要与他人沟通，但是沟通却不是一件容易的事，有的时候要向他人表达一个意思却可能越说越乱，始终说不清楚，本想与他人沟通以消除隔阂却可能将关系弄得更僵。沟通能力是决定一个人成功的必要条件，是社会个体生存与发展的必备能力。人的沟通能力部分源自天然，属于人格特征，受遗传、成长经历及家庭环境的影响；部分源自后天的学习和实践，属于技巧和技能，可以通过平时的训练和努力得到提高。沟通能力是阅读推广人不可或缺的一项重要能力，与同事之间的有效沟通，能保证活动中相互间密切配合，使阅读推广活动顺利进行；与读者的有效沟通，能够及时了解和掌握读者对活动的感受与反馈，便于及时和适时做出调整，提高读者的获得感和参与活动的积极性。沟通是一门艺术，沟通的第一要领是学会倾听，而不是自己一个人滔滔不绝地说。美国著名人际关系大师戴尔·卡耐基说过："想要知道对方要什么，倾听绝对是不可或缺的第一步。"他认为，如果想成为一个谈话高手，必须先是一个专心听讲的人。在与他人沟通的过程中，我们都不喜欢在自己说话时被别人打断思路，学会倾听是对别人的尊重，讲话的人从你这里看到的是满满的专注，彼此的距离不自觉之间就会缩短，在你发言的时候他也会专注地倾听。沟通能力有赖于后天的培养和平时的锻炼，清晰的思维是良好表述的基础，适当的语言是搭建沟通的门户，勇敢的表达是提高沟通能力的有效手段，在沟通表达之前，要先理清自己表达的思路，力求流畅、自然。

（5）讲解能力。讲解又称为讲授，是人们用语言交流思想与情感、传播知识与经验的一种表达方式，是传授知识和技能的常用方式。讲解的实质是运用语言剖析所要传授的知识的组成要素及过程程序，揭示其中的相互联系和关系，从而让听众把握其内在规律。讲解能力是阅读推广人能力体系结构中一个重要组成部分，向读者推荐读物、引导和指导阅读是阅读推广的基本要求，传播阅读理念、面向不同的阅读群体选择不同的阅读策略，让读者感受阅读魅力、形成阅读意愿，这些都需要阅读推广人具备较强的讲解能力。从广义上讲，阅读推广活动可以理解为一次教学活动，阅读推广人就是老师，参加推广活动的读者是教学的对象，图书馆的馆藏状况及图书排架的知识、馆藏资源的获取、文献检索的方式方法、阅读设备的使用、数字阅读的方法与技巧等就是教学的内容。这就要求阅读推广人不仅在活动前要做好"课前"准备，还要具备良好的讲解表达能力，将自己的知识储备传递给读者，最终将活动的内容和目标落到实处。

（6）应变能力。应变能力是自然人或法人在意外事件发生时，能迅速做出正确的反应，采用科学合理的方式方法，使得突发的事件得到妥善解决的能力，即俗称应对变化的能力。每个人的应变能力是不尽相同的，形成差异的原因部分是先天的因素造成的，如多血质的人比黏液质的人的应变能力要高；部分是后天的环境因素的影响，如长期从事危险紧张工作的人与处于安逸状态的人相比，前者的应变能力要高一些。无论前期准备工作如何充分细致，在阅读推广活动开展的过程中都难免会有突发事件发生。阅读推广人的应变能力，可以使其在突发事件一旦发生时沉着应对，第一时间妥善处理，让事件的不良后果降到最低，转危为安，甚至化"危"为"机"。

二、阅读推广人能力建设的方法

随着全民阅读的持续推进，重视和加强阅读推广人的培育，有效地提高推广人的综合能力，建立有针对性的培训体系，已经成为业界内外的一项共识。

1.阅读推广人培育的必要性。阅读推广活动的常态化需要更多的人参与，除图书馆员外，公务员、教师、学生、学者、专家、社会个体等不同身份、不同机构的人员，都可以成为阅读推广队伍的一员，贡献智慧和力量，共同奏响阅读推广的乐章。但人员的泛化多元易导致阅读推广人队伍类型复杂、差异较大。这在阅读推广活动的初始阶段是正常的现象，但随着阅读推广活动向纵深发展，它势必会对活动起到一定的反作用，而这正突显了阅读推广人培育的必要性。

（1）阅读推广人的培育是阅读推广活动专业化的体现。"阅读乃属个人的行为"，阅读通常是一个人的自觉行为，是由人发自内心的对知识的追求，在个人的阅读中完成个体与书本的对话，享受知识、体会愉悦。而在阅读推广时，阅读推广人不但要直接介入读者从文本选择到内容理解的整个阅读过程，而且还要采取多种方式鼓励读者阅读活动指定或推荐的读物，例如征文比赛会列出阅读书目，知识竞答会列明参考文献。阅读推广是一种专业行为，深度介入读者的阅读过程，是对阅读这种个人行为的直接干预。因此为保证效果，从活动前的宣传推广工作，到活动中的读物推荐工作，再到活动后的效果评价工作，都需要进行专门的研究。从这个层面来看，阅读推广活动必须要由具备实际的工作经验和专业的理论知识的专业化的队伍去组织和实施。[21]随着阅读推广活动从最初的自觉自发的个人行为，发展成为受到强势推动和大力倡导的政府行为，阅读推广人也应从传统意义上的文化志愿者向专业化方向发展，培育一支职业化、专业化的阅读推广人团队，也就势在必行了。

（2）阅读推广人的培育是推进全民阅读的时代要求。党的二十大报告提出要"深化全民阅读活动"；《国民经济和社会发展第十四个五年规划和2035年远景目标纲要》要求"深入推进全民阅读，建设书香中国"。蓬勃发展的阅读推广活动对阅读推广人的能力建设提出了更高的要求，《全民阅读"十三五"时期发展规划》提出："鼓励和支持公务员、教师、新闻出版工作者、大学生等加入阅读推广人队伍，定期培训，提升阅读推广人队伍的整体素质和服务能力。"各地方关于促进全民阅读的条例和规定也对阅读推广人的培育做出了规定，如《广东省全民阅读促进条例》第三十二条提出："应当建立阅读推广人队伍……建立阅读推广人队伍信息库，并为阅读推广人提供相关知识和技能培训。"第三十三条要求："各级人民政府鼓励和支持文化团体、教育机构和其他社会组织发展专业阅读推广人队伍，促进全民阅读服务社会化、专业化发展。"阅读推广人是阅读推广活动的策划者和组织者，其个人的阅读素养和综合活动推广能力直接影响着推广活动的实施效果。[22] 阅读推广人培育的一项重要任务就是传递科学的理念与方法，帮助阅读推广人提高各方面素质，使阅读推广活动的策划和组织逐步专业化和规范化，推广活动的形式和内容更契合读者的需求，更容易激发读者阅读热情，实现推广活动整体质量的提升。

2. 阅读推广人培育工作现状。近年来，随着《全民阅读促进条例》《公共图书馆法》《公共文化服务保障法》《全民阅读"十三五"时期发展规划》等法律法规和条例、规划的相继推出，阅读推广人队伍建设工作得到了总体部署。在各项政策引导和推动下，阅读推广人的培育工作愈来愈受到关注，全国各地陆续开展相应的阅读推广人培育活动，并在培训机制、培训内容等方面取得了一定成果。

（1）政府部门主导的培育工作。由政府部门主导开展的阅读推广人培育具有导向性和政策性。深圳是国内率先启动阅读推广人培育工作的城市。2011年，深圳市出台了《深圳市优秀阅读推广人评选办法》，评选表彰在阅读推广领域做出突出贡献的人士，每两年评选一次；2012年6月，为提高阅读推广人的综合素质，由深圳读书月组委会、深圳市文体旅游局主办的"首期阅读推广人培训班"开班，培训班为期5个月，培训内容分为理论性课程、实践课程和技术性课程三个部分，有34名"阅读推广人"参加培训；在制度和机构建设层面，2012年制定《深圳市阅读推广人管理办法》，2017年成立"阅读推广人协会"并制定《深圳市阅读推广人协会章程》，对阅读推广人的业务标准、工作内容、考核评级、资助扶持等做出规定，以规范阅读推广人行为。经过多年的努力，深圳市在制度建设、立法保障、教育培训等方面开展了卓有成效的工作，已初步建立了一支专业强、素养高的阅读推广人队伍。江苏张家港市在2012年出台《张家港市阅读推广人管理暂行办法》，2013年又颁布《阅读推广人资格认证管理制度》，实行阅读推广人资格准入、认证和退出制度，并将阅读推广人培训与网格文化员培训相结合。此外，湖南益阳、江苏常州、山东青岛等城市也都组织了形式多样的阅读推广人培训班，由政府部门主导的阅读推广人培训活动呈蓬勃发展之势。

（2）行业学会发起的培育行动。行业学会发起的阅读推广人培育具有专业性和辐射性。在国家方针政策的引导下，以中国图书馆学会，以及上海市图书馆学会等地方学会为代表，近年来图书馆各界纷纷积极开展阅读推广人培育工作。2014年，全民阅读推广峰会暨"阅读推广人"培育行动启动仪式在江苏省常熟市举办，宣告国内图书馆业界的阅读推广人培育工作自此拉开帷幕。在各省、市图书馆学会分会的协作和配合下，中国图书馆学会的阅读推广人培育已逐步完善，并建立起了长效机制。培训课程分为基础级、提高级、研究级三个级别，参加培训课程的学员在规定的时间内完成课程、实习、报告等环节且考试合格后，会获得合格证书（徽章），完成进阶学习后，证书级别也会逐层递升。为了保证培育行动的有序开展并产生实际效果，中国图书馆学会邀请业内外的专家学者成立阅读推广人培育指导委员会，设计培育项目管理体系和课程体系，组织编写"阅读推广人"系列培育教材，计划出版7辑共30种，第4辑已于2020年正式出版。上海市图书馆学会作为地方学会中开展阅读推广人培育的领头羊，于2014年11月成立"阅读推广人"工作组，专门负责阅读推广人培育工作，根据阅读推广对象设计分类分级的培训序列，培训课程体系的设计采用"3+X"模式，即理论课、实践课与教学展示三门固定课程，另外还设计了多门其他课程，根据每期培训对象的具体特点选择不同的课程，同时还建立起了系统的教学评价体系。[23]上海市图书馆学会将浦东图书馆作为阅读推广人队伍培育的示范性试点单位，取得成功经验后再在全市的其他图书馆推广。2019年11月"上海市图书馆学会阅读推广组织（人）培训基地"在奉贤区图书馆挂牌成立。经过多年的探索和努力，上海市图书馆学会的示范效应逐渐显现。[24]

（3）民间阅读机构开展的培训活动。民间阅读机构对阅读推广人培育的贡献同样不容小觑。民间机构是培育工作的先行者，早在2012年前就已经开始了对阅读推广人培训。民间阅读机构如彩虹花公益小书房、快乐小陶子、三叶草故事家族、悠贝亲子图书馆等开设的培训课程多以亲子阅读为目的，在理念创新和活动策略方面都各具特色。[25]但民间阅读机构的培育工作场面红火热闹的背后，普遍存在培育师资队伍素质参差不齐的情况。

从广义上讲，高等院校开设的图书馆专业学历教育也是阅读推广人培育的组成部分，对于提高阅读推广人队伍的理论水平和综合素质具有战略作用。

阅读推广是多学科交叉的应用研究领域，涉及图书馆学、阅读学、营销学、传播学、教育学、社会学等多门学科。[26]经过多年的探索和发展，我国阅读推广人的培育取得了一些实践经验和实际成效，但总体而言，培育理论与实践经验尚不丰富，在培训方式、培训内容等方面的研究相对滞后，还未建立相应的理论体系，需要进一步的研究和探讨。

3. 阅读推广人的培育策略。目前，阅读推广人的培育工作受到全社会的广泛重视，政府部门、图书馆界、社会阅读机构纷纷开展形式多样的阅读推广人培育工作。从长远发展来看，面对全民阅读的浪潮，现有的培育模式难以满足社会对阅读推广人才的数量和质量的要求，发展、壮大一支专业化的阅读推广人队伍，培育工作必须走上正规化、精细化的道路。

（1）加强顶层设计，完善制度规范。阅读推广人正逐渐成为一种新的社会职业，已然成为一种社会身份和一份社会荣誉。对阅读推广人开展培育工作，不仅能够提升阅读推广人专业技能和业务工作能力，也是提高阅读推广活动质量、保证活动效果的有效手段。[27] 目前，参与阅读推广人培育的组织机构较多，呈遍地开花之势，但基本上还是处于普及基础知识的初级阶段，大部分培训班的培训时间较短，有些甚至只有一两天，也没有完整的培训体系，师资队伍的配置不尽合理，培训效果差强人意。因此，必须加强顶层设计和制度建设，在坚持政府主导、社会公益的前提下，明确图书馆作为阅读推广人培育的主体机构和主要实践场所的社会责任，建立健全阅读推广人职业准入制度、服务规范、培训标准、激励机制、考核办法和退出机制，提升阅读推广人培育的科学性和专业性。应根据阅读推广人所需的能力要求和核心素养，设计科学、系统的教学模式和专业课程。[28] 还应加强阅读推广人的职业教育，高等院校在开设阅读推广相关课程时，适当增加与阅读推广人能力建设有关的内容，从根本上引导和快速提升阅读推广人的职业素养，满足全民阅读时代对阅读推广人才的社会需求。

（2）规范培训课程，完善培育模式。阅读推广人培育是向阅读推广人传授阅读推广活动所需的理念认知、基本知识和专业技能的过程，培育对象既有一定的阅读推广活动经验和能力的活动达人，也有完全无相关经验和经历的活动素人。因此，为保证阅读推广人培育取得实际效果，培训机构应组建一支专业化、有实战经验的培训师资团队，并按照背景调查、课程分析与设置、师资、考核、课程评估等方面做出具体规划，以使整个培训工作有条不紊地进行。科学的培训课程设置可分为课程分析、课程设计、课程研发、课程执行、课程评价五个阶段，其中依据培育对象的现实状况、需求及培训目标开展的课程分析与设计是课程设置科学性的前提，培训教材研发及课程实际教学是课程设置可操作性的体现，效果评估为课程设置有效性的保证，三者相互联系，密不可分。在课程设置上，可以借鉴上海市图书馆学会的成功做法，采用"必修课+选修课"的形式，理论与实践相结合，学以致用。必修课包括基础理论课程、案例分析研讨课程和实践体验课程，选修课根据培训对象的兴趣和在推广活动中承担不同角色灵活设计。在培训方法上，应根据培训内容和课程特点及培训对象总体素质状况而有所不同，理论学习课程可采用课堂讲授、视听授课，案例研究课程可采用研讨交流、头脑风暴等方式，实践体验课可采用模拟训练、角色扮演等方法。[29]

（3）细分受训群体，开展分众培育。随着全民阅读的深入开展，阅读推广活动开始细分受众群体，向特色化、专门化的方向转型，从儿童阅读、绘本阅读、时尚阅读、经典阅读、数字阅读等不同角度出发，结合阅读推广人的年龄、性格、专业、兴趣爱好等因素，提供有针对性的阅读推广服务。与之相对应，要针对不同的受众群体和阅读推广服务的特点，安排具备相应知识和技能的阅读推广人负责不同类型的阅读推广活动。阅读推广人的培育工作也要根据不同类型阅读推广活动的特点，细分受训群体，提供有针对性的、符合岗位要求的专业化的分众培育服务，使阅读推广人的个性特色与专业能力更加鲜明出众。阅读推广人培育还要注重分层培育，分级认证，以契合实际工作中的不同需求。规划中的中国图书馆学会阅读推广人培育分为逐级提升的基础级、提高级、研究级三个级别，例如江苏省镇江市制定的阅读推广人培训方案中提出，要对初级阅读推广人和高级阅读推广人进行分类培训，同时还有更高阶的"金牌阅读推广人（领读者）"的培养计划。但现阶段大多数地区的培育工作仍停留在颁发徽章（相当于证书）这一基础级别层面，由此可见，这方面的工作还有待继续加强。

（4）搭建学习平台，提供提升通道。培训具有时间短、针对性强的特点，是培养阅读推广人最常用的方法。可以定期邀请专家为阅读推广人开展业务讲座或开设专题性的培训课程，讲授阅读推广工作应知应会的理论知识，介绍国内外最新的思想和理念，也可以选派阅读推广人参加各种阅读推广培训班，培养理念新、有情怀、技能高、专业强的人才。除面授培训外，还可以引进高校图书馆的慕课，利用信息化平台开展网络培训。慕课（Massive Open OnLine Courses，MOOC）即大规模网络开放课程，它使学员可以随时随地学习名校、名师的课程，并进行在线交流。慕课的网络化、公开性和免费获取的特点，能够让学习者打破空间和时间的限制，解决学习和工作之间的矛盾，降低了学习成本。大量优质的教学资源解决了教育资源短缺的问题，为阅读推广人的培育提供了新的渠道。

（5）严格资质考核，理论实践兼顾。考核是评价学习情况、提高听课质量、评估培训成果的有效手段。考核工作应由培训授课教师和阅读推广委员会成员组成考核专家组负责，重点考查学员的阅读推广理论知识水平和实践技能。考核的方式因教学的模式和学习的内容各有不同，如张家港市采取书面考试的方式，深圳市采取书面考试加论文答辩的方式，上海市图书馆学会采取理论考试和实践操作测评相结合的方式，中国图书馆学会则采用上机测评的方式。考核通过后，颁发阅读推广人证书或徽标。

参考文献

[1] 张敏, 郑勇. 高校阅读推广人培育研究与实践——以陕西科技大学阅读推广中心为例 [J]. 山东图书馆学刊, 2017(04): 112–116.

[2] 谯进华. 深圳阅读推广人的实践及发展 [J]. 特区实践与理论, 2013(02): 64–66.

[3] 中共张家港市委宣传部. 张家港市阅读推广人资格认证管理制度 [EB/OL].[2014–12–18].http//www.zjglib.com/f/zz_tr.aspx.

[4] 霍瑞娟. 在中国图书馆学会 2014 年全民阅读推广峰会暨 "阅读推广人" 培育行动启动仪式上的发言 [EB/OL].[2016–02–18].http: //xxk.lsc.org.cn/c/cn/news/2014–12/16/news_7637.html.

[5] 张章. 阅读推广人培训的现状与展望——以中国图书馆学会阅读推广人培育行动为例 [J]. 图书馆杂志, 2016, 35(08): 36–41.

[6] 杨晓菲. 全民阅读背景下图书馆阅读推广人的培育方式及策略 [J]. 图书馆学刊, 2017, 39(02): 27–30.

[7] 刘红燕. 妈妈的勇气 [M]. 南京: 江苏凤凰科学技术出版社, 2020.

[8–9] 李景成. 多元视角下高校阅读推广人队伍建设研究 [J]. 图书馆工作与研究, 2019(09): 101–105.

[10] 广东省全民阅读促进条例 [EB/OL]. [2020–03–31]. https://whly.gd.gov.cn/special_newzt/fzxc/flfg/content/post_2961848.html.

[11] 李楠. 婴幼儿阅读推广服务研究——以苏州图书馆 "悦读宝贝计划" 为例 [J]. 图书情报导刊, 2017, 2(03): 17–21.

[12] 首都图书馆. 首都图书馆第十二期 "播撒幸福的种子" 讲故事人志愿者招募书 [EB/OL].[2019–12–18]. https://www.clcn.net.cn/news/default/detail?id=2365.

[13] 葛新权, 李富强. 论平等管理: 企业知识管理发展的必然 [J]. 中国软科学, 2003(03): 56–58.

[14] 郭增亮 . 战略视角看人力资源管理再创新 [J]. 人力资源 , 2022(02): 154–155.

[15–16] 安珈锐 , 田丽 . 全民阅读背景下的阅读推广人管理策略研究 [J]. 图书馆 , 2023(04): 43–48.

[17] 申倩倩 , 郭婷 . 阅读推广人培育模式调查与分析 [J]. 传媒论坛 , 2021, 4(01): 135–137.

[18] 钱轶娜 . 透过 PISA 看 "绿色指标" [J]. 现代教学 , 2012(Z2): 127.

[19] 董雯婷 . 新时代背景下公共图书馆阅读推广人服务体系建设思考 [J]. 文化月刊 , 2023(01): 107–109.

[20] 杨凤娟 . 论礼仪、沟通、情商与成功 [J]. 山西财经大学学报 , 2012, 34(S1): 303–304.

[21, 23] 杨飞 . 构建专业化的阅读推广人队伍——上海市图书馆学会阅读推广人培育工作实践 [J]. 新世纪图书馆 , 2015(07): 38–42.

[22] 曾瑛 . 高校图书馆阅读推广人能力构建研究 [J]. 大学图书情报学刊 , 2019, 37(02): 41–43+63.

[24] 张章 . 阅读推广人培训的现状与展望——以中国图书馆学会阅读推广人培育行动为例 [J]. 图书馆杂志 , 2016, 35(08): 36–41.

[25] 王姝 , 马家伟 . 全民阅读背景下高校阅读推广人培育策略研究 [J]. 图书馆工作与研究 , 2020(10): 115–122.

[26] 蒙媛 . 媒介素养理论在阅读推广人培育模式中的应用价值 [J]. 图书馆界 , 2018(02): 63–65+83.

[27–28] 倪连红 . 我国阅读推广人培育研究述评与未来研究趋向 [J]. 图书馆理论与实践 , 2020(05): 97–100+104.

[29] 王姝 , 马家伟 . 全民阅读背景下高校阅读推广人培育策略研究 [J]. 图书馆工作与研究 , 2020(10): 115–122.

第五章

公共图书馆的阅读推广工作

"最是书香能致远"。阅读是启智增慧、获取知识、培养道德的重要途径。曾几何时，走进图书馆，徜徉在一排排书架间，找一本自己喜爱的图书，坐在阅览桌边安静地阅读，与作者进行灵魂的交流，享受满屋的书香，这是许多读书人心中理想的阅读场景。习近平总书记指出，图书馆是国家文化发展水平的重要标志，是滋养民族心灵、培育文化自信的重要场所。[1] 党的十八大以来，从《关于加快构建现代公共文化服务体系的意见》的印发，到《公共图书馆法》《公共文化服务保障法》的相继实施，构建现代公共文化服务体系作为一项民心工程得到了持续推进。推动全民阅读实现高质量发展，提升公共图书馆的覆盖面、吸引力和服务效能，公共图书馆义不容辞、重任在肩。得益于科学规划与政策引领带动，图书馆的覆盖更广、设施更美、服务更暖、人气更旺，读者去公共图书馆借阅书籍越来越便捷。据统计，截至2021年底，全国公共图书馆实际持证读者数量超1.03亿人。[2] 数以亿计的人走进图书馆，既证明了人民群众对公共图书馆服务的肯定和认可，也充分说明了全民阅读在当下已蔚然成风。

第一节

公共图书馆与阅读推广

作为面向社会公众的公共设施，随着社会的发展和时代的变迁，公共图书馆正在扮演着多重的角色。其既是为公众提供文献借阅、信息服务和阅读交流分享的文化教育机构，也是促进知识、智慧传播和社会公众全面发展的社会公益机构，同时也是为社区居民的学习、阅读、娱乐、社交提供全面服务的社会活动中心。阅读推广工作是一项系统性的文化工程，需要动员全社会各方面的力量共同参与。纵观国内外阅读推广工作的成功做法，公共图书馆在阅读推广体系中占据着核心地位。[3]

一、公共图书馆的概念

关于公共图书馆的定义可谓众说纷纭，业内并未形成共识。

国际图联在《公共图书馆服务发展指南》中对于公共图书馆做出了如下定义："公共图书馆是由社区，如地方、地区或国家政府，或者一些其他社区组织支持和资助的机构，它通过提供一系列的资源和服务来满足人们对知识、信息和形象思维作品的需求，社区所有成员都有享受其服务的权利，而不受种族、国籍、年龄、性别、宗教信仰、语言、身体条件、经济及就业状况或教育程度的限制。"[4] 于良芝等学者在《公共图书馆基本原理》一书中认为，这里所称的"社区"是指一个地区及居住在那里的全体居民，既可以是一个小城镇，也可以是一座城市，与国内由城镇街道下辖的"社区"不是同一概念。[5]

在我国，对公共图书馆的定义也是一个不断变化调整的过程，如在 2012 年 5 月实行的《公共图书馆服务规范》中对公共图书馆的定义为："由各级人民政府投资兴办、或由社会力量捐资兴办的向社会公众开放的图书馆，是具有文献信息资源收集、整理、存储、传播、研究和服务等功能的公益性公共文化与社会教育设施。"[6] 而 2018 年 1 月 1 日施行的《中华人民共和国公共图书馆法》中的定义则指出："本法所称公共图书馆，是指向社会公众免费开放，收集、整理、保存文献信息并提供查询、借阅及相关服务，开展社会教育的公共文化设施。"从上述定义可以看出，官方对公共图书馆的投资主体持开放态度，不再强调其必须由政府投资举办，而是重视图书馆的开放性和免费公益性质。但需要指出的是，在我国政府的文件、统计资料中所称的公共图书馆，实际上仅包括县级及以上、由政府出资举办的公共图书馆，县以下的基层图书馆及其他形式开设的面向社会开放的图书馆并没有纳入公共图书馆的统计范畴，这或许是因其缺乏稳定的经费支持，难以保证长久发展，不能被视作一个稳定的社会机构。

二、公共图书馆的发展

公共图书馆的起源与发展可以追溯到古代，其发展过程因国家和历史时期的不同而略有不同。

最早的公共图书馆可以追溯到古代文明社会，例如美索不达米亚的乌尔图书馆（约公元前 21 世纪）和古埃及的亚历山大图书馆（建于公元前 3 世纪）。这些早期图书馆往往是君主或富有贵族依私人收藏创建。在中世纪和文艺复兴时期，欧洲开始出现了一些具有公共性质的图书馆，如意大利的君士坦丁堡图书馆（建于16世纪中期）。这些图书馆主要服务于学者、僧侣和贵族，一般公众的访问机会有限。17世纪和18世纪的启蒙时代是公共图书馆发展的重要时期。许多欧洲国家的政府开始认识到教育普及的重要性，成立了一些面向公众的图书馆，例如英国的大英博物馆图书馆（1753年）就堪称公共图书馆的先驱之一。美国是公共图书馆发展的先驱，在美国独立后，各个州陆续设立了自己的图书馆，最著名的是马萨诸塞州的波士顿公共图书馆（1848年）。这些图书馆为公众提供免费的图书借阅服务，促进了知识的普及和教育的进步。20世纪，公共图书馆在全球范围内得到了进一步的普及和发展。许多国家的政府开始投入更多资源来支持图书馆的建设和运营。随着时代的发展，公共图书馆不仅提供纸质图书，还引入了多种媒体和数字资源，以满足不断变化的读者需求。在互联网和数字技术兴起的背景下，公共图书馆面临着新的机遇和挑战。许多图书馆将目光转向数字化资源和在线服务，使读者可以在网络上访问电子图书、期刊、音频和视频等多种内容。今天，公共图书馆仍然是知识和文化传承的中心，为社区居民提供丰富的资源和服务。公共图书馆除了提供书籍和资料外，还开展各种文化活动、教育培训和社区活动，成为社区的文化中心和知识交流的平台。

清朝末年，我国也建立起了现代意义上的公共图书馆。在经历了鸦片战争和甲午战争失败之后，清王朝从一个文明强盛的东方大国沦落为半殖民地国家。为了探求富国强兵之路，晚清时期的社会精英纷纷走向海外，考察和学习西方的科学技术和政治制度，期望"师夷长技以制夷"。伴随着西学东渐，公共图书馆作为启迪民智的社会教育机构也被引入了我国，一些官宦士绅和知识分子在全国不同地区设立了面向普通民众的图书馆。浙江绍兴士绅徐树兰，参照东西方各国图书馆章程，个人出资建造古越藏书楼，于1904年正式向社会开放，被视为我国公共图书馆的发端。此后不久，由公共经费支持的公共图书馆也开始出现。1910 年（清宣统二年），清政府颁布《京师图书馆及各省图书馆通行章程》，正式确立由公共经费支持、向普通社会公众提供服务的公共图书馆制度，规定"京师图书馆经费，由学部核定筹拨，搏节开支。各省由提学使司核定筹拨，搏节开支。各府、厅、州、县由地方公款内筹拨，搏节开支。""凡中国官私通行图书、海外各国图书，皆为观览之类。观览图书，任人领取翻阅，惟不得污损剪裁及携出馆外。"[7]1904 年至 1914 年，全国共建起 18 个省级公共图书馆，如湖北图书馆（1904 年）、湖南图书馆（1905 年）、黑龙江图书馆（1908 年）、江南图书馆（今南京图书馆，1908 年）、山东图书馆（1909 年）、云南图书馆（1909 年）、广西图书馆（1910 年）等。民国政府十分重视公共图书馆的建设，在教育部下设社会教育司，监管和促进公共图书馆建设。以 1915 年社会教育司颁布的《通俗图书馆章程》和《图书馆章程》为标志，公共图书馆的建设重心开始下移，为社会普通民众提供服务的公共图书馆成为各地较为普遍的社会文化教育机构。1937 年后，连年的战争对我国公共图书馆造成极大的破坏。

新中国成立后，公共图书馆事业得到了快速的恢复和建设，20 世纪 50 年代呈现出"省、市、县公共图书馆"与"农村、社区、厂矿基层图书馆（室）"建设并行的局面。"文革"期间，公共图书馆事业受到严重冲击。20 世纪 80 年代，公共图书馆开始恢复并加快发展，《国民经济和社会发展计划第六个五年规划纲要》提出了"县县有图书馆"的建设目标，以乡镇万册图书馆为标志的县以下基层图书馆建设再次形成高潮。2006 年，《国民经济和社会发展第十一个五年规划纲要》明确提出，要在我国建设比较完备的公共文化服务体系。建设完善的、覆盖全社会的公共图书馆服务体系，自然也成为公共图书馆事业所追求的发展目标。

三、公共图书馆的使命

公共图书馆的使命是指公共图书馆所承担的任务与责任，是之所以设立公共图书馆的理由和目的。纵观公共图书馆的发展史，公共图书馆的使命问题从来就不是一目了然的，图书馆界（包括相关的国际组织）为了恰当定义公共图书馆的使命进行了不断的探索，产生了很多阐释公共图书馆使命的纲领性文献，其中比较重要的文献包括：联合国教科文组织的《公共图书馆宣言》，美国公共图书馆协会的《公共图书馆的使命陈述及其对服务的必要性》和《公共图书馆计划与功能设计：选项与程序指南》，英国文化、传媒及体育部的《未来框架——新十年的公共图书馆、学习和信息》，等等。可以说，公共图书馆的发展史，就是一部公共图书馆使命的追问史。当下，公共图书馆的使命也正在经历着巨大的变化，从最初单纯的教育教化职能扩展为包括教育、文化传播、信息服务等在内的多重使命。

联合国教科文组织的《公共图书馆宣言》，是全世界宣传公共图书馆价值和使命的重要指南。《公共图书馆：民众教育的有生力量》（1949 年发布）即图书馆界所称的《公共图书馆宣言》最初版本。1972 年，联合国教科文组织对文件进行了修订，并将其更名为《联合国教科文组织公共图书馆宣言》（UNESCO Public Library Manifesto，简称《公共图书馆宣言（1972）》）。1994 年和 2022 年，国际图联和联合国教科文组织对其进行了两次修订。《公共图书馆宣言（2022）》中，将公共图书馆的使命归纳为以下 11 项：（1）提供广泛的不受审查制度限制的信息和思想利用，支持各级正式和非正式教育，以及终身学习，使在人生各个阶段的人都能够持续、自愿和自主地追求知识；（2）为个人的创造性发展提供机会，激发想象力、创造力、好奇心和同理心；（3）培养和加强儿童从出生到成年的阅读习惯；（4）本着建设知情、民主社会的精神，发起、支持和参与素养活动与项目以培养读写技能，促进各年龄段人的媒体与信息素养和数字素养技能的发展；（5）采用数字技术向社区提供现场服务和远程服务，使其尽可能地利用信息、馆藏和活动；（6）确保所有人利用各种社区信息和各种组织社区的机会，从而认识图书馆在社会结构核心的作用；（7）为社区提供科学知识的利用，例如能够影响用户生活的研究成果和健康信息，并使社区能够参与科学进步；（8）为地方企业、社团和利益群体提供充分的信息服务；（9）保存和利用地方与原住民的数据、知识和遗产（包括口述传统），根据地方社区的意愿，提供地方社区能在确认需要采集、保存和共享的资料中发挥积极作用的环境；（10）促进文化间对话，支持文化多样性；（11）促进文化表达与文化遗产、艺术欣赏的保存与有效利用，科学知识、研究与创新的开放利用，包括传统媒体，以及数字化资料与原生数字资料。[8]

美国公共图书馆协会于1979年出版的《公共图书馆的使命陈述及其对服务的必要性》在考察美国社会发展趋势的基础上，提出了美国公共图书馆的十大使命。1987年出版的《公共图书馆计划与功能设计：选项与程序指南》（以下简称《指南》）是美国公共图书馆协会的另一份重要文献。文献认为，作为整体，公共图书馆承担的社会责任越来越多，但由于资源的限制，作为个体，任何一个图书馆都无法履行公共图书馆的所有责任。该文献还提出了功能设计（或"角色选择"）的概念，建议每个公共图书馆从它归纳的八大功能序列中选择其中的2~4项进行重点建设，并以此为依据阐述和实现自己的使命。之后的《面向结果的计划：图书馆变革过程》（1998年）和《新编面向结果的计划：流水作业法》（2001年）都是对1987年《指南》的修订和完善。

英国2003年出版的《未来框架——新十年的图书馆、学习和信息》提出，未来十年英国公共图书馆应该重点围绕以下三个领域确定自身使命：（1）促进阅读和学习；（2）保障获取数字技能与服务；（3）促进社会和谐和公民权利。[9]

根据上述公共图书馆文献对当代公共图书馆使命的陈述，公共图书馆的使命是为社区居民提供广泛的免费图书、信息和文化资源，以满足他们的知识需求和个人成长，促进教育普及、文化传承和社会发展。其主要使命包括以下方面：（1）提供免费的知识资源：公共图书馆致力于为公众提供免费的图书、期刊、报纸、电子资源和多媒体资料。通过这些资源，读者可以获得各种领域的知识和信息，拓展他们的视野和认知。（2）促进教育和学习：公共图书馆是教育的重要支持机构，为学生、学者和广大公众提供学习资源和学术支持。它们通常会组织学习活动、培训课程和讲座，帮助读者提升技能和知识水平。（3）保护和传承文化遗产：公共图书馆收藏并保护各种文献、资料和文化遗产，包括古籍、手稿、文物等，以确保这些宝贵的文化遗产得以传承和保存。（4）促进阅读和培养阅读习惯：公共图书馆鼓励人们阅读，培养阅读兴趣和习惯。通过举办阅读推广活动、阅读俱乐部等，激发读者对阅读的热爱。（5）促进社区互动和社交：公共图书馆不仅是知识的聚集地，也是社区居民交流和互动的场所，可以通过举办社区活动、展览、文化节庆等活动，促进社区凝聚力、建设多样性文化。（6）支持信息素养：公共图书馆致力于提升公众的信息素养，帮助人们获取、评估和利用信息，增强对信息的理解和运用能力。（7）推动社会进步：公共图书馆作为普及教育和文化的机构，对于社会的进步和公民的发展具有积极的推动作用。

总的来说，公共图书馆的使命涵盖了知识普及、教育培训、文化传承、社区服务等多个方面，旨在为社会大众提供丰富的资源和服务，推动社会的文明进步和人类的全面发展。

四、公共图书馆阅读推广内涵阐释

公共图书馆的阅读推广，与政府部门、大众媒体、出版发行机构及各类社会组织有所不同，图书馆界常用"图书馆阅读推广"一词来专指图书馆开展的与阅读推广活动相关的工作。图书馆阅读推广与图书馆业已开展的许多活动如图书馆宣传、新书展览、书目推荐等，有着千丝万缕的联系，国内众多的专家学者试图运用自己丰富的实践经验和厚重的理论知识来阐释"图书馆阅读推广"的内涵，形成了不同的学派。[10]

1. 使命学派。使命学派认为，开展阅读推广活动是图书馆的使命和任务。从使命的角度来阐释图书馆阅读推广的内涵，是有充分的理论基础和依据的。比如联合国教科文组织《公共图书馆宣言（2022）》提出的公共图书馆 11 项使命中，就有两条与阅读推广活动有关，分别是"培养和加强儿童从出生到成年的阅读习惯"和"发起、支持和参与素养活动与项目以培养读写技能"。国际图联《在图书馆中用研究来促进素养与阅读：图书馆员指南》提出："坚信图书馆在促进识字和阅读中占据着独一无二的地位，因为这是他们的使命之一。"作为英国图书馆事业重要政策指南的《未来的框架》，也将"促进阅读和学习"放在了现代图书馆三项使命之首。中国图书馆学会《图书馆服务宣言》则将"努力促进全民阅读"作为图书馆追求的目标。国内使命学派的代表人物，是深圳图书馆的吴晞馆长。吴晞馆长在《任务、使命与方向：图书馆的阅读推广工作》一文指出，阅读推广已经成为图书馆的核心工作之一，是图书馆的根本性任务。[11]阅读推广活动的出现与普及，是图书馆历史发展的必然结果。

融合发展是当今公共图书馆发展的主流，公共图书馆不再仅仅是传统意义上的图书馆、信息资源集散地，同时还是学校、新书推介中心、文化讲堂、学术交流场所、博物馆、展览厅，只有不断拓展和丰富图书馆的服务内容，才能扩大和增强图书馆的社会影响。而这种"融合趋势"，要通过阅读推广工作来实现。使命学派将阅读推广定位为图书馆的使命、图书馆根本任务，有助于各个图书馆将阅读推广纳入行动宣言或战略性政策文件，对阅读推广活动进行顶层设计，在发展方向的把握、服务资源的分配等方面统筹规划和总体部署。

推动全民阅读不是单靠图书馆就可以完成的，但目前还没有任何一个社会机构可以在阅读推广方面取代图书馆。因此，图书馆要承担起自己独有的社会责任，完成他人无可替代的历史使命。事实上，在阅读推广实践领域，已经有越来越多图书馆开始将阅读推广纳入自己的战略规划，如广州图书馆在发展规划中就提出："促进各年龄群体培养和保持阅读习惯，营造良好的社会阅读氛围，使阅读成为公众生活中不可或缺的一部分"。[12]

2. 活动学派。活动学派的理论起源于国外。在国内公共图书馆界，许多图书馆安排专人或设立职能部门，负责阅读推广活动的开展，活动的内容可谓是五花八门，有读书会、报告会、诵读、演讲、讲座、论坛、展览、陈列、新书推荐、影视观摩、音乐欣赏、读书征文、亲子手工、参观考察、科普教育等，丰富多彩、层出不穷。阅读推广最鲜明的特征就是推广工作活动化，图书馆业界不少学者基于此特征，认为阅读推广就是通过开展各类推广活动以促进全民阅读。

国内活动学派代表性的人物有李国新、王余光、王波等几位学者。李国新、于群两位专家提出："阅读推广是指图书馆通过开展各种阅读活动，向广大市民传播阅读知识，培养市民的阅读兴趣，促进全民阅读。"[13] 王余光教授则认为，图书馆阅读推广是"由公共图书馆独立或者参与发起组织的，普遍的面对读者大众的，以扩大阅读普及度、改善阅读环境、提高读者阅读数量和质量等为目的的，有规划、有策略的社会活动"。[14] 王波给出的"图书馆阅读推广"定义是："图书馆通过精心创意、策划，将读者的注意力从海量馆藏引导到小范围的有吸引力的馆藏，以提高馆藏的流通量和利用率的活动。"[15] 当然，图书馆的阅读推广并不完全都是"活动"，如推荐书目作为图书馆阅读推广的一种传统形式，就是一种静态的服务，并非动态的活动，但至今仍旧是许多图书馆推广阅读的一种常用方式。

阅读推广作为图书馆的一种活动，规划与策略的重要性正渐渐受到重视。图书馆阅读推广活动对经费、人力、场地、设施、资源等都有较高的要求，其开展并不是即兴的、随意的，需要进行总体部署和统筹，更需要有一定的创新性。

3. 服务学派。服务学派认为，研究图书馆阅读推广，首先需要将其当作图书馆的一种服务方式，无论是编制推荐书目还是组织读者阅读活动，无论是亲子知识竞赛还是读书征文，其目的和阅览、外借、参考咨询一样，都是图书馆为读者的阅读或学习所提供的服务。[16]阅读推广作为图书馆的一种服务方式，与图书馆的传统服务形态存在着较大差异，这种差异性可以归纳为服务活动化和服务碎片化。

服务活动化是图书馆的发展新趋势和服务新特征。以活动形式出现的图书馆服务，不仅有展览、讲座等在特定时间和专门场所开展的活动，还更多地体现在为儿童和其他特殊群体的阅读提供服务过程中。以活动化的服务取代阅览、外借等传统服务，在原有借阅时间、借阅场所开展故事会、读书会、知识竞赛等活动，欢声笑语、歌舞音乐势必会打破图书馆原有的宁静，颠覆图书馆原有的服务环境。但从实际效果看，读者和图书馆都接受了这种方式，而且活动确实也起到了吸引市民进入图书馆的目的。此外，服务活动化还会直接导致服务的碎片化，如在同一个儿童阅览室中，内部陈设布置没有大的变化，但在学期中和寒暑假、周一到周末、每天上午和下午，安排的活动是不一样的，甚至会在半天内安排两场活动，这些都会给图书馆的日常管理带来新的问题。因此，服务的碎片化需要图书馆员不断创新设计、优化资源配置。

国内学者中较早关注阅读推广活动作为图书馆服务新指标的学者是上海图书馆的吴建中馆长，他在2012年中国图书馆年会主旨报告中介绍了国际图联的一份调研报告，该报告将"推广活动"列在了影响图书馆未来发展的四个新指标之首。[17] 服务说的代表人物是范并思教授，他在《阅读推广的理论自觉》中指出，阅读推广是新型图书馆服务，已经发展成为现代图书馆的一种主流服务。[18] 他多次强调，研究图书馆的阅读推广，需要首先将其当作一种图书馆服务。

4. 休闲学派。休闲说起源于西方高校图书馆。1927 年，爱荷华大学图书馆的管理者指出："图书馆建议学生每周都花一部分时间去阅读与日常学习和工作无关的书籍。"[19] 包括爱荷华大学图书馆、耶鲁大学图书馆、哈佛大学图书馆在内的许多美国高校图书馆，都设立有专门的休闲阅览室，里面陈列着学生感兴趣的，或具有励志作用的流行书籍。这些做法对美国的阅读推广产生了极大的影响，使美国图书馆界开始重视休闲阅读的推广，并产生了很多研究成果。时至今日，休闲阅读的理念仍在美国高校图书馆占据重要地位。

国内休闲学派的代表人物是于良芝教授，她立足于图书馆界阅读推广的实践，提出图书馆阅读推广主要指以培养一般阅读习惯或特定阅读兴趣为目标而开展的图书宣传推介或读者活动。于良芝教授认为，阅读推广的目标是培养阅读习惯或阅读兴趣，而为解决学习或工作的问题而进行的阅读是受任务驱动的阅读行为，是阅读中的"刚需"，不易或不用受阅读推广活动的影响和推动，阅读推广影响的是与学习和工作无关的阅读行为，即通常所说的休闲阅读行为。[20]

休闲阅读虽然在西方图书馆界占据重要地位，但因其没有将专业阅读纳入图书馆阅读推广的范畴，在我国并没有得到广泛认可。公共图书馆承担着服务地方经济建设和大众创业、万众创新等使命，开展阅读推广活动仅仅是为了影响读者的休闲阅读行为，是远远不够的。但在社会竞争日趋激烈、公众的工作与生活压力日渐增大的背景下，推广休闲阅读对于缓解精神压力、激发阅读兴趣具有现实意义。因此休闲阅读在西方图书馆占据重要地位的现实，值得国内图书馆人参考。

第二节

公共图书馆阅读推广的基本条件分析

在我国，公共图书馆主要是由政府举办、按行政区设置的，包括国家图书馆、各省（自治区、直辖市）级图书馆、地级市（州、盟）图书馆、县（区）图书馆。截至 2022 年末，全国共有公共图书馆 3303 个，藏书总量达135959 万册。[21] 作为公共文化服务体系的重要组成部分，公共图书馆秉持平等、开放、免费的办馆宗旨，实行公益、均等、便利的服务要求，是各级政府保障人民群众基本文化权益的重要途径。世界各国在阅读推广过程中，十分重视发挥公共图书馆的领导和核心作用，纷纷加强公共图书馆建设、改善公共图书馆办馆条件、提升公共图书馆服务功能，以此作为推动全民阅读的重要举措。

一、公共图书馆在阅读推广中的作用

1.公共图书馆是推动全民阅读的重要抓手。推进全民阅读是一项全民性的系统工程，各级政府的大力倡导和支持不可或缺，除出台政策、财政经费配套外，政府也会直接发动全域性的阅读推广活动，但更多时候，持续性的阅读推广活动是通过图书馆特别是公共图书馆开展的。从我国全民阅读的发

展脉络来看，自 20 世纪国家开始开展全民阅读推广活动以来，无论是"知识工程"，还是"图书馆服务宣传周"，抑或是出台的一系列促进全民阅读的政策文件，都十分重视和强调公共图书馆在其中的作用。从公共图书馆自身的发展角度来看，阅读推广活动已经从图书馆的工作创新、服务延伸，转变成了常规性的服务项目，如国际图联的《公共图书馆宣言》早已将开展阅读活动当成了公共图书馆的重要使命，中国图书馆学会 2008 年发布的《图书馆服务宣言》第六条也明确要求了图书馆应当"努力促进全民阅读"。

公共图书馆是为读者提供系统完备的文献资源和全面周到的阅读服务的场所，不分种族、年龄、职业、性别、宗教信仰和社会地位，任何人都可以走进图书馆，平等地享受图书馆的阅读资源，赏读、浏览馆藏的人文知识结晶和科学研究成果。世界上还没有任何一种社会组织、任何一种社会场所，会如同公共图书馆一般地拥有这么多的文献资源，而且是平等、自由、无偿地为所有的社会公众提供服务，所以公共图书馆称得上是广大人民完整系统学习知识和全面深度阅读的最佳场所，甚至可以说是唯一的场所。公共图书馆也始终致力于培养社会公众的阅读兴趣，构筑良好的阅读氛围，努力将良好的阅读习惯传递给社会中的每一个人，让阅读成为个人人生中的爱好和重要组成部分。

2018 年 1 月 1 日正式实施的《中华人民共和国公共图书馆法》（以下简称《公共图书馆法》）第三条明确规定："公共图书馆是社会主义公共文化服务体系的重要组成部分，应当将推动、引导、服务全民阅读作为重要任务。"从履行职能使命的本质要求和夯实图书馆生存发展的基础出发，推动全民阅读已经成为公共图书馆主要工作之一，这也是公共图书馆适应社会发展、实现服务创新的必然选择。《公共图书馆法》的施行，使得公共图书馆成为各级政府在全民阅读推广过程中的重要推手，必将有助于各地全民阅读推广活动的深入开展。在国家立法的保障下，公共图书馆应抓住机遇，加强研究，结合自身的特点和优势，开展行之有效、内容丰富、形式多样的阅读推广活动，为构建全民阅读推广服务体系发挥应有的作用。

2. 公共图书馆是开展阅读推广活动的重要主体。公共图书馆既是政府推动的各项阅读推广活动项目的承办单位和支持帮扶对象，同时也应是阅读推广活动的重要主体。在阅读组织开展阅读推广活动方面，公共图书馆拥有专门的馆舍建筑、完善的阅读设施设备、丰富的文献资源、专业精干的馆员队伍、数量庞大的读者群体、多年积累的良好口碑，上述诸多优势使得公共图书馆举办的阅读推广活动具有内容丰富、形式多样、分众实施的特点，理应成为推进全民阅读的一支重要力量。

联合国教科文组织所倡导发起的阅读推广活动，以及世界各地公共图书馆探索开展的阅读推广活动，都为国内公共图书馆的阅读推广工作提供了许多的宝贵的经验。

目前，我国公共图书馆的阅读推广活动已进入快速发展时期，各地公共图书馆都在设立专门机构，或者安排专人负责图书馆阅读推广活动的开展。面对互联网环境下数字阅读带来的影响和冲击，公共图书馆不仅要通过阅读推广活动引导民众阅读，让读者走进阅读，喜爱阅读，感受阅读魅力，养成阅读的良好习惯，更要满足社会多样化的阅读需求，开展多元化阅读推广活动，使公共图书馆的阅读推广工作得到社会的广泛关注，树立公共图书馆在推进全民阅读活动中的核心和表率作用。其中，有些图书馆走在了前列。以香港地区为例，当地的公共图书馆系统每月都会定期举办阅读推广活动，内容包括课外阅读计划、各种教育性及休闲性阅读推广活动、图书展览、亲子故事工作坊、科技与人生系列讲座等，每年组织的阅读推广活动达一万多项，同时还联合社会力量举办一些大型的阅读推广活动，如"中学生好书龙虎榜"和"阅读嘉年华"，与香港电台合办的"十本好书"阅读推广计划已持续了超过十年。[22] 其中反映出的，如应重视提升阅读场所的服务能力、完善阅读材料的配备、重点关注儿童和青少年阅读习惯和阅读技能的培养、加强与大众媒体和出版发行机构的合作、保持推广活动持续稳定地定期开展，等等，都是值得研究、学习和推广的。

3. 公共图书馆是阅读推广人才的培养基地。从事阅读推广活动的人员可以来自任何社会阶层和社会组织，并不一定是图书馆工作人员，但是公共图书馆拥有得天独厚的条件，是培养阅读推广人才的良好场所。不管阅读推广人来自什么社会阶层、什么专业背景，他们都有一个共同的特性，那就是与阅读紧密相关。公共图书馆里有丰富的阅读资源，不但是阅读推广人提高自身素质的源泉，也是阅读推广人开展推广活动的载体。公共图书馆经常性地开展讲座、展览、阅读分享等活动，积累了丰富的活动经验。因此，各个社会机构和组织、个人在开展阅读推广活动时，可以直接与公共图书馆合作，或者将公共图书馆作为活动开展的基地，可以使推广工作更加顺畅。对于一些没有阅读推广活动实践经验的机构和组织来说，可以寻求当地公共图书馆的帮助，借鉴图书馆开展阅读活动的模式和经验。公共图书馆要成为当地各机关和企事业单位、社会组织开展阅读推广活动的指导者和辅助者，指导科学采购阅读文献，合理布置阅读场地，辅导做好阅读推广活动的策划和组织工作，共同推动全民阅读推广活动的开展。

二、公共图书馆开展阅读推广的优势

1. 公共图书馆有国家政策和资金的支持。中央和地方各级政府都十分重视公共图书馆的建设，先后出台了多项政策、决定和法律及条例，推动公共图书馆事业的发展，为促进公共图书馆在全民阅读推广活动中发挥更大作用创造条件。1997 年，中宣部、文化部等九部委联合发布《关于在全国组织实施"知识工程"的通知》，将"完善公共图书馆布局和硬件建设，使公共图书馆的服务网点遍布城乡各地""提高各级各类图书馆的服务能力与服务质量"列为总体目标。在"知识工程"的实施过程中，公共图书馆的建设得到了鼓励和扶持。从 2009 年开始，文化部将每年 5 月份的最后一周（从 2023 年起，时间调整为每年 4 月 23—29 日）确定为公共图书馆的"图书馆服务宣传周"，发动全国的公共图书馆界开展集中性的宣传推广活动，有力地提升了公共图书馆的社会知晓度，展现了图书馆在全民阅读中的中坚力量，促进了公共图书馆在全民阅读推广中主导作用与核心地位的形成。2012 年 11 月，"全民阅读"作为一项文化强国战略被写入党的十八大报告，国务院自 2014 年起连续十年将"全民阅读"写入政府工作报告，《中华人民共和国国民经济和社会发展第十三个五年规划纲要》《全民阅读"十三五"时期发展规划》《公共文化服务保障法》《全民阅读促进条例（草案）》《关于促进全民阅读工作的意见》《中华人民共和国国民经济和社会发展第十四个五年规划和 2035 年远景目标纲要》纷纷将推进全民阅读作为一项重要工作目标，2018 年实施的《公共图书馆法》正式以法律形式将推动、引导和服务全民阅读规定为公共图书馆的重要任务，为公共图书馆开展阅读推广提供了政策支持与法律依据。

公共图书馆是政府设立的文化服务机构，国家和地方各级财政均给予了充分的支持和保障。2011 年，文化部和财政部联合发布《关于推进全国美术馆、公共图书馆、文化馆（站）免费开放的意见》，明确公共图书馆的公益性质，要求公共图书馆向社会公众免费提供基本服务，并对公共图书馆开展阅读活动的经费保障做出安排。随着地方经济的发展和财政收入的不断增长，地方财政对公共图书馆的投入在逐年增加。政府的持续经费投入，为公共图书馆改善办馆条件、购入阅读资源、更新设备设施提供了资金保障，决定了公共图书馆在推动全民阅读过程中，必然处于优势地位，成为全民阅读推广体系当仁不让的主体力量。

2. 公共图书馆有优越的活动场地条件。我国公共图书馆开展的阅读推广活动，绝大部分都是在本馆的馆舍建筑内举办的，因此，馆舍建筑的建设与内部环境的改善升级是公共图书馆发展阅读推广活动的基本保证条件。得益于中央和地方各级政府持续和稳定增长的经费投入，公共图书馆的办馆条件在逐渐改善之中，特别是 21 世纪以来，公共图书馆进入了新一轮的新馆建设高潮。在新馆建设的过程中，"以人为本，服务至上"成为图书馆建筑设计的核心理念，贯穿于设计的始终，体现在设计的方方面面、诸多细节的安排上。首先，在图书馆新馆的选址上，新馆大都选址在交通便利、人口集中、附近具有成熟文化氛围的地区，或者城市新发展的、将会成为新的城市中心的区域。[23] 如南京图书馆新馆坐落在作为城市中心地标的"总统府"边上，上海图书馆东馆选址在浦东新区世纪公园旁，南通市图书馆新馆则位于南通市新城区，连云港市图书馆边上有万达广场、行政服务中心及大学城的加持。这样的选址方式，极大地方便了市民前往图书馆，有助于提高图书馆人流量，为图书馆开展阅读推广活动提供了读者参与基础。其次，在图书馆建筑的设计上，新馆在保证实现图书馆功能的同时，也更加兼顾人文环境性与建筑美观性。随着我国经济的高速发展，政府投入用于公共图书馆的新馆建设的资金更加充沛。充分的资金保障使得图书馆在新馆建设上体现出两方面的变化：一是馆舍建筑总面积增加，图书馆的读者接待能力得到提高，可用于读者活动的场所面积显著增加。二是建筑内部多采用大层高、大开间的设计风格，且在设计时对学术报告厅、展览厅、多功能厅、读者活动室有全面的考虑和安排。建筑面积的增加及各种功能场地的设计，使得图书馆能够方便、充分地利用馆舍资源，开展不同规模、不同类型的馆内阅读推广活动。此外，许多设计独特、造型美观的图书馆新馆正逐渐成为城市的新地标新景点。如天津滨海新区图书馆以"滨海之眼""书山有路勤为径"的立意设计出极具想象力和视觉冲击力的建筑造型，入选了美国《时代》周刊"2018 年最值得去的 100 个地方"榜单，成为天津市的城市文化新地标。[24]

这些新建筑能够显著提升图书馆的社会知晓度，成为吸引社会公众回归图书馆、回归阅读的一种重要阅读推广方式。

公共图书馆馆舍建设与发展的另一个重点体现在重视分馆和城市书房的建设上。一方面，分馆和城市书房更贴近市民日常工作、生活的地点，活动就放在市民的身边举办，扩大了公共图书馆阅读推广活动的受众总量；另一方面，根据城市书房和分馆周边读者特点，可以设计推出满足特定读者群体需求的个性化、有针对性的阅读推广活动，更容易取得良好的效果和反馈。

3. 公共图书馆拥有丰富的文献资源。丰富、充足的阅读资源可以最大限度满足各层次读者个性化的阅读需求，保证阅读资料的充分供给，是阅读推广活动顺利开展的必备前提条件。在文献资源建设方面，公共图书馆经过多年的积累和不断的努力，文献的数量和种类持续增加，截至 2022 年底，全国公共图书馆馆藏量为 13.59 亿册（件），资源优势明显，为公共图书馆开展阅读推广工作提供了坚实的文献基础。

馆藏建设一直都是公共图书馆的工作重点。新世纪以来，随着服务理念的逐步转变，公共图书馆馆藏资源结构得到进一步完善调整，资源建设从"专业"走向"普及"，从"经典"走向"广泛"，大众性、普及性读物的数量进一步增加，具体表现为两个方面：

一是文献的收藏范围逐步扩大，对不同形式类型、不同思想观点的文献采取兼容并包的态度，内容不断丰富，既入藏孔孟儒学、老庄思想和西方经典著作，也将都市言情、侦探推理、武侠玄幻作品纳入馆藏，有的图书馆还根据青少年的阅读特点，将动漫读物作为了图书馆的特藏文献。

二是专业文献的收藏比例逐步减小，公共图书馆更重视加强普及性图书文献的入藏力度，以满足普通民众休闲性、娱乐性的阅读需求。通过藏书结构的调整，不论是专业性读者、学术性读者还是消遣性读者，公共图书馆都能满足他们的阅读需求，提供完备的文献支持和服务。

面对文献资源获取日益便利的现状，公共图书馆在馆藏资源建设过程中，选择建设特色化馆藏的道路，可以增强图书馆对读者的吸引力，提升图书馆的价值。特色馆藏丰富了读者的阅读材料，使得各个图书馆阅读推广活动在形式和内容的选择上，能够更好地针对不同类型的读者群体，呈现出个性化和差异化的发展趋势，有助于打造自己的推广活动品牌。

有了完备的阅读资源的保障，公共图书馆阅读推广活动自然而然地可以在内容上针对不同的人群，呈现出丰富化、多样化的特点，从而在全民阅读体系中占据重要位置，发挥核心作用。

4.公共图书馆有类型齐全的读者群。相较于中小学图书馆的单一性、科研院所图书馆的专业性、高等院校图书馆的学术性，公共图书馆以其大众化和普适性拥有最全面、最广泛的读者群。上至耄耋老人、下至蹒跚学步的婴儿，都是公共图书馆的服务对象，学生、技术人员、机关干部、产业工人、快递小哥……所有人都可以在公共图书馆找到合适的阅读资料。因此图书馆可以根据阅读推广的需要，根据年龄、职业、专业等特征，划定不同的特色读者群体，开展有针对性的阅读推广活动，使得公共图书馆的阅读推广活动呈现出面向全体、彰显特色、多姿多彩的特点，产生持续而深远的社会影响。

正是因为拥有政策、资金、资源的服务的优势，公共图书馆才能在阅读推广活动中始终站在阅读推广活动的最前沿，履行组织、领导和具体实施的职能，并对其他阅读推广主体的活动起到领航和示范的作用。

三、公共图书馆推荐阅读活动策划常用方法

公共图书馆开展阅读推广活动，其目的是通过精心创意、策划，引导更多的社会公众参与阅读，将图书馆的馆藏推荐出去，提高馆藏的流通量和利用率，实现图书馆效益的最大化。推荐阅读是图书馆经常采用的、最基本的

阅读推广方式，值得进一步深入的研究和探讨。

1. 推荐阅读活动的类型分析。从方法论的角度，综合分析目前国内公共图书馆所开展的推荐阅读活动，可以将其总结划分为三种类型：

（1）吸引法。此种推荐阅读方式通常用于推荐阅读需求旺盛的文献，如登上各种阅读排行榜的图书，成为近期社会热点、被热议的图书，四书五经、四大名著等被列入经典阅读书目的图书，读者为学习或工作的需要迫切希望图书馆购买的图书等。读者对这类图书或早有耳闻，或知之不详，或求之不得，或无力购买，但因其"自带光环"，图书馆只需集中推荐展示，读者得知消息后自会主动上门借阅。

吸引法这一推荐阅读方式涉及的人为策划成分最少，只需要将大家公认的好书以一定方式予以集中推荐即可，是图书馆推荐阅读中最常规、最基本也是最容易采用的一种阅读推广形式。另外，有些图书馆将作为本馆的"镇馆之宝"的馆藏文献向读者陈列展示，也属于吸引法推荐阅读的一种，如国家图书馆会在每个工作日的 9 时至 11 时，以及部分节假日的 9 时至 14 时定时开启位于总馆北区的文津阁四库全书库房展示门，广大读者可以透过玻璃窗，一窥国家图书馆四大镇馆之宝之一的文津阁《四库全书》的书架与书函全貌。[25] 再比如 1454 年古登堡印刷的《圣经》，目前只有 11 个羊皮纸全本存世，美国国会图书馆等拥有这些珍本的欧美图书馆，大多数将其放在玻璃柜里长年展示。图书馆中的这些展示场所，成为来馆读者或参观者必到的打卡点。

（2）推送法。此种推荐阅读方式常被用于推荐需求不旺的新文献或长期置于图书馆书架上的"睡眠文献"。比如图书馆为配合政府"一带一路"建设和研究，会集中采购一批首次出版的与丝绸之路沿线国家相关的图书，由于这类书的受众本身就是为小众群体，需求不旺，如果图书馆不主动推送，相关研究者可能不会知道此类文献的入藏信息，信息的不对称会导致文献被束之高阁、利用率低。还有一类被称为"睡眠文献"的图书，是因某些主客观的原因长期混杂在其他图书中而不为人所知，直到某一天被图书馆的工作人员或者研究专家偶然发现而大放异彩。上述两类图书就需要图书馆广而告之，全力将其推进目标读者乃至全社会的视野，发挥其应有的社会作用。

推送法这一推荐阅读方式人为策划的成分较浓，相关文献的吸引力需要图书馆工作人员去发现、去创造，因此推广的难度较大。比如前述的"一带一路"方面的图书，能否推荐成功，一方面取决于图书馆对当地研究人员情况是否有总体的掌握和了解，另一方面要取决于入藏的图书对研究者的阅读与研究是否具有参考价值。美国国会图书馆曾经把内容艰深难懂而长期无人问津的图书集中陈列在馆内醒目的位置上，并提示说本架图书内容深奥，只有学识渊博的人才能阅读，这使得读者征服欲被挑起，将这些图书借阅一空。国内的图书馆也可以借鉴上述做法，集中推出一批长期无人问津的书，让读者来完成一次挑战阅读。

（3）随缘法。此种推荐阅读方式常被用于推荐阅读需求不明的文献。图书馆并不十分确定哪些读者会喜欢阅读这类图书，只是觉得会有人对这类书感兴趣，抱着试试看的心理，将一批具有某种共同特征的图书推广出去，至于是否有效，具有很大的偶然性，成功与否取决于图书馆工作人员的第六感。

随缘法这一推荐阅读方式在谋划时具有强烈的策划感，如果取得成功，会给图书馆带来极大的成就感。图书漂流就是随缘法的一种方式，例如将一本书放在咖啡馆的餐桌上，这本书将漂向何方，谁会是下一个读者，一切随缘。对图书馆来说，随缘法最容易操作，但要想取得好的效果，需要认真细细多多思量。

2.推荐阅读策划的常用方法。推荐阅读是图书馆阅读推广活动的常用形式，在具体的策划过程中，通常采用下述几种方法。

（1）预设埋伏。所谓预设埋伏，就是掐好时间点提前做好推荐活动相关安排，充分准备，直等到预设的时间到来时将活动隆重推出。如诺贝尔文学奖、国际安徒生奖、茅盾文学奖等国内外的重要奖项，一般都是预先公布确定的颁发日期，之后宣布结果。图书馆可以将重点候选人的信息和作品提前收集准备好，一俟获奖结果揭晓，就第一时间推出获奖者的著作，这样肯定会受到读者的欢迎。再比如图书馆可以策划在每年的"国际劳动妇女节"之前，将馆藏图书中书脊和封面为粉色的书籍全部挑出来，然后在 3 月 8 日当日在图书馆的显眼位置设专架陈列展示，相信一定会给读者特别是女性读者带来惊喜。外包装为粉色的书籍之所以设计为粉色，大部分的正是因为其内容适合女性阅读，因此这种方式推荐的图书必然会吸引女性读者走近书架，浏览借阅。

（2）紧扣热点。所谓紧扣热点，就是实时响应突发的热点事件而开展的推荐阅读。如 2016 年 8 月影视演员王某离婚事件发生后，湖南省图书馆的微信公众号很快便以"这七部经典小说告诉你，婚外情看上去很美，实则很危险"为题，推出了《廊桥遗梦》《失乐园》《查特莱夫人的情人》《奥赛罗》等 7 本书的内容简介，吸引了很多的点击量。热点事件很多是突发性的，针对突发的热点事件的阅读推荐是无法做到事前准备的，但这也更彰显图书馆工作人员平时知识积累的水准，平时博览群书，关键时刻才能信手拈来。面对当前百年未有之大变局，突发事件频发，作为知识加油站的公共图书馆，更应该顺势而为，主动发挥资源优势，做好阅读推荐工作，让读者关注社会热点，以阅读引导思考。

（3）地方特色。所谓地方特色，是指不同地方的图书馆在推荐阅读时，要关注本地特殊的经济、社会和人文环境。如美国的"一书一城"活动中，各个城市选择推荐阅读的图书是不一样的。哈珀·李的著作《杀死一只反舌鸟》的内容旨在化解种族误解，消除种族隔阂和种族矛盾，就更受西雅图、芝加哥等种族分歧比较大的城市青睐。同样的道理，上海地区的图书馆在推荐阅读时，可以考虑推出王安忆、余秋雨、韩寒、金宇澄、六六等作家的系列著作；连云港地区的图书馆则可以围绕《西游记》《镜花缘》，以及花果山、孙悟空等策划推荐阅读活动。

（4）特定人群。所谓特定人群，是指阅读推荐要针对特定人群进行策划组织。比如针对刚退休的职工，可以推荐组织一批如何面对退休、如何过好退休生活的书籍，以帮助他们克服因退休产生的失落感，帮助他们顺利度过退休转换期。产业工人平时工作特别劳累繁忙，业余时间生活单调，图书馆可以考虑针对青年工友群体，选择推荐适合他们阅读的书籍，送到他们身边。

（5）阅读积分。所谓阅读积分，就是读者阅读图书，可以获得相应的积分。阅读积分可以兑换文具、礼品和获得参加活动的资格等。深圳图书馆联合本市宝安区图书馆、南山图书馆等图书馆共同开展的"少儿智慧银行"就是一个阅读积分项目，旨在以阅读积分方式激励读者，积极引导广大少年儿童养成主动阅读的良好习惯，读者每借阅1册图书，就可以获得1个阅读积分，由系统定期存入读者账户。积分可以兑换礼品、文具和获得参赛资格，高分则颁发证书。镇江市图书馆与镇江市文化馆，以及镇江公益艺术培训联盟等多家机构合作推出包括诵读、乐理、茶艺、乐器、书法、绘画、搏击等十多种素质教育课程，参与"阅读+"少儿积分兑换课程项目的小读者可以用阅读积分兑换学习自己感兴趣的各类艺术、体育等素质教育课程。阅读积分兑换可以更好地激发读者来馆借阅图书的热情，从而形成一个良性的阅读循环。

第三节

公共图书馆阅读推广策略研究

从总体发展状况来看，我国的阅读推广活动可以说是已是成绩斐然。其中，公共图书馆起到了核心的作用。面对我国多元开放的社会环境和庞大繁杂的读者群体，公共图书馆阅读推广者拥有着前所未有的机遇，但也面临着前所未有的挑战。因此，实现阅读推广活动的可持续发展，需要图书馆在摸索和借鉴中探寻适合自己的阅读推广策略。

一、图书馆的阅读推广因"悦读"而更精彩

图书馆的阅读推广的理念在经历了从"辅导"到"引导"的转型之后，正在迎来从"阅读"到"悦读"的改变。《新华字典》中对"悦"的解释是"高兴、愉快"。[26]"悦读"和"阅读"虽只是一字之差，却反映出了阅读主体（读者）自身强烈的主观感情色彩，内涵更加丰富。对图书馆的阅读推广活动而言，可以从两个不同的视角来理解"悦读"：一是"因悦而读"，图书馆通过阅读推广活动，让读者对阅读感兴趣，喜爱上了读书，从而自觉自愿地主动阅读；二是"因读而悦"，图书馆为开展阅读推广活动而

营造出的良好的阅读环境和氛围，让读者在阅读的过程中，既收获了知识，更感受到愉悦。"悦读"理念起源于英美等发达国家，随着对国外阅读推广优秀案例的研究和借鉴，"悦读"也正发展成为国内公共图书馆界阅读推广活动的一个重要理念。

1. 创造舒适开放的阅读环境。多年前，美国的一些研究学者和图书馆员发起了一场关于"星巴克和图书馆"的讨论。他们发现许多年轻人经常在星巴克等咖啡馆工作、学习、读书，甚至小组研讨，但是一街之隔的免费图书馆却人流稀疏。调查采访发现，不少读者觉得在咖啡馆可以一边享用咖啡茶点，一边阅读和学习，更加的舒适和自由惬意。图书馆作为公益性文化服务场所，本身就有着自由、平等的特点，阿根廷著名诗人、国家图书馆馆长博尔赫斯赞美说："这世上如果有天堂，天堂应该是图书馆的模样"。随着现代图书馆的发展，打造"市民的第二起居室""城市大书房"更是成为现代城市图书馆的建设目标。当下，国内各地图书馆纷纷打破传统的封闭式空间布局模式，营造轻松、舒适、和谐的氛围，在满足读者阅读需求的同时，还兼顾其学习、休闲、社交等多种需求。图书馆里除了图书之外，还为读者提供了甜点、饮料、咖啡等茶饮小食。5G网络、免费无线网络可以覆盖到图书馆建筑的每一个角落，让读者随时随地地接入图书馆网络，利用馆内的免费数字资源。读者来图书馆读书不需要任何证件就可以随意地进入，图书馆间也实现了"一卡通"形式的"通借通还"。上述这些在图书馆中搭建的休闲的服务环境、轻松的交流空间，既能保证读者拥有安静的阅读空间，实现信息的交流与互动，又能让他们有独立的交流场所和短暂的歇息去处。咖啡飘香，音乐流淌，舒适地坐在沙发上随手翻阅最新的时尚杂志新近出版的榜单图书，这样的阅读环境会吸引更多的市民走进图书馆，这是图书馆最有效的阅读推广活动方式。

2. 完善服务设施和馆藏资源。图书馆阅读条件的改善为阅读推广方式的多样化提供了有利的条件。图书馆要向政府部门主动宣传国家的全民阅读政策，介绍宣讲公共图书馆馆舍、设备、人员及馆藏标准，促使地方政府加强公共图书馆的基础设施建设，配置充足的图书馆设施和馆藏，改善图书馆的阅读场所条件，适时、适当建设城市书房和图书馆的分馆，使公共图书馆的覆盖范围与逐渐壮大的阅读人群规模相适应，充分满足民众的阅读需求。图书馆自身要不断完善服务效能，满足现代人追求简单快捷的生活的需求，尽可能简化程序，为广大市民的阅读提供方便，如简化借书程序、延长开放时间、提供自主查询设备和准确书籍位置等。针对部分读者白天上班，想在晚上去图书馆阅读的情况，可以通过设立 24 小时自助图书馆的方式化解图书馆开馆与闭馆时间的矛盾，方便读者自由借阅和自在阅读。馆藏资源的丰富性和趣味性对图书馆的阅读推广也至关重要，比如在经典阅读推广中，要想取得良好的阅读效果，就要考虑活动对象在认识能力、兴趣爱好、知识结构等方面的差异，挑选深浅程度及类型不同的版本，同样是文学名著，对于初中以下学生，适宜推荐名著缩写本，对于高中及以上的则以推荐原著阅读为佳，这就对图书馆藏书的丰富性和完善性提出了更高的要求。

3. 转变阅读的功利性色彩。阻碍图书馆阅读推广活动成效的主要原因，在于社会公众对阅读的重要性缺乏正确的认识，从而造成阅读的动力相应缺失。在我国，很多读者特别是少儿读者，虽然读书却体会不到读书的快乐。为了满足社会或家长的期许和要求，为了应对日益增加的升学和求职压力，很多读者从小在阅读时就带着功利性的"枷锁"，而忽视了阅读本身的快乐和美丽。这样的读者一旦不再有外在的功利性追求，自然也就不再会去阅读了。阅读推广要想推动读者持续性、终身性阅读，必须给予读者正确的阅读动力，帮助读者从功利性阅读走向审美阅读。因此，图书馆的阅读推广活动主题要从文化知识普及转变为培养阅读兴趣，阅读推广活动的前期宣传、活动形式、场地布置、主持方式等也要改变传统的生硬刻板、严肃紧张的风格，营造休闲放松、温馨舒适的活动氛围，如在少儿的阅读推广活动中尽量不用竞赛的形式，以避免孩子在活动中的竞争和压力。

二、树立个性化的阅读推广理念

读者的阅读需求日益多元化，图书馆应遵循"以人为本"和"服务均等化"的服务宗旨，重视读者差异性，深入研究不同读者群体的喜好、个性与需求，通过多元化的阅读推广方式为他们量身定制个性化的阅读服务，使得阅读推广活动取得更好的效果，达成活动的目标。

1. 细化阅读推广活动目标人群。随着参与阅读推广活动的人群数量的不断扩大，人们对阅读的需求的差异性越来越明显，公共图书馆在开展阅读推广活动的过程中，需要及时调整与转变阅读推广的方式及策略，通过细化阅读推广人群的分类，针对不同年龄层、不同阶层的读者人群制定出相应的推广方式，根据被推广对象的需求进行精准推介，从而更好地推动阅读推广工作的展开。比如，针对少儿读者，推广方式应以互动体验为主，通过开展亲子阅读、手工、游戏等活动，加强家长和孩子的互动联系，从小培养孩子们的阅读习惯；对于老年读者，图书馆可以定期开展网络知识、健康养生等内容的讲座，帮助他们更好地适应数字时代、颐养天年；针对视障人群等弱势群体，也应配备诸如有声读物等相应的阅读资源和阅读设备配套设施。

当前，图书馆阅读推广活动的对象大多为4~12岁年龄段的儿童，而较少面向低幼龄儿童、中学高年级学生、成年人及老年人等其他人群。对于图书馆来说，这些人并不是不重要，而是因其各具特点，阅读推广的难度较大：低幼龄儿童语言水平、识字数量有限，认知和行为能力尚弱；中学高年级学生个性凸显，且学业繁重无暇他顾；成年人承担家庭与社会双重责任，工作压力大，有阅读需求却精力有限；老年人听力、视力、体力减弱，出行不便，对图书馆采用的新技术、新设备望而却步。因此，面向他们的阅读推广活动虽然难做，但也正是图书馆的推广工作有所作为、有所突破之处。公共图书馆阅读推广要不断拓展新的阅读推广对象，有针对性地开展阅读推广活动，才能使阅读为更多的社会成员带来积极影响，促进社会的整体发展。

2.提供定制型阅读推广服务。过去，图书馆通过单向推广的方式开展阅读推广活动，读者大多被动地接受图书馆的各种推广信息，读者的活动参与度不高，活动宣传效果不佳。随着更多科技设备和手段在图书馆的应用，每个读者都会在图书馆系统中建立专属的阅读档案，记录着读者性别、年龄、职业、学历、爱好等个人基本信息，以及到馆、借阅、参与活动等所有的图书馆相关信息。图书馆利用这些数据进行"人物画像"，不但可以为读者量身定制适合个人的阅读计划和图书馆服务，而且可以根据读者的阅读兴趣和阅读习惯，及时主动向读者推送可能感兴趣的阅读推广活动。

当下，图书馆可以提供的比较容易实现的定制型阅读推广服务有两类：

一类是数字型阅读推广活动。图书馆事先将阅读推广活动制作成音频、视频资料，读者登录图书馆网站或是 App 后，可以根据自己的兴趣和需要点播观看。现有可供点播的阅读推广活动资料主要是培训、讲座、展览等阅读推广活动的文字、图片和音视频，但随着 VR 等人机交互技术发展，阅读推广活动将会更加真实生动地呈现给读者。

另一类是分类阅读推广活动。图书馆按照个性、需求或其他特征将读者分为不同的类型，策划组织开展适合特定类型读者的阅读推广活动。公共图书馆所要服务的读者数量众多，在目前的技术和人力条件下实现一对一的阅读推广活动定制尚不现实，分类阅读推广活动是对完全个人定制的一种过渡和近似，它既基本满足了读者个性化阅读推广的需求，又能有效地利用图书馆资源。

3.重面向弱势群体的阅读推广。弱势群体主要分为社会性弱势群体和生理性弱势群体两大类型。据有关资料统计，目前，我国弱势群体数为

1.4亿~1.8亿，是一个庞大的社会群体。弱势群体读者因其自身的特殊性，无法和其他读者一样利用图书馆的资源、接受图书馆读者服务、参与图书馆阅读推广活动，但是他们同样有对于阅读、对于知识和文化的追求。公共图书馆作为公益性的社会文化教育机构，有义务和责任去关注和关心这些弱势群体读者，策划设计方便他们的阅读指导和阅读推广服务，让他们切实享受社会文化福利，这是图书馆平等、公益、均衡服务的重要体现，也是帮助弱势群体实实在在的举措。

公共图书馆在为弱势群体开展阅读推广服务时，首先要学会尊重和善待弱势群体，要把自己放在一个服务者的正确位置上，既不能有居高临下的态度，也不能显示出一种施舍者的爱怜之情，应当努力营造一个温馨平等而又充满人文关怀的阅读环境。其次要加大特殊群体阅读推广活动的投入力度，整合物力、人力及专业技能资源，解决特殊群体阅读过程中遇到的困难，根据弱势群体自身的特殊性为他们设计专门的阅读空间，提供便利的辅助阅读工具，配套建立特殊馆藏阅读资源，在策划设计阅读推广活动时兼顾弱势群体的需求，为其量身定制专门的阅读推广活动，提供专业个性化服务。例如设立视障人士阅读室，铺设残疾人专用通道，配备老花镜、放大镜、盲文刻印机等工具及设施，招募志愿者为盲人读者读书、念报、讲电影等。

三、建设一支优秀的阅读推广人队伍

决定阅读推广活动质量优劣的核心因素，是阅读推广队伍的工作能力和综合素质。图书馆为了更好地实现阅读推广的目标，需要不断吸纳优秀推广人才，建立一支优秀的阅读推广团队，以保证推广活动的有序开展，从根本上实现对阅读活动的推广。

1. 设立常设机构。阅读推广活动的开展，不是一个应景和应时的活动，人员临时抽调搭台，活动主题现想，举全馆之力突击应付，操作不定型，经验不梳理，既会影响图书馆其他业务的开展，也往往会给单位带来很大的压力。图书馆应将阅读推广活动定位为图书馆常规的基础服务，作为与图书借阅、参考咨询等同样重要的读者服务列入图书馆服务体系之中，通过调整单位的业务流程和组织结构，建立负责阅读推广的常设机构，并在人员、经费等方面进行周密安排，结合单位具体情况制定阅读推广发展规划，保证阅读推广活动的顺畅和发展。设立阅读推广常设机构，机构成员相对固定，有利于活动经验的积累、活动效率的提高、活动衔接的持续有序；有利于图书馆培养自己的阅读推广活动专家，形成具有单位特色的阅读推广运作范式，节省人力、物力和财力，提高工作效率。将阅读推广工作常规化，安排专人从事阅读推广活动的研究、策划、组织和实施，无疑是解决阅读推广工作难的一个有效手段。

2. 选拔培养专业队伍。阅读推广人员素质的高低，直接关系到阅读活动的推广成效。阅读推广，既要知人，又要知书，这样才能根据读者的需要，推荐他们想要的书，激发他们的阅读热情。图书馆应遵循专业化、年轻化原则，从本馆工作人员中择优选拔，使其成为阅读推广的中坚力量，在阅读推广队伍中起主导作用。年轻的图书馆员朝气蓬勃，精力充沛，学习能力强，乐于接受新鲜事物，能熟练应用现代通信工具和互联网，掌握多媒体技术，是图书馆阅读推广人的最佳人选，将适合条件的优秀年轻馆员选拔出来，应当经过锻炼和培训，使其在阅读推广活动中担当重任。此外，还应根据阅读推广部门中不同阅读推广主题内容，配备相应的专业学科馆员，建立起有效的激励和反馈机制，这样既能够加强学科馆员和读者之间的互动，亦可促进馆员对各自主题专业化知识的提升，使馆员不断改进阅读推广工作，从而形成阅读推广的良性循环。

3. 吸收意见领袖成为领读人。意见领袖（又称舆论领袖）本身是一个传播学的概念，最早由美籍社会学家保罗·拉扎斯菲尔德（Paul F. Lazarsfeld）

于 20 世纪 40 年代在《人民的选择》一书中提出，是指在人际传播网络中，经常为他人传递信息、输出观点，并对他人施加影响且能左右他人态度倾向的"活跃分子"。当前的社会是一个网红的社会，一个网红的粉丝数动辄成百上千万，一个自媒体在某些话题上的影响力甚至会超过国家级新闻社。因而倘若能够将这些流量领袖吸收成为领读人，由他们向读者传递关于阅读的知识、经验、观点，会对读者的阅读行为产生较大影响，对于推广阅读也会起到重要的推动作用。近年来，有相当数量的图书馆开始在这方面进行尝试，吸纳著名作家、文化名人、优秀教师、读书会创始人等作为领读人，他们通常受人尊重，拥有较高的社会地位和社会辨识度，且文化底蕴浓厚，往往会自带流量，无论是渗透率，还是传播率均较高。依托他们个人的学历学识和阅读经验，开展图书推介、好书分享、阅读指导等活动，吸引粉丝来点击评论、收藏、点赞，势必可以提升阅读推广的效果。

4. 招募阅读推广志愿者。图书馆招募阅读推广志愿者可分为两种类型：

第一种是专业型志愿者。他们一般都具有相当的学科或专业背景与特长，在登记成为图书馆志愿者后，图书馆会对其进行阅读推广理论和实践方面的指导和培训，将其培养成图书馆阅读推广的中坚力量。在组织开展阅读推广活动时，图书馆会向他们推送活动志愿服务需求信息，志愿者们可以根据自己的专长、喜好和时间选择参加阅读推广活动。

第二种是专项型志愿者。他们是图书馆为了某项阅读推广活动临时招募的志愿人员，他们在接受针对此项活动简单的专项培训后，可以在图书馆工作人员或专业型志愿者的指导下，协助完成此项阅读推广服务工作，通常活动结束后，即告志愿服务工作结束。在西方发达国家，人力资源稀缺且成本昂贵，阅读推广活动离不开庞大完善的志愿者团队，通常一个阅读推广活动只有一到两名图书馆正式员工主导，其余工作参与者都是志愿者。国内的公共图书馆也可对其加以借鉴，完善志愿者招募体系，加强志愿宣传，建立健全志愿者培训与管理机制，增加志愿者对图书馆阅读推广活动的认同感和归属感，开发利用好志愿者资源，实现志愿者和图书馆的双赢。

四、形成品牌效应，建立阅读推广可持续发展的长效机制

公共图书馆阅读推广活动的品牌化建设，有利于充分整合馆内资源，调动全馆乃至社会各方面的力量，形成本馆阅读推广的独特风格和优势，促进和保证图书馆阅读推广活动的可持续发展，提升公共图书馆的知名度、社会影响力和美誉度。在追求高质量发展的今天，优秀的阅读推广品牌已经成为衡量一个公共图书馆服务能级的重要标志，乃至成为一座城市的文化名片。在全国县级以上公共图书馆评估定级中，已经将阅读推广品牌的创建作为重要的考核指标。[27]

1.坚持阅读推广活动品牌的定位原则。图书馆在对阅读推广服务品牌进行创建时，应遵循以下原则：

一是在围绕本馆阅读推广活动总目标的前提下，根据不同的阅读推广活动目的进行目标分层，分别树立子活动品牌。

二是充分挖掘本馆特色馆藏的亮点和特点，提炼资源的文化内涵，以全面性、差异性为原则，将资源与阅读推广活动相匹配，划分确定活动定位，让阅读推广品牌更具辨识度。

三是明确阅读推广活动的目标群体，根据不同读者群体的心理需求和阅读习惯，在活动内容设置、活动模式设计等方面精准定位，使活动具有针对性。

四是通过不断的重组、整合和升级，将阅读推广活动系列化、持续化，通过各个子品牌的融合发展，以保持社会各界读者对阅读推广活动的关注度。

2.加强阅读推广活动品牌的顶层设计。公共图书馆应紧紧把握时代发展

脉搏，结合单位实际，加强对阅读推广活动的顶层设计。在研究和借鉴国内外成功的阅读推广活动品牌案例的基础上，邀请业内专家或者借助智库等第三方的力量，以 5 年或 10 年为周期，建立和完善有可操作性的阅读推广活动品牌的整体发展战略框架和规划。规划内容应涵盖品牌的发展定位、名称与 LOGO 的选择、体系结构、传播推广与运营、读者满意度测评与绩效评估、生命周期测算等方面，并对如何巩固和强化品牌建设提出相应的建议和措施。顶层设计通过对阅读推广活动品牌进行总体和细分设计，有助于避免活动的同质化，保障品牌的特色、延续性及关联性，指导品牌朝着良性稳定方向发展，满足读者多样化、个性化的新要求。

3. 重视阅读推广活动品牌的全生命周期管理。公共图书馆阅读推广活动品牌建设是一个循序渐进的过程，展示和挖掘图书馆特色是提升活动品牌内涵的重要抓手。一方面，图书馆可以通过组织"服务品牌发展论坛"，广邀业界同人或者其他行业领域的专家学者齐聚一堂，为本单位的阅读品牌把脉诊断，也可以安排专门部门或专人收集他人在推广品牌方面的建设成果，为规划的落地提供实践参考素材，让规划的实施更具可行性，少走弯路。另一方面，在品牌建设和实施过程中，图书馆要依托已有优质品牌，实施品牌体系化扶持策略，通过对品牌受众市场、读者潜在需求调研，打造基于原有品牌的特色衍生系列，统一运营管理，让品牌服务更为精准化。此外，品牌价值作为无形资产很容易出现贬值，甚至化为乌有，因此要加强对阅读活动品牌价值的维系和保护，通过持续地举办推广活动，保持相对稳定的品牌内容输出，让读者感受到图书馆在品牌建设方面的努力。在品牌价值维系上，应在品牌内容上有所创新，克服审美疲劳，使阅读推广活动品牌得以延续。

4. 通过跨界合作提升阅读推广品牌的社会效益。引入社会力量跨界合作，能够汇集更多的优质资源，有助于图书馆拓展活动的受众群体，让活动的内容更为丰富，品牌的社会效益也更突出。图书馆在寻找社会力量跨界合作构建阅读活动品牌时，首先要解决好利益分配问题，引导合作对象充分了解活动品牌的公益性特点，本着"利益共享、资源互通、主体有别、协同推进"的原则，约定好双方权责，明确双方服务边界。尤其在与商业机构合作时，要避免出现因活动的社会公益性与商业机构追求经济效益而产生的矛盾冲突，导致合作中的一方对利益诉求不满，影响双方的合作与品牌的发展。其次，要对合作对象的品牌运营推广服务能力和所能提供的资源进行事先评估，在品牌创建开展过程中关注合作的有效性，避免出现虎头蛇尾的现象，保障合作的可持续。再其次，要解放思想，灵活组配现有资源，拓宽合作思路，提高合作深度。要让合作既有规则约束，也有沟通协商，在保证活动品牌顺利有效运营的前提下，适当考虑合作方利益，帮助合作方提升社会口碑及经济效益，实现合作共赢。

5. 建立阅读推广活动品牌的反馈机制。《公共图书馆服务发展指南》要求："图书馆应当定期评估其推广和宣传工作，并确保评估的结果能够成为未来项目规划的参考依据。"阅读推广活动是否能达到预期效果，会直接影响后续活动的开展。对阅读推广活动品牌进行阶段性评估，能直观地看到品牌运作全周期的价值创造路径，发现活动效益新的增长点、培育和发展活动新用户，为品牌竞争力的持续提升提供决策依据。因此，图书馆学界有必要建立一个科学的评价体系，从整体和全面的角度来评价阅读推广活动的效果。一方面，要建立与读者有效沟通的渠道。在每一次活动完成之后，可以通过问卷的方式，也可以通过网络途径，广泛收集读者在活动中的真实感受。另一方面，图书馆可以组织业内的专家对本馆实施的阅读推广方式进行讨论和评价。反馈内容包含知晓度、参与度、满意度、推广度等几个方面。通过对反馈信息的整理和汇总，为后续阅读推广活动和品牌建设提供依据。[28]

图书馆的阅读推广活动品牌的建设与发展不是一蹴而就的，需要经过时间的验证及广大读者的认可。图书馆要树立品牌化意识，因地制宜、因时制宜，打造契合本单位实际的服务品牌，助力公共文化服务提质增效和全民阅读社会建设。

五、合作开展阅读推广活动

阅读推广的主体众多，政府机构、图书馆界、大众媒体机构、出版发行机构、非政府组织，以及各种阅读组织和阅读推广人都会不同程度地参与其中。公共图书馆合作开展阅读推广活动，是指图书馆联合不同的阅读推广主体相互协作，共同策划组织阅读推广活动。在合作过程中，不同的主体发挥各自的人力、资源、资金、智力等方面的优势，可以产生"1+1 ≥ 2"的推广效果。在当前我国公共图书馆普遍自身力量不足的情况下，做大、做强、做优阅读推广活动品牌，合作显得尤为重要和迫切。

1.不同图书馆之间的合作。总体来说，不同图书馆之间的合作，主要有以下三种模式：

一是上级图书馆与其所属区域内的下级图书馆之间合作，如国家图书馆与全国各级公共图书馆联合开展阅读推广活动，省级图书馆与省内各地级市图书馆之间的合作，等等。在这种模式中，上级图书馆提出阅读推广活动总体框架、活动目标、活动内容、活动形式、时间安排，下级图书馆负责本区域内阅读推广活动的宣传发动和具体组织与实施工作。这种合作模式可以让多所图书馆联动开展阅读推广活动，声势大、范围广，有利于提高活动的普及度和影响力，对下级图书馆来说，不但可以免去活动的策划设计的程序，也为其独立开展阅读推广活动提升了能力、积累了经验。

二是同级图书馆之间的合作，如南京图书馆与上海图书馆的合作、连云港市图书馆与盐城、淮安、徐州、宿迁等苏北五市图书馆的合作等。在这种模式中，各个图书馆地位平等，共同策划和组织实施阅读推广活动，之后由合作图书馆共同举办或者某一图书馆轮流举办，如"长三角阅读马拉松大赛"就是由长三角地区各省级图书馆轮流主办的，每年选择一个主办馆。在我国，同级图书馆通常在组织结构、规模、读者群体和资源等方面相类似，相互合作开展阅读推广活动能够有效地共建共享阅读推广资源，降低阅读推广成本。

第三种是区域图书馆合作联盟。这种合作方式通常是由当地的公共图书馆或图书馆学会牵头，联合当地和高等院校、中小学校、医院、科研院所等各级各类图书馆，搭建区域图书馆阅读推广合作平台，实现阅读推广活动中文献资源、人力资源的共享，共同推动图书馆阅读推广活动的持续健康发展。如深圳市的"阅在深秋"大型户外阅读嘉年华活动就是由深圳图书情报学会、深圳图书馆联合全市公共、高校图书馆共同举办的，自 2017 年启动以来受到社会的广泛关注与好评，现已成为深圳读书月的重要品牌活动。[29]

2.图书馆与社会力量的合作。引入社会力量参与图书馆的阅读推广活动，主要有以下几种合作模式：

一是合作参与。其中公共图书馆占主导地位，社会力量给予支持，起到辅助作用，相互合作共同参与阅读推广活动。如深圳图书馆联合深圳报业集团、深圳市关爱行动组委会办公室共同建设的深圳图书捐赠换书中心，就是一个凝聚图书馆、媒体与社会力量共同搭建的全民阅读资源公共服务平台。中心采取"阅读＋公益"的运营模式，除不定期举办读书沙龙、交流分享会等阅读推广活动，为市民提供免费捐赠及换书服务之外，还承担着"爱心驿站"的功能。图书馆通过与社会力量共同策划、推进、宣传和实施阅读推广活动，可以增加活动参与人数，扩大活动参与范围，提升活动的影响力。[30]

二是募捐赞助。即社会力量通过募捐或赞助的方式参与图书馆的阅读推广活动。图书馆接受捐助的渠道有两种：第一种是直接接受企事业单位、社会团体或个人等社会力量捐赠资金、图书用于图书馆牵头组织的全民阅读项目和活动；第二种是向社会上各类基金会申请经费，用于图书馆的阅读推广项目。

三是志愿服务。这是社会力量参与图书馆阅读推广活动最普遍的一种方式。如深圳市义工联合会、深圳市残疾人联合会、深圳市盲人协会、深圳市律师协会都与图书馆在阅读推广方面紧密合作，深圳图书馆举办的"盲人诗文朗诵暨散文创作大赛""深圳视障公益影院"等活动，都得到了深圳市残疾人联合会和深圳市盲人协会提供的无障碍优质服务。[31]

公共图书馆应以积极开放的姿态灵活利用各类社会资源，拓宽与社会各界的合作，构建"图书馆+"阅读推广合作体系。"图书馆+媒体"，可以发挥媒体传播能力强、覆盖范围广、受众广泛等特点，有助于扩大宣传效果、增加传播方式；"图书馆+民间组织"，可以发挥民间组织的特色资源和人才资源，培养图书馆阅读推广活动的合作优质力量；"图书馆+学校/医院"，可以让学校、医院里拥有的具备专业知识和技能的学者、专家，为图书馆利用名人效应开展阅读推广活动提供丰富的客座讲师资源；"图书馆+志愿者"，可以让团体志愿者或个人志愿者为图书馆的阅读推广活动提供重要的人力支持。阅读推广是一项政府主导、社会力量广泛参与的系统工程，作为阅读推广活动的核心力量，公共图书馆开展与社会各界的合作，不仅可以促进多元化阅读推广体系的形成，还可以发挥社会力量的优势，找到自身阅读推广活动的着力点和突破口，更好地完成公共图书馆在阅读推广工作上的使命和任务。

参考文献

[1] 习近平. 习近平给国家图书馆老专家的回信 [EB/OL]. [2020-04-28]. http://www.

xinhuanet.com//politics/leaders/2019–09/09/c_1124978597.htm.

[2] 郑海鸥. 推动全民阅读高质量发展 [J]. 中国报业, 2023(02): 7.

[3] 丛全滋, 王学军. 图书馆核心价值浅论 [J]. 图书馆, 2021(04): 7–13.

[4] 菲利普·吉尔主持的工作小组代表公共图书馆专业委员会. 公共图书馆服务发展指南 [M]. 上海: 上海科学技术出版社, 2002.

[5] 于良芝, 许晓霞, 张广钦. 公共图书馆基本原理 [M]. 北京: 北京师范大学出版社, 2012.

[6] GB/T 28220–2011, 公共图书馆服务规范 [S].

[7] 朱作丹. 清末民初我国图书馆借阅制度考略 [J]. 四川图书馆学报, 2023(02): 71–76.

[8] 张文彦, 刘若奇. 1994 年与 2022 年版《公共图书馆宣言》的比照与辨析 [J]. 图书馆, 2023(01): 20–27.

[9] 苏福, 洪芳林, 黄颖燊, 邓珊珊, 刘秉宇. 图书馆阅读空间的国外实践与发展框架研究 [J]. 图书馆学研究, 2021(08): 91–101.

[10] 王丹, 范并思. 图书馆阅读推广基础理论流派及其分析 [J]. 大学图书馆学报, 2016, 34(04): 23–29.

[11] 吴晞. 任务、使命与方向: 图书馆的阅读推广工作 [J]. 图书馆杂志, 2014, 33(04): 18–22.

[12] 广州图书馆. 广州图书馆 2011–2015 年发展规划 [EB/OL]. [2016–04–03]. http: // www.gzlib.gov.cn/aboutus/fzgh/Development_Plan_for_2011–2015_bak.pdf

[13] 李国新, 于群. 公共图书馆业务培训指导纲要 [M]. 北京: 北京师范大学出版社, 2012.

[14] 王余光. 图书馆阅读推广研究的新进展 [J]. 高校图书馆工作, 2015, 35(02): 3–6.

[15] 王波. 阅读推广、图书馆阅读推广的定义——兼论如何认识和学习图书馆时尚阅读推广案例 [J]. 图书馆论坛, 2015, 35(10): 1–7.

[16] 范并思. 阅读推广与图书馆学: 基础理论问题分析 [J]. 中国图书馆学报, 2014, 40(05): 4–13.

[17] 吴建中. 新常态 新指标 新方向 (2012 中国图书馆年会主旨报告)[J]. 图书馆杂志,

2012, 31(12): 2–6+67.

[18] 范并思，王巧丽．阅读推广的理论自觉 [J]．图书馆论坛，2015, 35(10): 8–14.

[19] 王丹，范并思．图书馆阅读推广基础理论流派及其分析 [J]．大学图书馆学报，2016, 34(04): 23–29.

[20] 于良芝，于斌斌．图书馆阅读推广——循证图书馆学 (EBL) 的典型领域 [J]．国家图书馆学刊，2014, 23(06): 9–16.

[21] 文化和旅游部：2022 年全国公共图书馆总藏量达 135959 万册 [EB/OL]．[2016–04–03]．https://www.gov.cn/lianbo/bumen/202307/content_6891866.htm

[22] 马晓丽．阅读推广与公共图书馆服务 [J]．科技资讯，2013(25): 249+251.

[23] 丁文祎.21 世纪中国公共图书馆阅读推广发展研究 [J]．图书情报研究，2014(02): 7–11+20.

[24] 王辉．文旅融合图书馆创新发展探析——以滨海新区图书馆为例 [J]．图书馆工作与研究，2019(S1): 108–110.

[25] 国图定时展示文津阁《四库全书》[EB/OL]．[2016–09–25]．http://culture.people.com.cn/n/2013/0925/c172318–23030063.html.

[26] 新华辞书社．新华字典：双色本 [M]．北京：商务印书馆，2019

[27] 莫黄燕．公共图书馆资源服务推广品牌可持续发展策略研究——以广西壮族自治区图书馆特色数字资源服务推广为例 [J]．图书馆界，2023(01): 43–47.

[28] 李一男．地方公共图书馆阅读推广活动的品牌化 [J]．文化产业，2023(12): 102–104.

[29–31] 陆和建，李婷婷．我国社会力量参与公共图书馆全民阅读推广实践探索——以深圳图书馆为例 [J]．图书馆界，2022(02): 13–18.

第六章

智慧图书馆环境下阅读推广模式的创新

　　图书馆是一个不断生长的有机体，随着科技的创新和社会的发展而不断进步。继数字图书馆、智能图书馆之后，智慧图书馆正在走进人们的视野。大数据、物联网、人工智能、云计算、虚拟现实等信息技术的蓬勃发展，为构建智慧图书馆提供了强大的前进动力。智慧图书馆是物的智慧和人的智慧的有机结合，它改变了图书馆的传统发展模式，不仅使运用创新技术后的图书馆变得更加智能，而且使得图书馆的管理和服务朝向智慧化方向发展。智慧图书馆创造了一种新的模式，成为图书馆一个重要的发展方向。2021 年 6 月，国家文化和旅游部印发的《"十四五"公共文化服务体系建设规划》中将"智慧图书馆体系建设取得明显进展"作为"十四五"规划结束前力争达到的目标，"全国智慧图书馆体系建设项目"被列为其中重要的建设内容。近年来，智慧图书馆已经成为图书馆界高度关注的一个话题，相关理念也正在许多图书馆付诸实践。在智慧图书馆迅速发展的大背景下，阅读推广工作也应顺应时代和技术的发展，不断创新活动模式。

第一节

—————

智慧图书馆概述

当前，人类正经历着一场以 5G、人工智能、云计算、区块链等技术为引领的产业革命，无人工厂、无人驾驶、AI 诊疗这些原本出现于科幻电影里的场景，如今正逐步走进现实。随着智慧技术和智慧服务得到广泛的应用和实践，各行各业的智能化转型方案不断落地，智慧城市、智慧博物馆、智慧校园等与"智慧"有关的概念相继被提出，智慧图书馆也应运而生。

一、从智慧城市到智慧图书馆

关于智慧城市概念的出现，最早可追溯到新加坡在 20 世纪 90 年代提出的"智慧岛"计划。进入新世纪以来，在智慧城市建设方面新加坡一直走在世界的前列，2002 年新加坡获得了世界传讯协会授予的"智慧城市"称号；2006 年新加坡政府推出"智慧国家 2015"计划，在该计划于 2014 年提前完成后，又立即开启了新的"智慧国家 2025"计划。积极投身智慧城市建设的不仅仅只有新加坡，美、英、法、德、韩、日等国家也都将智慧城市建设作为国家发展战略。如美国政府在 2015 年发布《美国创新战略》和《白宫智慧城市行动倡议》，提出智慧城市建设新愿景；日本政府于 2016 年出台

《第五期科学技术基本计划》，提出"社会 5.0"的超智能社会建设目标。可见，建设智慧城市已经成为全球国家间关注的焦点。

我国最早于 2012 年启动智慧城市较大规模的试点，截至 2012 年底便已覆盖 90 个城市。我国政府十分重视智能化技术在城市建设中的应用，出台了一系列推进智慧城市建设的政策文件。2014 年 8 月，国家发展和改革委员会等八部委联合发布了《关于促进智慧城市健康发展的指导意见》，将智慧城市上升为国家战略。2016 年 3 月，国务院颁布《国民经济和社会发展第十三个五年规划纲要》，提出要"建设一批新型示范性智慧城市"；同年 11 月，国家发展和改革委员会联合中央网络安全和信息化委员会办公室、国家标准化管理委员会发布《关于组织开展新型智慧城市评价工作务实推动新型智慧城市健康快速发展的通知》，将建设新型智慧城市确认为国家工程，确定了新型智慧城市的发展方向。2017 年 10 月，中国共产党第十九次全国代表大会首次将建设"智慧社会"写入大会报告。2021 年 4 月，住房和城乡建设部与工业和信息化部联合发布《关于确定智慧城市基础设施与智能网联汽车协同发展第一批试点城市的通知》，北京、上海、广州、武汉、长沙、无锡等六个城市入选第一批试点城市。系列政策与文件的密集出台，推动了我国的智慧城市建设不断迎来新的局面。

智慧图书馆与智慧城市相伴而生。最先将智慧图书馆建设理念应用到实践的，是 2001 年前后在加拿大的渥太华市成立的一个名为"Smart Library"（智慧图书馆）的图书馆联盟。2001 年 10 月，全球第一个旨在通过智慧网络将图书馆物理空间与虚拟空间相结合的"智慧图书馆网络"在澳大利亚昆士兰州立图书馆诞生。[1] 2002 年，新加坡国家图书馆成为全球首个将射频识别（Radio Frequency Identification，RFID）技术投入使用的图书馆。国外智慧图书馆的发展非常快，截至 2004 年，仅北美地区就有超过 130 家图书馆使用了 RFID 技术。

相较于智慧图书馆实践的迅速启动和蓬勃发展，关于智慧图书馆的理论研究则稍显滞后。芬兰奥卢大学图书馆的马库斯·埃特拉（Markus Aittola）是最早提出"智慧图书馆"概念的专家，2003 年，他在《智慧图书馆：基于位置感知的移动图书馆服务》中对"智慧图书馆"进行了阐述。2004 年至 2008 年间，国外关于智慧图书馆的理论探讨并不多，直到 2008 年 11 月，国际商用机器公司（International Business Machines Corporation，IBM）总裁兼首席执行官彭明盛（Samuel Palmisano）在纽约召开的外国关系理事会上发表了题为"智慧地球，下一代的领导议程"的演讲，关于智慧图书馆的研究才获得图书馆界内外的广泛关注。[2]

国内学者对智慧图书馆的研究与实践多是置于智慧城市的大背景之下的。2010 年，华侨大学图书馆严栋教授发表的《基于物联网的智慧图书馆》一文，被认为是我国智慧图书馆的研究之始，自此之后，国内对智慧图书馆的研究逐渐增多，并成为一大热点。

二、智慧图书馆的定义

概念首创者、芬兰的马库斯·埃特拉认为："智慧图书馆是通过运用计算机网络、RFID 技术以及人工智能，使图书馆的服务智能化，实现图书借阅和文献查询等服务不受空间及时间的限制且能够被感知。"

国内智慧图书馆概念第一人严栋认为："智慧图书馆就是以一种更智慧的方法，通过利用新一代信息技术来改变用户和图书馆系统信息资源相互交互的方式，以便提高交互的明确性、灵活性和响应速度，从而实现智慧化服务和管理的图书馆模式。"[3]

自智慧图书馆的概念提出以后，国内图书馆界的专家学者进行了大量的研究与探讨。研究者根据自己的观点结合实际，从不同角度给出多种阐述，目前尚未形成统一的定义。对其进行分析归纳，可以概括为下述几种类型：

1.感知说。感知说着重阐述通过利用物联网等感知技术，实时主动地获取有关图书馆的文献资源、读者、设施设备、建筑环境等方面的相关感知数据，强调智慧图书馆的可感知性。如董晓霞认为，智慧图书馆是感知智慧化与数字图书馆服务智慧化的综合体，能实现人与人、物与物、人与物直接的对话。[4]侯松霞认为，智慧图书馆是数字图书馆的一种高级形态，是利用包括 RFID 在内的多种智能技术，对读者、图书馆工作人员、各种形态的馆藏资源、建筑设施等各种要素进行深度感知，并进行系统化服务和管理。[5]陈巧莲认为，智慧图书馆通过对图书馆各种关键数据及时感知与妥当处理，可以为读者提供一种无处不在的智能服务环境。[6]邱均平认为，智慧图书馆就是对资源和读者的感知，同时提供智慧化服务。[7]乌恩认为，智慧图书馆是建立在物联网和数字图书馆基础之上的新型图书馆，具有物联网和数字图书馆的双重特征。[8]

2.智能说。智能说重点阐述在智能技术加持下，能够实现图书馆系统、设备、流程之间的互联互通。如韩丽认为，智慧图书馆可以通过物联网等智能感知技术，为用户提供智慧化服务和管理，是一种数字图书馆的高级发展形态。[9]刘炜认为，智慧图书馆是数字图书馆技术发展到一定阶段的必然结果，是智能化信息技术在图书馆应用的高级形态，一个智能化的图书馆反映在服务上就是智慧图书馆。[10]杨沛超认为，智慧图书馆的核心是智能技术的广泛应用。陈锐认为，智慧图书馆是数字图书馆、智能建筑及其他新型智能技术的有机结合和创新。[11]

3.人文说。人文说重点阐述图书馆工作人员在利用新技术构建智慧图书馆中的重要作用。如李凯旋认为，智慧图书馆是在物联网背景下，由人文学者和技术专家构成的图书馆馆员，通过智能化设备运用各种信息资源，为读者提供服务的新型图书馆，智慧图书馆＝图书馆馆员＋新技术（智能建筑、信息资源、智能化设备、云计算等）。[12]王世伟认为，网络化、数字化和智能化是智慧图书馆的技术基础，人与物的互通相联是智慧图书馆的核心要素，而以人为本、绿色发展、方便读者则是智慧图书馆的灵魂与精髓。[13]

4. 要素说。要素说重点阐述构成智慧图书馆各个基本要素之间的相互作用与协同发展。如刘丽斌认为，智慧图书馆由人、资源、空间三种要素组成，其中"人"处于核心的位置，"资源"与"空间"是两个基本点，在后者的相互关系中，技术是基础，服务是灵魂，图书馆应通过技术改善服务。[14]陈进认为，智慧图书馆是由资源、服务、技术、馆员和用户等五个要素构成的知识生态系统，既要建立各要素相对独立的运行模式，又要建立使各要素相互依存的协作机制，使之成为一个智慧协同体和有机体。[15]齐凤青等认为，智慧图书馆是一个有机体和智慧协同体，它基于物联网和云计算等智能技术的支撑，将资源、服务、技术、馆员和用户等五要素有效集成，通过智慧型馆员团队为用户提供发现式和感知化的按需服务。[16]

5. 综合说。综合说不再是从单一角度阐述智慧图书馆定义，而是强调多种因素的融合。如初景利和段美珍认为，智慧图书馆是一个智慧化的综合体，由智慧馆员、智能技术和图书馆业务与管理系统相互融合发展而成。[17]许天才等认为，智慧图书馆是图书馆网络化、数字化、智能化相互交融结合的产物，是图书馆 2.0、数字图书馆等理念的整合与延续。[18]李玉海认为，智慧图书馆是虚拟图书馆与现实图书馆的有机融合，通过运用信息化技术，将图书馆的专业管理与智能设备的感知相融合，为读者提供各种经过深加工资源和专业知识服务。[19]

国内学者对智慧图书馆的定义莫衷一是，但从总体上看，其框架结构、基本内容大体接近。学者们普遍认为，智慧图书馆是借助现代信息处理技术，对图书馆中存在的大量数据进行收集、整理和存储，并向读者提供不受时间和空间限制的专业化服务的图书馆模式。各种定义虽各有侧重，但都强调了信息技术的作用。毕竟科学技术是第一生产力，技术驱动着社会向前发展，离开了信息技术的支撑，便谈不上建设智慧图书馆。这里所说的信息技术，不仅包含大数据、物联网、移动互联、云计算、人工智能、区块链等当下流行的新兴技术，也包括将来可能会被使用的更先进的技术。新兴技术的出现，驱动了图书馆朝着更加智慧的方向发展，它可以帮助图书馆更好地感知读者的需求，从而更为精准地满足读者需求。

三、智慧图书馆的特征

随着更多新的信息技术手段的不断涌现，无人便利店、无感购物商场开始出现，无人照看的 24 小时图书馆也得到了快速的发展，这使人们产生了某种错觉，对图书馆员存在的必要性有所疑问。实际上，许多原本由馆员提供的服务确实可以由智能设备来代替完成，但设备本身并不具备智慧性，图书馆的服务离不开馆员的创造性劳动。智慧图书馆充分运用各种新兴的信息化技术，对图书馆所拥有的大量数据进行深入的挖掘与重组，是现实图书馆与信息技术高度的有机融合，它改变了传统图书馆的结构体系，形成了新的服务与管理模式，呈现出与传统图书馆不一样的新特征。

1. 管理智慧化。图书馆的智慧化建设将在很大程度上使馆员从较低技术含量的重复性工作中解放出来，实现图书馆管理的智慧化。让图书馆馆员有更多的精力和时间从事创新性的服务工作，正是智慧图书馆建设的价值所在。管理的智慧化体现在为馆员日常工作提供智慧管理手段和为决策者（单位管理层）提供智慧决策两个方面。

图书馆无论发展到什么阶段，都需要有馆员来对其进行日常管理，保证图书馆的正常运转。馆藏纸质书刊资源、数字资源、读者资源、建筑设施、阅读环境、安全消防等所有关于图书馆一切，都是图书馆馆员的管理对象。智慧图书馆系统可以通过各种专用的传感设备和采集技术，对上述管理对象进行实时、全面的监测，并将监测信息传递给智慧图书馆后端的综合信息处理系统，为馆员进行后台控制和管理提供数据和技术支撑，实现图书馆管理的智慧化。

图书馆决策者（单位管理层）在日常管理工作中，常常会面临关于馆舍建设、经费使用、设施设备更新与采购、人员管理、服务措施的调整等方方面面的决策，需要及时掌握相关的数据和信息。智慧图书馆的智慧管理系统通过对图书馆业务管理系统和其他管理系统中日常数据的管理和挖掘，积累了大量的有用信息，能够随时为决策提供数据和技术支撑，实现决策过程的智慧化。

2. 服务智慧化。智慧图书馆聚合了图书馆的各类资源，突破了物理上的时空限制，建立起了跨空间、跨系统的立体互联，利用图书馆多种方式、多种形态的知识服务渠道，为读者提供高效快捷的智慧服务。智慧服务是图书馆服务从传统的文献服务进化为信息服务、再发展为知识服务以后，跃上的又一个新的台阶。智慧图书馆的智慧化服务体现在下述六个方面：[20]

一是服务场所泛在化。智慧图书馆通过引入移动互联、物联网等技术，可以将图书馆打造成实体与虚拟相融合的智慧感知空间，实现人与人、书与书、人与书、书与人、人与馆、书与馆之间的高度关联，使图书馆真正实现"无所不在"，读者去哪里，图书馆的服务就跟随到哪里。读者既可以去实体的图书馆享受阅读服务，也可以通过平板电脑、手机等移动终端使用图书馆，进行文献检索、图书预约、数字阅读、视听欣赏、学习交流等活动，智慧图书馆空间布局突破了传统的时空限制，让图书馆的服务在任何时间、任何场所都变得触手可及，服务空间得到了极大的拓展。

二是服务空间虚拟化。图书馆通过引入虚拟现实技术（Virtual Reality，VR）和增强现实技术（Augmented Reality，AR），构建起了具有虚拟现实功能的沉浸式阅读环境，实现了服务空间的虚实结合。读者随时随地都能够将触觉、视觉、听觉沉浸在虚拟的场景中，且可以与图书馆的实体场景进行交流互动，如运用3D技术搭建的与真实图书馆环境完全相同的3D立体图书馆，内嵌数据库检索、数字阅读等功能，读者佩戴VR头盔或眼镜，足不出户就可以漫步在图书馆中，浏览图书馆的建筑面貌、内部空间布局，了解每一个楼层乃至每一个书架、每一台设备的分布情况，检索并获取所需要的资源和服务。

三是服务手段智能化。智慧图书馆通过引入大数据和人工智能等技术，对读者的阅读行为进行画像，绘制出的每个用户的个性化需求图谱，为图书馆的文献资源和服务的定制、推送及开展有针对性的服务提供了条件。RFID技术的引入，在很大程度解放了整日忙于图书借还、上架、整架等传统业务工作的图书馆员，给读者快速定位所需要的文献提供了便捷的渠道。智能机器人可以在不需要馆员人工干预的情况下，解答读者的咨询，协助和引导读者自助完成借阅、查询等相关需求。

四是服务方式集成化。图书馆通过引入物联网等技术，对馆藏文献资源、馆员队伍和设施设备等要素进行融合，通过引入互联网及大数据等技术，可以整合与集成图书馆各个信息采集与管理系统的，建立起一站式的图书馆服务集成系统，让读者在接受服务的过程中能够快速切换和自由关联，花费更短的时间、付出更少的成本获得所需要的图书馆服务和资源。

五是服务内容知识化。在智能技术的协助下，智慧图书馆的服务能力得到了极大的提升，服务内容从传统的文献单元模式向更加精准的、经过深层挖掘知识单元服务转变。智慧图书馆通过引入数据挖掘技术和大数据分析技术等手段，可以从海量的数据中挖掘并发现知识点，将其重整组合成知识产品，精准地提供给有需求的目标读者。

六是服务体验满意化。图书馆通过引入人工智能、大数据等新兴技术，图书馆员的智慧服务能力不断增强，可以为读者提供更加精准化、人性化的服务，从而不断满足和超越读者的期望，获得读者对图书馆的认可。

3.感知智慧化。智慧图书馆比普通的图书馆多了一个感知层，它可以通过物联网及相应的智能技术和设备终端抓取信息，从而实现对整个图书馆信息的全面感知。智慧图书馆的感知智慧划分为以下几个方面：

一是资源感知。智慧图书馆运用物联网技术，通过红外线感应技术、RFID 技术、激光扫描技术、GPS 定位技术等软技术和硬件设备，可以将纸质文献资源与设备依据特定的网络协议进行链接，实现对文献与设备的识别、跟踪、定位和管理。在数字资源感知方面，智慧图书馆则紧跟搜索引擎技术的进步和发展，通过建设大数据分析平台，采用智能搜索算法，一键定位，让读者快速感知数字资源。

二是人员感知。智慧图书馆通过门禁系统、人脸识别、馆内地图自动导引、人员定位等手段，来实现对读者本体的感知。而对于读者的阅读需求和阅读兴趣，智慧图书馆则会借助大数据分析、云计算等技术手段，结合读者个体的基本信息（年龄、性别、职业、爱好、专业背景等）及日常借阅信息大数据，建立起读者阅读喜好的人物画像，从而实现对读者需求的感知。

三是环境感知。图书馆人员集聚，藏书众多，拥有较多的精密设备，安全保护极为重要。智慧图书馆的馆舍建筑具有智能化的特点，依靠多种传感设备和模块，实现图书馆环境的动态感知功能，为文献资源的安全管理及读者的入馆引导提供技术保障。其中 RFID 技术可以对文献的流转进行记录和识别，协助读者或馆员快速、准确地定位文献所在的具体位置；红外感应和实时监控等侦测技术可以保护文献的安全；人脸识别技术可用于读者的出入管理；智能服务机器人可以帮助解答读者的常识性问题；感应元器件和人工智能技术可以自动调节馆内湿度、温度，以使馆内保持舒适的阅读状态；定位系统随时提供读者的位置以便进行人流疏导和流量控制；智慧安保消防系统可以在火灾、地震等危险时刻协助引导疏散人员。

四是服务质量感知。建设智慧图书馆是为了向读者提供更好的服务，在感知服务质量方面，智慧图书馆通过大数据、人工智能等技术，实时地掌握读者对服务的使用情况，经过分析、判断，获得读者对于图书馆服务质量的感知数据，并可以根据这些数据，动态地调整图书馆的服务内容、服务方式和服务策略。

四、智慧图书馆的服务特点

与普通图书馆相比较，智慧图书馆实现了馆内各项工作的信息化全面升级，形成了资源、服务与管理全流程信息化解决方案。在硬件方面，广泛分布于图书馆各楼层的门禁系统、人脸识别、电子阅读屏、自助借还书机、智能机器人等信息化设备，可以实时记录和掌握读者从入馆至出馆的全过程信息；在软件方面，业务管理系统、资源管理系统、数据管理系统、读者管理系统、资产管理系统等众多信息化管理系统的综合应用，使得图书馆可以准确、详细地了解读者利用馆藏文献资源、馆舍运行等各方面的情况。[21]服务与管理的全面信息化，造就了智慧图书馆在读者服务方面的新特点。

1.精准感知读者阅读个性需求。在读者服务过程中，传统图书馆经常会面临无法精准判定读者的需求的难题，造成提供的服务与读者的个性化需求存在偏差。智慧图书馆借助智能技术和智能设备，可以实时收集读者使用图书馆的过程信息，包括去过图书馆的什么地方、曾经在哪些书架逗留、随手浏览过什么类型甚至什么名称的图书、在图书馆的检索系统中输入了哪些关键词进行了检索查找等，通过对其进行分析，就能精准感知读者的个性化需求。服务系统再根据读者的需求特点，精准地推送资源，可以让读者及时获取所需要的知识和信息，完全避免了传统图书馆的服务缺陷。

2.精准分析读者阅读行为偏好。智慧图书馆通过大数据、人工智能等技术对读者在图书馆的行动轨迹、资源获取方式、信息检索习惯等行为偏好进行精准分析，可以确定读者获取图书馆资源的行为特点，掌握读者利用图书馆服务的途径和方式方法，对读者的阅读行为进行精确画像，从而制定出符合读者行为特征的图书馆服务方案。智慧图书馆提供契合读者阅读行为偏好的服务，不仅能够满足读者对图书馆文献与知识、信息的需求，更能够让读者感到图书馆服务的贴心与舒心，提升读者的满意度和图书馆的口碑。

3. 精准预测读者阅读需求变化。智慧图书馆的全面信息化，唤醒了"沉睡"在图书馆中的海量数据信息，使得图书馆的业务流程在数据的驱动过程中，达成服务与管理的精准化，实现数据所蕴含的价值。读者在长期使用图书馆的过程中，会在图书馆的业务管理系统、检索系统等留下大量的痕迹信息。智慧图书馆在提供服务的过程中，能够根据读者阅读行为、检索用语、网络浏览内容的变化，准确分析并预判出读者在利用图书馆服务的过程中悄然发生的需求变化，从而帮助与引导读者从海量的信息资源中分析和查找有价值的文献资源线索，并对查找过程中发现的新知识点进行聚合整理，满足读者不断变化的知识与信息需求。

五、智慧图书馆的实践探索

国内外的图书馆都在不断推动探索智慧图书馆的建设，许多智慧服务项目都在有序推进中，也取得了一些实际成果。如火如荼的智慧图书馆创新实践，促进了图书馆智能化水平的进一步提升，有力地推动着图书馆服务与管理创新。

1. 国外智慧图书馆建设的实践案例。发达国家在智慧图书馆建设的实践领域已经有所建树，涌现出许多成功的案例。

在美国纽约市麦迪逊大街和 34 街交叉口，有一座被称为 21 世纪超前性电子图书馆的高科技图书馆和信息库，这座图书馆由电脑来管理这一切，馆内有 100 多个电脑工作台，并可以通过本地和远程的网络系统与互联网相连接。读者可以携带笔记本电脑在图书馆里查询各种信息资料，还可以通过互联网寻找所要的材料，并用激光打印机将所需文献、资料和图表打印出来。

美国芝加哥大学的曼索托图书馆通过建立机器人堆叠图书管理系统，运用智能技术实现了对馆藏超过 350 万册（件）藏书的立体感知。这种新型的图书管理系统不再采用传统图书馆依据《杜威十进制图书分类法》产生的分类索书号排架法，而是用智能机器人按照图书的名称和尺寸进行分类排架，并由机器人对每本图书精准定位，所占用书库空间只是传统方式的七分之一。[22]

美国西雅图公共图书馆是较早地使用物联网技术实现智慧化管理的图书馆，因其引进全新的基于 RFID 技术的自动图书分拣系统而闻名。读者还回的图书会由传送带自动送到整理室，RFID 读取器通过读取粘在书中的 RFID 标签，自动完成还书操作，并对图书自动进行进一步对区分：如果是已被读者预约的图书，传送带会将其送往相应分馆（或借阅点）的书箱；需要上架的图书，输送带会分类导向 12 个书车中的一个。这套图书自动分拣系统每小时可以处理 1200 本图书，而且可以在图书馆工作人员下班后在无人照看的情况下继续运转。

西班牙的海梅一世大学图书馆运用地理信息系统（Geographic Information System, GIS）对馆藏文献进行实时定位，在移动终端上就可以实时查看图书所在书架的位置，读者在电子地图的引导下，可以顺利找到相对应的书架。

澳大利亚专门成立发展智慧图书馆的基金会，计划投资 800 万澳元，为 1500 个社区图书馆升级智慧服务系统，通过互联互通实现资源共享，并且开发出了一种电子智慧图书馆员，注册用户通过电子终端可以随时与电子智慧馆员连接互动，获取图书馆的所有资源。

日本名古屋大学中央图书馆、法国国家图书馆和美国奥兰治郡公共图书馆均为读者提供即时座位预定功能，并提供图书馆内的 3D 导航服务。

美国康涅狄格州西港图书馆、加拿大圣文森特山大学图书馆等引入人机交互型机器人，将人脸识别技术与书籍检索、信息查询、智能交互、迎宾讲解等功能进行整合，由机器人为读者提供随行阅读指引。

2. 国内智慧图书馆建设进展。随着国家推进信息化建设与发展一系列重大举措的落实，以及与智慧图书馆建设相关的新兴技术的快速发展，国内智慧图书馆建设的探索和实践也开始不断深入。

从 2010 年开始，关于智慧图书馆的研究开始升温，论文数量逐年增加，2017 年后出现明显增长，研究也更加深入，并且形成了以南京大学信息管理学院、南京大学图书馆、武汉大学信息管理学院、重庆大学图书馆、上海图书馆等为代表的多个高水平研究团队。[23] 智慧图书馆研究的火热，带动了与智慧图书馆相关的研讨会议。2011 年 11 月，主题为"智慧图书馆，创新与和谐"的学术研讨会在北京邮电大学图书馆召开。2012 年 10 月，广东省高等学校图书情报工作指导委员会主办了主题为"基于物联网的智慧图书馆构建"的学术报告会。此后，全国各地纷纷围绕智慧图书馆召开学术会议，有力推动了我国智慧图书馆发展进程。

实际上，早在 20 世纪 80 年代，国内就已经出现了将人工智能等技术应用于图书馆的研究，开始探讨图书馆的智能化发展。从 2000 年开始，我国图书馆界对"智能图书馆"的研究开始升温，这些都正是智慧图书馆研究的前身。截至目前，我国已有众多的图书馆对智慧图书馆建设进行了实践探索，并取得了一批成果。相关调研显示，我国智慧图书馆建设多从智慧服务、智慧管理、智慧空间等方面展开，许多高校和公共图书馆都或多或少地提供了移动服务、自助服务、智能导航导览服务、智能咨询服务、个性化推荐服务、创新体验服务等服务项目，利用无线蓝牙、人脸识别、智能安检、智能机器人等技术实现信息资源和空间环境的智慧化管理。

我国智慧图书馆的起步主要是从物联网技术切入的。2006 年 7 月，深圳图书馆新馆建成开放，作为当时中国最大的 RFID 项目，从图书的分编加工、典藏、借还流通到读者证卡管理、门禁系统，该馆用感应阅读设备和电子标签全面取代了条码、磁条等传统手段，被认为是中国智慧图书馆的最早应用。2010 年 3 月，清华大学图书馆、上海交通大学图书馆、香港城市大学图书馆联合发起建立"高校图书馆 RFID 技术应用合作联盟"，通过设立研发基金、实验室等形式，建立"产、学、研、用"机制，促进相关技术的快速发展和成熟，推动 RFID 技术在高校图书馆尽快落地生根、获得应用。南京大学图书馆运用超高频 RFID 技术，开发出了智能图书盘点机器人，提高了图书盘点效率。台北市立图书馆于 2010 年通过采用 RFID 技术，运用电子感应与识别装置实现身份认证和电子闸门功能，建成了无人值守的智慧图书馆，读者可以利用自助借还机完成借还操作。

为改变图书馆中央空调忽冷忽热、温度不稳定的现象，上海交通大学图书馆与美国国家仪器公司（National Instruments）合作，于 2011 年联合设计开发出了国内首个"高校图书馆室内环境监测与节能系统"，可以实时感应图书馆各个区域的温度变化，并根据系统设定自动完成相应的温度调控操作，充分体现出了智慧图书馆节能低碳的发展理念。

面对大学图书馆座位供需失衡的矛盾，厦门大学图书馆于 2011 年推出读者自动选座服务系统，迈出了图书馆设施和读者互联的第一步。此后南京医科大学江宁图书馆等许多高校图书馆也推出纷纷开发出了类似的图书馆座位管理系统，通过可视化界面，读者可以像看电影选座位一样，方便地预约自己喜欢的座位，这样既合理高效地利用座位资源，也有利于营造和谐的阅读氛围，是图书馆智慧管理的成功应用。

手机图书馆也是智慧图书馆建设的生动体现。上海图书馆从 2003 年开始策划融合上海图书馆信息、书目检索、分馆导航、你问我答、读者服务、移动阅读等多项功能的手机图书馆，2005 年正式推出后，又在 2007 年和 2012 年进行了两次功能升级。中国国家图书馆的"掌上国图"因其丰富独特的内容，使之成为一大服务特色。

说起智慧图书馆建设在国内的实践，最值得一提的是 2022 年 9 月建成开放的上海图书馆东馆。智慧服务、智慧管理、智慧业务、智慧建筑，智慧化贯穿了上海图书馆东馆建设全过程。上海图书馆东馆拥有国内图书馆界首创的全预约服务系统，可以实现借还书、座位、活动、空间等智能化预约；室内定位和大数据分析，可以实现"为书找读者，为读者找书"的精准服务；24 小时自助借还系统具备不停车还书、预约取书等功能；搬运机器人、盘点机器人可以实现无人照看下的图书智能管理与服务；智能互动机器人可以为读者提供咨询、导引、借还等人机互动服务。上海图书馆东馆借助物联网、人工智能、AR、VR 等新兴技术手段，综合运用室内导航系统、全媒体信息系统、信息发布系统，将物理实体空间与网络虚拟空间、文献资源服务与知识信息服务紧密融合，增强了读者沉浸式阅读和互动体验。读者在这里不仅可以与机器人借阅助手"图小灵"互动对话，体验"智能书架"方便快捷的触屏索书功能，还可以通过家谱馆的"姓氏墙"探索姓氏的迁徙之路，等等。上海图书馆东馆通过数字化转型，让阅读变得更加"可爱"与"智慧"。

随着智慧图书馆研究的不断深入和各种智慧技术的日益成熟，南京大学图书馆也推出了基于新一代系统的智慧图书馆服务平台（NLSP），超星、飞阅、维普等厂商则纷纷推出了自己的智慧化图书馆集成系统，以系统集成化为代表的智慧图书馆建设热潮正在全国展开。

在 2020 年 10 月召开的第十届上海国际图书馆论坛上，时任国家图书馆馆长饶权表示，国家图书馆已正式向国家有关部门提出了建设"全国智慧图书馆体系"的具体建议，并对其总体建设思路、内容架构和目标愿景做出了详细的介绍。这标志着我国智慧图书馆建设实践将进入一个新的阶段。

第二节

智慧图书馆环境下阅读推广精准化新模式

智慧图书馆因全面感知、立体互联、高效便捷等特点，已然成为图书馆未来的主要发展方向。在阅读行为个性化、分众化和虚拟化的当下，阅读推广工作要主动适应智慧时代新兴技术的演进变化，找准馆藏资源的丰富性与智慧技术的先进性的契合点和突破口，吸引更多的读者享受图书馆的智慧服务。作为公共图书馆阅读服务的重要一环，阅读推广工作借助新兴智慧技术的加持，将会更好地推进推广活动的创新发展，逐步构建阅读推广的全新模式，为公共图书馆的绿色可持续发展开展一条繁荣之路。

一、智慧图书馆时代读者阅读特征的变化

在数字阅读快速发展的背景下，读者的阅读内容载体和阅读习惯都出现了明显的变化，这就为图书馆探索阅读推广的智慧化实施路径，构建智慧时代的阅读推广新模式，推动图书馆的阅读推广工作的智慧升级，提供了无限的机会和想象空间。

1. 内容载体的变化。随着数字阅读技术的快速发展，人们阅读的内容载体已经从过去相对单一的图书、报纸、期刊等纸质图书转为了包括文本、音

频、视频等在内的多元化数字载体。与传统的纸质型文献相比，内容载体的数字化可以在阅读上带给读者更多的便利。这主要表现在以下三个方面：一是获取途径上的便利性。读者可以通过智能手机、PAD、电脑等随时获取阅读内容，尽可能地满足读者的阅读需要。[24] 二是接触时间上的便利性。只要有网络信号，即可实时阅读、下载和更新，从而极大地提升阅读接触率。三是传播上的便利性。文字、语音、视频资料等都可通过数字化的方式即时、方便地在抖音、小红书、微信、朋友圈等社交媒体、自媒体平台上分享。

《2021—2022 中国数字出版产业年度报告》显示，2021 年，我国数字出版整体产业规模接近 1.28 万亿元，比上一年度增加 8.33%，继续保持强劲发展趋势。其中传统书报刊的数字化出版增幅持续上升，电子图书、数字报纸（不含手机报）、互联网期刊三者的收入合计为 101.17 亿元，较 2020 年的 94.03 亿元增长 7.59%，高于 2020 年 5.56% 的增幅。新兴数字板块异军突起，移动出版总额（数据统计仅包括移动阅读）达 415.7 亿元、数字音乐出版总额达 790.68 亿元。数字出版内容体系日益完善，为数字阅读提供了坚实的内容保障。[25] 2022 年，中共中央办公厅和国务院办公厅联合印发《关于推进实施国家文化数字化战略的意见》，提出到"十四五"计划结束前，基本建成文化数字基础设施和服务平台，让公共文化数字化建设提上新台阶，数字阅读内容的生态建设已经上升为国家战略。

近年来，图书馆的数字馆藏呈现出快速上升趋势。有调研报告数据显示，从 2015 年开始，国内高校图书馆用于数字资源的采购经费已经超过纸质资源，并在推进纸质馆藏、古籍文献和特色馆藏数字化方面已取得阶段性成果。数字化技术手段的快速发展，可以将声音、图像、视频等转换为可阅读内容，极大地改变了人们获取文献资源的方式，也使图书馆为书找人、精准推送变得更加简单快捷，为读者阅读提供了更多便利。

2. 阅读习惯的变化。数字出版体系的稳定发展和数字阅读内容的大规模涌现，也正在影响和改变读者的阅读习惯，引导着更多的读者走向数字阅读。根据第 20 次全民阅读调查结果，我国成年国民的电子书阅读量稳步上升，数字化阅读方式（包括手机阅读、电子阅读器阅读、平板电脑阅读、在线网络阅读等）的总体接触率为 80.1%，较 2021 年增长了 0.5 个百分点，而十年前的 2012 年，这个数字仅为 40.3%。"视频讲书"和"听书"也日渐成为成年国民新的阅读选择，2022 年，有 35.5% 的成年国民有听书习惯。从调查数据可以发现，数字化阅读倾向进一步增强，数字阅读已经成为势不可挡的阅读趋势。[26]

读者阅读习惯的变化，呈现下述几方面的特点：一是数字阅读正逐渐超越传统纸质阅读，成为人们主流的阅读模式。《2022 年度中国数字阅读报告》则显示，2022 年我国数字阅读读者规模达 5.3 亿，同比增长 4.75%，人均电子图书阅读量为 11.88 本，有声读物阅读量为 7.44 本。在读者年龄分布方面，19~45 岁占比达 67.15%，60 岁以上的"银发族"群体的阅读量较上年增长超过 1 倍，成为数字阅读亮点之一。[27] 二是阅读呈献出碎片化的特征，浅阅读开始流行。碎片化表现为阅读时间上的"碎片"和阅读内容上的"碎片"，读者可以充分利用空闲时间，包括排队时间、等待时间、坐车时间等碎片时间，随时随地的拿出手机等阅读工具开始阅读，阅读的内容也可以是零散的甚至是跳跃性的，随着手指在屏幕上的滑动，兴之所至，点到哪阅读到哪。

二、智慧图书馆背景下公共图书馆阅读推广的发展机遇

智慧图书馆建设依托新兴的信息技术手段，为图书馆的阅读推广工作提供了更加多样化、个性化与便捷化的形式和渠道。[28]

1. 阅读推广的形式和渠道进一步拓展。智慧技术在图书馆的广泛应用，为阅读推广活动形式和渠道提供了更多的选择，有助于扩大阅读推广活动的受众群体和影响范围。

首先，智慧图书馆提供的数字阅读服务通道，突破了时空限制，体现为图书馆服务的泛在性，读者可以在任何地点、任何时间进行阅读，不再受限于实体图书馆的开馆时间和位置区域，而且也不再有馆藏复本借出的困扰。联网即阅读，上网即可享受到图书馆的服务。

其次，智慧图书馆中的电子书刊、图片、有声读物、音视频资料等为读者提供了多种阅读体验方式，可以满足不同读者的阅读需求。智慧图书馆通过将馆藏的图书、杂志、报纸等传统的纸质资源数字化，为读者在线阅读提供了便利。智慧图书馆的馆藏的纸质资源与数字资源融合发展，形成纸、电一体的馆藏体系，让纸书和其他载体形式的文献产生关联与链接，既可以丰富读者的阅读选择与阅读体验，也会帮助读者更好地领悟和理解书籍的内容。

再其次，智慧图书馆拥有完备且丰富的信息发布与反馈平台，阅读推广活动可以借助上述平台开展工作，为读者提供了线上互动、交流、分享、推广等服务，不仅有助于提高阅读推广的效率，也能够扩大阅读推广活动的影响力。

2. 阅读推广的精度和效率进一步提升。智慧图书馆通过对文献资源数据和读者阅读行为数据的深入分析与挖掘，有助于提高阅读推广的精准度和效率。

一方面，智慧图书馆系统通过收集和记录读者的借阅记录、阅读行为等过程数据，借助大数据技术进行数据挖掘和分析，可以综合描绘出某类读者群体或者某位具体的读者在阅读习惯、阅读偏好、阅读兴趣等方面的特征。这些数据可以为阅读推广策略的制定提供重要参考，帮助图书馆据此策划阅读推广方案，定制个性化的专有阅读推广活动，使得阅读推广的方式更加适应读者的个性，内容更加符合读者需求，提升阅读推广的效率。

另一方面，智慧图书馆借助元数据、细颗粒度等标引技术，克服了传统的按整本图书的主题和内容进行分类的缺点和问题，实现对图书内容的精准分类和管理。对图书内容的精准与充分的反映，不仅使阅读推广活动有更多的阅读资源可供选择，提高馆藏的利用率，也可以使阅读材料的推荐更加精确，让读者直达所需要阅读的章节、段落，节省读者的阅读时间，提高阅读效率。

3. 阅读推广的互动性和参与度进一步提高。在智慧图书馆中，读者不再是单向的、被动的信息接收者的角色，而且是图书馆数据信息的重要生产者、提供者，其在智慧图书馆系统（包括线下实体图书馆和图书馆所搭建的网络空间）中的一切痕迹，都会被图书馆记录、分析和反馈，从而使之成为图书馆阅读推广活动积极参与和互动的主体。

智慧图书馆为读者提供了诸如多媒体阅读、数字阅读、沉浸式阅读等多种互动阅读方式，在阅读过程中读者可以获得更加立体直观的阅读体验。互动式阅读有助于激发和培养读者的阅读热情，促使读者产生阅读兴趣，智慧图书馆的互动性为阅读推广活动带来了更多的参与度。智慧图书馆建立的微博、微信、抖音、网站社交媒体和在线交流平台，促进了图书馆与读者、读者与读者之间的互动与交流，也为图书馆即时了解与掌握读者的阅读需求，及时做出准确的反馈和回应提供了方便。

三、智慧图书馆背景下精准化阅读推广模型的构建

伴随着生活节奏的加快和信息技术的发展，人们的阅读方式和阅读习惯也相应产生了较大的变化。智慧技术在图书馆的广泛应用，将极大提升图书馆的服务水平。公共图书馆的阅读推广工作也应突破传统推广方式的局限与束缚，积极借力新兴智慧技术所蕴含的智能感知、智慧分析的优势，重构阅读推广活动的行为模式，增加阅读推广的精准性和个性化，提升阅读推广活动的质量和效果。

　　1.阅读推广资源数据库的构建。公共图书馆手中掌握着两类重要资源，一是可用于阅读推广活动的文献资源，二是作为阅读推广对象的读者资源。充分挖掘和有效利用上述两类丰富资源，是公共图书馆阅读推广活动持续有效开展的重要保证。从技术的角度来看，精准化阅读推广成功与否的关键，在于能否做好文献和读者两类资源信息数据获取与运用，即如何利用智慧技术的感知功能和强大的数据分析与挖掘能力，深入分析读者的阅读行为、阅读规律和阅读偏好，做好与馆藏文献资源的有效对接，在大幅降低馆员参与的同时，增强阅读推广服务的针对性和精准性。

　　（1）文献资源信息数据库的建设。完备、系统的可用于阅读推广的文献资源信息数据库的建设，是构建精准化阅读推广新模式的一项长期性基础工作，关系到图书馆阅读推广机制的可持续发展。文献资源信息数据包括图书馆的实体资源数据和数字化资源数据两个部分。

　　实体资源数据包括图书、文献、图片、音频、视频及多媒体读物等，是公共图书馆独有的具体资源优势，也是数字化资源所无法取代的。因此在构建精准化阅读推广模式时，公共图书馆应充分重视对实体资源数据的采集、加工与整合，提高实体资源的使用便捷性和有效可用性。如采用数字化的技术手段、细颗粒度的标引方式等，实现实体资源的智能分类、标引和检索，方便读者更快速、更容易地发现图书馆馆藏的实体资源的位置与存在状态。

　　数字化资源数据包括三类，第一类是公共图书馆拥有的自有知识产权或使用权的数字图书馆资源数据，第二类是存在于网络上的免费资源数据，第三类是与其他机构共享的资源数据。数字化资源的优势在于数量丰富、检索快捷、利用方便、可跨地域访问、服务24小时在线等。在构建阅读推广智慧化模式时，公共图书馆要重视拓展数字化资源的数量和类型，提高资源的质量和可用性。数字化资源内容庞杂、鱼目混珠，对于数字资源的采集和导入，要保证信息资源的规范性和科学性，做好数据的清洗和预处理，去除无用信息，尽量避免信息冗余和噪声，确保阅读推广资源库的信息质量。[29]

智慧图书馆是一个基于云存储的图书馆，图书馆文献资源信息数据库中的大量资源数据被统一存储在云数据库中。这不仅可以让读者通过账户登录就能实现个人账户知识资源的管理，随时随地获取云数据库中各种知识资源，也为图书馆阅读推广服务系统的智慧化精准推荐奠定了资源基础。

（2）读者资源信息数据库的构建。在构建精准化阅读推广模式的过程中，作为阅读推广活动对象的读者信息，也是一项重要的资源。构建完整的读者资源信息数据库，有助于更好地帮助图书馆了解和掌握读者的普遍阅读需求及个性化、差异化的阅读特点，从而策划提供有针对性的阅读推广方案，节约活动资源和成本，提高推广活动的针对性、有效性和读者满意度。用于建立读者资源信息数据库的基础数据可分为读者基本信息数据和读者阅读行为数据两种类型。

读者个人基本信息数据是一种静态数据，主要包括读者的姓名、性别、年龄、民族、职业、受教育程度、工作单位、联系方式、家庭住址、兴趣爱好等，这类信息一般来说相对固定，不会发生频繁的变化。读者阅读行为数据是一种动态数据，主要包括读者的借阅频率、每次借阅文献的种类、阅读时长等，这类数据会随着时间的推移、读者阅读行为发生改变而不断变化。

读者阅读行为数据主要包括读者浏览、检索、下载、收藏、阅读、网站页面停留时间等。通过对读者行为数据的采集和挖掘，可以提取出读者的兴趣爱好、阅读倾向等个性行为特征，更好地为图书馆的阅读推广活动个性化提供指引。对于读者在社交网络平台上发布的交互信息的追踪，如多个读者对同一本图书的相同或相似的评论，可以提取出读者群体的群体性特征，实现对读者的群体识别，进而为图书馆进行群体读者的动态精准阅读推广奠定基础。

在构建图书馆的精准化阅读推广模式中，读者资源信息数据库的建立同样重要，相关信息数据的获取主要依据 Web 日志及智慧图书馆中其他实时感知设备。需要注意的是，在读者资源信息数据库建立过程中，获取读者各类信息数据要通过合理、合法的渠道，避免过度采集，过界使用，且要实时跟踪读者相关信息与阅读行为的变化，及时做出更新补充。

2. 数据重组与读者画像。利用数据挖掘和大数据相关技术，通过挖掘、整合、聚类文献资源信息数据库和读者资源数据库中的海量数据资源，并由此完成读者画像的过程。

（1）数据重组，就是通过运用一定的知识挖掘算法、技术和工具，对阅读推广基础信息数据库存储的大量数据进行重新分类、组合，在深入挖掘各类数据之间内在关系的基础上，按照主题关联性、语义关联性、借阅关联性等相关特性，在阅读推广资源数据之间建立起有效的知识联结和数据聚类，并产生出新的知识。通过数据重组，各种文献资源信息数据之间可以建立联系，可以为读者选择阅读文献提供更多，同时也更有针对性的选择；通过数据重组，读者信息数据之间也同样建立起了相互联系，为图书馆对读者进行科学分类和聚类提供了合理的参考依据。读者的阅读需求大致可分为显性阅读需求、模糊阅读需求和潜在阅读需求三个类型，通过对读者现实阅读行为和阅读需求的相关信息分析与挖掘，可以推断出读者尚未表达的潜在阅读需求，预测读者的需求变化趋势，有利于图书馆推前做好资源及服务的储备。

（2）读者画像，其实就是根据读者数据给不同的读者贴上不同的"标签"。图书馆的读者资源信息数据库中存储有海量的读者信息数据，选取有关某位读者的所有数据来为其"画像"显然是行不通的。其中对阅读推广起决定作用的读者数据包括读者的基本数据、阅读数据、社交数据、位置数据和场景数据。[30] 基本数据包括性别、年龄、职业、专业等内容，这些数据在读者注册登记时便存在于图书馆的系统中。基本数据是对读者粗线条、最简单、最基本的摹描，也是读者画像必不可缺的数据，是构建读者画像的基石。阅读数据体现为读者阅读行为和文献特征两个维度，读者阅读行为是读者对文献的具体操作行为，包括文献的检索、选择、收藏、借阅，以及纸质或数字阅读、手机还是平板电脑等方式与工具的选择等，这些阅读行为与偏好会在图书馆的数据库中被记录下来；文献特征则记录了该位读者所阅读的文献的题名、作者、主题等信息数据，有助于对文献使用情况进行聚类分析。社交数据记录着读者与读者之间的交互行为，有助于反映读者的群体性特征，当读者在社交软件或者网站分享某一文献时，如果其他读者有点赞、转发、评论等行为表示认同其分享的内容，就形成了读者之间的交互。位置数据包括读者的居住地区、经常来往的区域以及偶尔到达的场所、行动路线轨迹等信息，随着 GPS、蓝牙、Wi-Fi 等定位技术的发展与成熟，图书馆获取读者的位置信息正变得容易且无感。场景数据与读者所处场景相关，如某个特定的时间段、某个专门的特定地点等。

在确定了读者画像所需的数据之后，就可以选择恰当的建模算法来建立标签模型，从而完成读者画像。个体读者画像建模的算法有很多，动态贝叶斯网络（Dynamic Bayesian Network，DBN）、主题模型（Topic Model）、向量空间模型（Vector Space Model，VSM）、神经网络模型（Neural Networks，NN）都是会经常用到的算法；群体读者画像的聚类算法有则有 K-Means 算法、协同过滤、DBSCAN 算法等。需要特别注意的是，在进行读者画像时，除了读者基本数据外，其他数据都是动态变化的，图书馆应根据实际数据的变化，及时维护、更新读者画像，以保证画像的准确性。

3. 读者画像与阅读资源的准确匹配。读者画像与阅读资源的准确匹配是指根据读者的阅读需求和行为偏好，精准地推送符合读者要求的阅读资源。读者画像模型能够快速准确地描述和表达读者的需求和特征，使图书馆可以充分、清晰掌握读者的需求与偏好，进而通过智能算法，用阅读推荐系统将读者画像结果和阅读资源进行关联匹配。匹配的关联度越高，阅读推广活动的主题选择和推荐阅读文献的筛选就越能准确契合阅读推广目标对象的需要。

具体实现读者画像与阅读资源准确匹配的过程中，阅读推荐系统将会提供关键技术支撑。阅读推荐系统在数据挖掘和读者画像的基础上，融入主义理解与知识图谱技术，可以对数据资源进行更加深入的分析和挖掘，识别出资源数据之间的知识关联和隐含联系，为精准化的推荐提供科学依据。

在实际匹配操作过程中，图书馆可以根据阅读模型和读者画像，采取不同的算法模型和推荐策略。借助相似度计算及相关推荐算法，挖掘读者画像中的与读者有关的自然数据、社交数据和阅读行为数据，可以实现基于相似特征的读者聚类，推荐相似读者感兴趣的文献；挖掘读者画像中的文献特征数据，可以实现相似文献的聚类，开展基于相似文献的推荐。同样，挖掘读者画像中的位置数据可以实现基于位置的推荐，挖掘读者画像中的场景数据可以实现基于实时场景的推荐。推荐结果会通过阅读平台主动推送展示给读者，读者可以选择接受或不接受推送的结果，进而阅读推荐系统会通过读者的反馈和评价，不断校正和优化算法模型和推荐策略，提高推荐准确度，优化读者体验。

4. 智慧化推送平台的选择。智慧图书馆连接着阅读推广系统的系统端和读者端，智慧图书馆背景下的阅读推广精准化服务系统端产生的阅读推广数据，需要依靠平板电脑、智能手机、移动交互设备、智能穿戴设备等智能化工具向读者精准呈现，因此在选择智慧化推送平台时，要保证平台所推送的阅读推广数据应能够适应读者所使用的各类智能终端。如原始文献资源的格式可能为包括 PDF、WORD、HTML、JPG、MP3 在内的图片、音频、影像等，因此在进行阅读推广智慧推送时，平台需要对文件格式进行处理，以保证无失真地在读者的智能终端上显示，进而保障读者动态、即时、高效、便捷地获得阅读资源，而不要费时费力进行转换等操作。

目前，常用的智慧化推送平台可以分为两大类型。一种可称为基础型阅读推广平台，以阅读推广内容为主体，由实体图书馆、图书馆移动 App 和数字网络平台共同构成。另一种可称为拓展型阅读推广平台，由微博、微信、抖音等新媒体平台构成，同时还包括可穿戴设备及其他新型媒体技术在内。在智慧图书馆时代，融合全新媒介技术的拓展型阅读推广平台，在阅读推广方面将发挥极大作用，主要原因有以下几点：一是拓展型阅读推广平台与读者的信息获取方式和网络应用习惯相契合，对当下的读者具备天然的吸引力，有利于读者实现兴趣度与参与度的同步提升。二是拓展型阅读推广平台便于阅读推广内容的扩散，提高阅读推广活动的覆盖面和社会影响力，有利于图书馆构建以促进全民阅读为目标的阅读推广模式。三是拓展型阅读推广平台能突破传统阅读的时间和场所限制，帮助读者随时随地实现阅读，有利于改善和提升读者参与阅读推广活动的体验。

在当前的阅读推广工作中，公共图书馆可以借助利用的融合智慧技术的推送平台模式十分丰富，各个图书馆可以依据本馆实际需要，以基础型阅读推广平台为抓手，融合利用拓展型阅读推广平台，全面推进公共图书馆的阅读推广活动。

四、精准化阅读推广模式的保障策略

相对于图书馆传统的阅读推广模式的广种薄收，精准化阅读推广模式的针对性推送和差异化服务更能体现阅读推广活动的服务效益。为保障精准化阅读推广模式的顺利运行和有效实施，公共图书馆应从服务理念、资源建设、技术选择、读者管理等四个层面强化自己的工作。

1.服务理念层面。围绕读者的阅读兴趣和阅读需求，坚持以读者为中心的标靶式的精准服务，是图书馆激发者阅读热情、培养读者阅读习惯、提升阅读推广效果、引导读者阅读行为、创新阅读推广方式方法的重要基础，是图书馆落实精准化阅读推广模式的核心。

一是要坚持兼顾个体阅读和群体阅读的原则。面向阅读个体的线上阅读文献资源的推送，可以更多以单个读者的阅读数据为基础，体现阅读个体的个性化兴趣和偏好，进行差异化推送，满足阅读个体的特异性阅读需求。面向群体阅读的线下阅读推广活动，要以阅读群体的阅读数据为基础，体现阅读群体的共性需求和偏好，推送的阅读文献资源要具有普适性和群体可接受性。

二是坚持阅读文献资源推送的多样性原则。精准化推送固然可以减少读者的查找难度，节省读者时间，有利于激发阅读个体的阅读兴趣，让阅读积极性得以保持，但基于算法的精准推送可能会过度放大阅读个体的阅读兴趣与阅读倾向，蚕食甚至忽略阅读个体的潜在生长点，将读者的阅读内容限定在既有框架之中，导致推送的同质文献频繁重复，读者接触的文献类型固化，读者接收到的全都是自己感兴趣的文献资源，却丢失了拓宽更大的视野的机会，产生所谓"信息茧房"效应，并不利于读者个体的全面发展。因此，精准化推送也需要提供多主题、多角度的文献资源。

2. 资源建设层面。文献资源（包括纸质文献资源和数字化文献资源）是开展阅读推广活动的基础，图书馆应重视整合与完善文献资源，分门别类对文献资源进行更好的整合，持续更新文献资源库，不断完善馆藏体系，保证馆藏文献内容多样化、种类层次化。

一是完善资源标识规范。要建立标准的元数据格式和体系，保证元数据的准确性、完整性与一致性，除标注文献的题名、著作者、出版社、出版时间、主题词、分类代码等常规信息外，还应添加文献的社会化特征标签，如阅读分级、阅读对象、阅读评论、文献评分等，以更加全面化地描述文献的各种特征。也要建立文献资源元数据的自动采集和更新机制，利用自动化的技术手段，对馆藏文献资源的信息数据自动抽取，减少人工干预，确保文献标注的一致性，提高工作效率和文献检索的查准率与查全率。还要加强元数据与实体文献资源的融合，在资源呈现前要进行必要的清洗与处理，过滤冗余的信息，确保文献资源信息数据的质量，提高文献资源的利用效率。

二是要加强馆藏文献资源建设力度。馆藏文献资源建设是一项长期性的基础工作，文献资源的质量水平直接影响着阅读推广活动的服务效果，应在纸质文献资源和数字化文献资源的建设上，采用馆员购书、读者选书、权威专家评书、阅读平台自动荐书等多维度、多层次的采购方式，统筹考虑多方意见，不断调整优化和完善各种类型的馆藏文献资源，保障线上文献资源推送和线下阅读推广活动对多主题、多载体形式的文献资源的需求。

3. 技术选择层面。为实现精准化阅读推广的高效多元，可以在构建推荐系统模型的技术选择上，采用许多新兴的信息技术手段。从当前的发展状况来看，主要包括五种类型的技术：

一是大数据技术。智慧图书馆收集和记录了读者阅读行为的大量数据，可以通过运用大数据技术对相关数据进行挖掘，分析读者的阅读偏好和行为习惯特征，得到读者阅读画像，并精准推导出读者与文献资源之间的关联信息，提高阅读推广活动的针对性和效率。

二是云计算技术。云计算技术可被用于公共图书馆各项业务系统，管理系统中的海量数据，实现各类资源数据统一管理、共建共享和便捷查询。同时，云计算技术也为读者的远程查询、在线阅读等提供了技术支持和服务保障。

三是人工智能技术。智慧图书馆利用人工智能技术可以实现对图书的智能分类，对图书的内容和其他阅读特征进行深度分析和挖掘。此外，图书馆也可以采用智能客服等形式，为读者个性化阅读提供指导、引导和咨询服务。

四是区块链技术。区块链技术主要用于版权保护和文献的数字化管理，防止侵权和盗版行为的发生，为读者提供更加安全的数字化阅读服务。

五是虚拟现实和增强现实技术。智慧图书馆利用虚拟现实和增强现实技术可以打造出虚拟与现实结合的阅读空间，实现阅读空间的虚实结合，为读者营造沉浸式阅读体验。虚拟空间能使读者获得身临其境般的真实体验，让阅读更具创新性和趣味性，不仅有利于增强读者的阅读体验，还使得图书馆阅读空间更加多元化，吸引更多的读者特别是青少年读者走进实体图书馆，体验不一样的阅读方式，起到与其他阅读推广方式不同的宣传效果。

4. 读者管理层面。对读者群体进行准确识别和精细化管理，是图书馆实施精准化阅读推广的重要环节。[31]

一是准确画像。图书馆要确保收集到的读者基本信息数据和阅读行为数据的准确性与及时性，只有为每个阅读个体贴上的标签正确无误，才能保证读者画像的高度相似性。

二是精准分类。在根据读者画像表达出的每个阅读个体的借阅习惯、阅读行为偏好、所阅读文献的内容与形态特征等信息数据的基础上，图书馆进而可以借助聚类算法，将每个阅读个体准确归入不同读者群体，针对其借阅习惯和阅读内容的差异和特征，从馆藏文献资源中筛选匹配阅读推广资源，实现有针对性的精准化阅读推广设计。

三是动态管理。读者的阅读行为是动态的，随时都可能发生变化，这就要求图书馆要定期对读者画像数据所依据的信息数据进行更新，以便及时更新读者画像，确保画像的时效性。同时，要重视对文献资源推送后的读者反馈，以便及时调整推送策略，保证推送效果。

四是保护隐私。尊重和保护读者的个人隐私是公共图书馆开展服务的应有之义，读者的基本信息、阅读轨迹、行为偏好等均记录在图书馆的信息数据库中，这就要求图书馆在使用读者信息数据时，一方面要做到适度，不能滥用和超范围使用，另一方面要强化保护措施，避免因技术问题或工作疏忽导致读者隐私泄露，给读者造成损失和困扰。

五、精准化阅读推广模式的优势

1. 提高图书馆数据资源的利用价值。作为促进阅读、服务全民的重要机构，智慧时代公共图书馆存储有大量的资源数据，如果能充分挖掘和有效利用资源数据内含价值，可以很大程度上提升自身的服务效能。通过挖掘读者的基本数据、阅读数据、社交数据、位置数据和场景数据，可以分析出读者的阅读与行为偏好，勾画出用户画像的全景，提高读者阅读行为数据的利用价值。通过整合文献资源信息数据，可以规范馆藏文献资源著录格式和内容，深度开发与充分揭示现有馆藏资源，合理分配文献采购经费，完善和丰富图书馆的馆藏文献资源体系。通过读者画像、关联规则和聚类算法实现文献资源数据与读者资源数据的深度关联，可以为图书馆的阅读推广活动提供数据支撑和方向导引。

2. 提高图书馆了解读者阅读需求动态变化的能力。公共图书馆的读者群体数量庞大、阅读需求多样，随着年龄、职业、社会阅历及个人阅读兴趣与爱好的变化，其阅读需求也会随之发生改变。通过收集记录和即时更新读者的阅读行为数据，构建基于读者动态阅读行为数据的读者画像，图书馆就可以借助读者画像动态可更新的功能优势，精准分析读者在不同阶段、不同时期的阅读行为，精准掌握读者的借阅行为变化规律，随时跟进用户的阅读兴趣与行为偏好的变化，准确评估和预测读者需要的文献资源，为读者提供智能推送和及时的线下活动安排。

3. 提高图书馆阅读推广活动的服务效益。缺乏针对性和特色的阅读推广活动，往往难以吸引读者的注意力，也不能激发读者参与活动的热情和动力。了解读者的阅读兴趣与阅读习惯，努力使阅读推广活动的主题与内容和读者需求相匹配，面向不同读者群体、针对读者的不同需求开展有针对性的阅读推广活动，让活动符合甚至引领读者的阅读趣味，才会使阅读推广活动真正具备吸引力。图书馆通过读者画像，利用聚类算法可以将具有相似兴趣偏好或行为特征的读者进行归类聚集和分类区分，构建出具有不同特征的读者群体，再运用推荐算法，为不同的读者群体与阅读个体匹配出相应的文献资源，作为图书馆线上文献资源推送和线下阅读推广活动中的阅读文献，就可以实现按照读者需求与偏好针对性地开展阅读推广的目标。

参考文献

[1] 储节旺，李安. 智慧图书馆的建设及其对技术和馆员的要求 [J]. 图书情报工作，2015, 59(15): 27–34.

[2] 冯禹丁. IBM 抛砖"智慧的地球"[J]. 商务周刊，2009(07): 72–74.

[3] 严栋. 基于物联网的智慧图书馆 [J]. 图书馆学刊，2010, 32(7): 8–10.

[4] 董晓霞，龚向阳，张若林，严潮斌. 智慧图书馆的定义、设计以及实现 [J]. 现代图书情报技术，2011(02): 76–80.

[5] 侯松霞. 智慧图书馆顶层设计研究 [J]. 图书馆工作与研究，2016(06): 5–9.

[6] 陈巧莲，程元栋. 基于物联网的智慧图书馆的设计与分析 [J]. 科技致富向导，2011(32): 298–299.

[7] 邱均平，李星星. 关于高校图书馆智能化建设的若干思考 [J]. 现代情报，2012, 32(04): 31–33+120

[8] 乌恩. 智慧图书馆及其服务模式的构建 [J]. 情报资料工作，2012(05): 102–104.

[9] 韩丽. 物联网环境下智慧图书馆的特点、发展现状及前景展望 [J]. 现代情报，2012, 32(05): 48–50+54.

[10] 谢蓉，刘炜. SoLoMo 与智慧图书馆 [J]. 大学图书馆学报，2012, 30(03): 5–10+79.

[11] 胡畔畔, 陈锐, 冯占英, 王璇, 刘雪涛, 张孟子. 基于不同职能定位图书馆的智慧化建设 [J]. 中华医学图书情报杂志, 2018, 27(02): 56–62.

[12] 李凯旋. 人文视角下"智慧图书馆"定义的再思考 [J]. 图书馆界, 2013(6): 14–16.

[13] 王世伟. 未来图书馆的新模式——智慧图书馆 [J]. 图书馆建设, 2011(12): 1–5.

[14] 刘丽斌. 智慧图书馆探析 [J]. 图书馆建设, 2013(03): 87–89+94.

[15] 陈进, 郭晶, 徐璟, 施晓华. 智慧图书馆的架构规划 [J]. 数字图书馆论坛, 2018(06): 2–7.

[16] 齐凤青, 穆晓倩, 孙晶晶, 祝茜. 国内智慧图书馆的研究现状分析与展望 [J]. 中华医学图书情报杂志, 2017, 26(12): 56–59.

[17] 初景利, 段美珍. 智慧图书馆与智慧服务 [J]. 图书馆建设, 2018(4): 85–90+95.

[18] 许天才, 杨新涯, 田琳. 自主创新为主导的图书馆系统研发历程——以重庆大学图书馆为例 [J]. 图书馆论坛, 2017, 37(04): 9–17.

[19] 李玉海. 打造智慧图书馆, 人、物互联是核心 [N]. 新华书目报, 2017–06–02(005).

[20] 初景利, 段美珍. 智慧图书馆与智慧服务 [J]. 图书馆建设, 2018(04): 85–90+95.

[21] 谢芳. 论高校智慧图书馆的功能与构建 [J]. 图书馆学研究, 2014(06): 15–20+11.

[22] 李琼. 中外智慧图书馆的发展比较研究 [D]. 山西大学, 2019.

[23] 郭晶, 陈进汇. 聚三方智慧倡引四海应用——高校图书馆 RFID 技术应用联盟工作进展综述 [J]. 上海高校图书情报工作研究, 2011(04): 1–3.

[24] 滕书娟. 图书馆智慧阅读推广模式构建与实施路径 [J]. 图书馆学刊, 2023, 45(06): 7–10.

[25] 2021–2022 中国数字出版产业年度报告发布 [EB/OL]. [2023–02–18]. http: //news. sohu.com/a/642424340_121236277.

[26] 第二十次全国国民阅读调查结果发布 [EB/OL]. [2023–4–23]. https: //m.gmw. cn/2023–04/23/content_1303351932.htm.

[27] 2022 年度中国数字阅读报告 [EB/OL]. [2023–4–23]. https: //export.shobserver.com/

baijiahao/html/606085.html.

[28] 陈敏 . 智慧图书馆建设背景下公共图书馆阅读推广策略研究 [J]. 赤峰学院学报 (自然科学版), 2023, 39(04): 25–28.

[29] 林晓旻 . 智慧技术下公共图书馆阅读推广模式研究 [J]. 数字通信世界 , 2023(02): 157–160.

[30] 刘泽宁 . 基于智慧技术的公共图书馆社会化阅读服务模式研究 [D]. 天津理工大学 , 2021.

[31] 安琪 . 基于用户借阅行为画像的高校图书馆精准化阅读推广模式研究 [D]. 东南大学 , 2022.